基础写作

张伯存 顾玮 主编

吉林人民出版社

图书在版编目（CIP）数据

基础写作 / 张伯存，顾玮主编． -- 长春：吉林人民出版社，2017.7
ISBN 978-7-206-14107-2

Ⅰ.①基…
Ⅱ.①张…②顾…
Ⅲ.①汉语-写作-高等学校-教材
Ⅳ.①H15

中国版本图书馆 CIP 数据核字（2017）第 175227 号

基础写作
JI CHU XIE ZUO

主　　编：张伯存　顾　玮
责任编辑：郭　威　　　　　　　封面设计：中联学林
吉林人民出版社出版发行（长春市人民大街7548号　邮政编码：130022）
印　　刷：三河市华东印刷有限公司
开　　本：710mm×1000mm　　1/16
印　　张：17　　　　　　　　字　　数：296千字
标准书号：ISBN 978-7-206-14107-2
版　　次：2017年8月第1版　　印　　次：2017年8月第1次印刷
定　　价：43.00元

如发现印装质量问题，影响阅读，请与出版社联系调换。

目录 CONTENTS

上编 写作原理 1
 第一章 绪 论 3
  第一节 写作的含义与本质 3
  第二节 写作的作用与意义 4
  第三节 写作的特性和规律 9
  第四节 写作的学习与训练 13
  延伸阅读 我为何写作？ 15
  思考与训练 19
 第二章 写作能力 21
  第一节 观察能力 21
  第二节 感受能力 27
  第三节 思维能力 31
  第四节 想象能力 35
  延伸阅读 饥饿艺术家 40
  思考与训练 46
 第三章 写作过程 48
  第一节 确立主题 48
  第二节 选择材料 55
  第三节 谋篇布局 62
  第四节 遣言用语 68
  第五节 文章修改 75

延伸阅读　一丘一壑传幽情 ································· 79
　　思考与训练 ································· 82
 第四章　表达方式与写作技法 ································· 84
　　第一节　叙　述 ································· 84
　　第二节　描　写 ································· 90
　　第三节　抒　情 ································· 98
　　第四节　议　论 ································· 100
　　第五节　说　明 ································· 104
　　第六节　写作技法 ································· 106
　　延伸阅读　西湖七月半 ································· 120
　　思考与训练 ································· 123

下　编　文体写作 ································· 129

 第五章　散　文 ································· 131
　　第一节　散文的含义 ································· 131
　　第二节　散文的分类 ································· 134
　　第三节　散文的特征 ································· 138
　　第四节　散文的写作 ································· 143
　　延伸阅读　乌篷船 ································· 148
　　思考与训练 ································· 150

 第六章　诗　歌 ································· 151
　　第一节　诗歌的含义 ································· 151
　　第二节　诗歌的分类 ································· 152
　　第三节　诗歌的特征 ································· 154
　　第四节　诗歌的写作 ································· 159
　　延伸阅读　小诗四首（断章　鱼化石　寂寞　雨同我） ································· 170
　　思考与训练 ································· 171

 第七章　小　说 ································· 173
　　第一节　小说的含义 ································· 173
　　第二节　小说的分类 ································· 174
　　第三节　小说的特征 ································· 177
　　第四节　小说的写作 ································· 178

第五节　小说写作方法举隅 …………………………………… 185
　　延伸阅读　阿拉比 ……………………………………………… 189
　　思考与训练 ……………………………………………………… 194

第八章　影视文学 …………………………………………………… 195
　　第一节　影视文学的含义 ……………………………………… 195
　　第二节　影视文学的分类 ……………………………………… 197
　　第三节　影视文学的特征 ……………………………………… 199
　　第四节　影视文学的写作 ……………………………………… 205
　　延伸阅读　主角登场 …………………………………………… 220
　　思考与训练 ……………………………………………………… 233

第九章　文学评论 …………………………………………………… 237
　　第一节　文学评论的含义 ……………………………………… 237
　　第二节　文学评论的分类 ……………………………………… 237
　　第三节　文学评论的写作 ……………………………………… 245
　　延伸阅读　《边城》——沈从文先生作 ……………………… 256
　　思考与训练 ……………………………………………………… 259

上编 01
写作原理

第一章

绪 论

第一节 写作的含义与本质

一、写作的含义

写作的词典意义是指写文章(有时专指文学创作)。其写作学意义是指:写作是人类以语言文字为工具反映见闻感思,传递信息的创造性的精神生产活动。

写作是以语言文字为媒介的文化交流行为,是人类各个领域不可或缺的信息记录与传播方式。作为人类凝聚思想,表达情感,加工与传递知识的基本手段,写作是人类精神生活与实践活动的重要组成部分,同时也是创作文学作品重要的途径。

二、写作的本质

从写和作的本意来看,也许更能接近写作的本质。

写:是泻的本字。含有"输泻、倾吐"之义。《周礼·地官》中"以浍写水"的"写"即指水的倾泻。

《说文解字》曰:"写,置物也。"段玉裁注:"写,凡倾吐曰写。"由置物、写水转引为"倾吐、抒发"。如《诗经·小雅·蓼萧》:"既见君子,我心写兮"。有"写意""写忧""写怀"之意,即表露心意、发泄忧闷、抒发胸怀,以求信息的传达或情感的宣泄和解脱。

写还有抄录、誊写、描摹之意,即用笔书写、记写和描画,这是指的操作和劳动。作为写作的"写",就包含有这两种读法的基本义。

作,《说文解字》曰:"作,起也。从人,从乍"。据甲骨文,"作"本为"乍",其形为衣领之象,表示缝衣初作领口。《广雅·释诂》云:"作,始也。"事物的初始兴起,正是"作"的本义,加"人"字旁强化人的创造意识,"作"即是创作之意。

写作中的"作",因为以语言文字为媒介,所以有了"撰述""创制"的含义。写作是主体精神人格的表现,是作者真情实意的倾吐,它也是超乎前人的创造。

写作的本质,简言之,写作是用符号传达意义的创造性的制作。具体地,它是以语言文字为工具,主客体相统一,能准确传达意义的复杂的创造性的精神制作。

从横向上看,社会上的写作行为大致可分为三种类型:第一种是作家式写作,主要指专业作家的文学创作活动,第二种应用式写作,如新闻写作、公文写作、学术写作等,第三种是指令式或应试式写作,如申论等各种考试写作。作家式写作更强调创造性和独特性,不可重复的个性。后两种写作行为主要应生活和考试之需,占大多数,创造性稍弱。

从纵向上看,大学写作与中学作文不同,中学作文是为练习所写的文章,打基础阶段,重在技能技巧的掌握,模仿的痕迹明显,最后的成果是合格的作文。大学写作是对学生写作素质和能力地全面提升,强调创新,常常突破格式的规囿,最后的成果是可以发表的作品。

第二节　写作的作用与意义

写作是一种社会现象、文化现象、生命现象。作为人类社会的一种重要的精神生产劳动,对人类社会与个人发展具有非常的价值和意义。进入信息化时代后,互联网实现了人类信息交流的便捷,它把世界变为一体、缩为一屏。这些变化多端的信息大都是通过文字或必须经过文字的辅助才得以流传,成为让人们了解的有效信息。信息时代真正进入了"写作的时代",是"作家可以培养,写作人人可为"的大众写作的时代。对个人而言,写作也左右着个人的成长和成才之道,甚至成为人生的一种追求需要和生命价值的一种体现。

一、写作的作用

(一)记录与传递信息

随着科技的发展和人类文明的进步,记录与传递信息的方式实现了大跨越与大发展:从最初的口耳相传到结绳记事,再到文字产生、印刷术出现并革新、音频及视频的录制与传播……记录与传递信息的方式呈现多元化发展趋势。写作始终是记录与传递信息的最重要形式。

在写作过程中,写作主体始终围绕需要表达的信息遣词造句、谋篇布局并将之完整记录下来,写作行为需依赖接受者的阅读行为才能最终完成。因此,写作要为接受者充分接受信息提供可能,在完成记录传递信息作用的基础上,又起到了引发接受者思考的作用,写作主体通过写作与接受者完成了思想的沟通。

(二)介入人生与世界

写作为写作主体提供了一种介入人生与世界的方式。通过写作,写作主体可以发表对人生与世界的观点与感受。这种介入方式不受物理空间属性的影响,即便写作主体蜗居在一个逼仄的空间依旧可以写作,与人生对话、与世界交谈,通过个体意识的传达影响集体观念,进而悄然改变着世界。哲学家康德深居简出,终身未娶,一辈子过着单调的学者生活,至1804年去世从未踏出过出生地,但这并不影响他通过写作来构建其庞大的哲学王国。故在物理空间上,写作主体可能并未发生坐标变动,但通过写作的介入,便能够体验"坐地日行八万里"的酣畅淋漓,亦可发现属于自己的人生与世界。

(三)通过写作进行学习

通过写作进行学习,是21世纪治学、研究的一条行之有效的方法,它是在写作过程中不断发现问题并通过分析问题,从而更好地解决问题的科学学习方法。因为,在写作中必须接触深广的知识领域,关注其他学科,这就迫使我们有目的、卓有成效地去读书、思考,于是写作过程就变成了读书学习的过程、研究思考的过程。叶圣陶说过:"学习写作的人应该记住,学习写作不但是在空白的稿纸上涂上一些字句,重要的在于学习思想。"一篇文章完成之后,作者就建立了属于自己的有机的知识结构和网络。通过更多地写作,作者可以建立更大更完善的知识结构和网络,达到一个更广博、更深邃的境界。

刘知几在《史通·载文》中指出:"夫观乎人文,以化成天下;观乎国风,以察兴亡。是知文之为用,远矣大矣。"他认为,作为思想载体的文章,具有可以教化天下,影响社会的巨大功能。随着人类文明程度的日益提高,写作在社会生活中扮演的角色也将越来越重要,它广泛地渗透到了人类社会生活的各个领域。

二、写作的意义

(一)写作的工具性意义

1. 认识作用

(1)认识并影响自己

首先,写作是对自我的探索。美国心理治疗师维琴尼亚·萨提亚的"冰山理论"认为:一个人的"自我"就像一座漂浮在水面上的巨大冰山,能够被外界看到的行为表现或应对方式,只是露在水面上很小的一部分,大约只有八分之一露出水面,另外的八分之七藏在水底。而暗涌在水面之下更大的山体,则是长期压抑并被我们忽略的"内在"。写作通过挖掘表象抵达"水底"的自我核心,点燃了长期被压抑的潜意识的星星之火,使水底的东西被引导出来,进而冰山的秘密得以揭开,生命中的渴望、期待、观点和感受也浮出水面,真正的自我被展现出来。

写作必须依凭写作主体头脑中已知的东西,在写作过程中,写作主体常体验新想法突然涌现的惊喜,深究起来,所谓新想法并非凭空冒出,而是早已扎根于写作主体已有的经验中,是对已有经验的重新发现。同时,写作构建适合自我审视的深度,通过写作中的自我审视和探索,很多原本模糊斑驳的东西逐渐清晰。正如阿兰·罗伯 格里耶所说:"作家,从定义上说,不知该走向何方,他写作是为了明白他为什么渴望写作。"

其次,写作是对记忆的重建。记忆是人脑对经验过事物的识记、保持、再现或再认,它是进行思维、想象等高级心理活动的基础。但"记忆后面总是跟着一块橡皮擦",与记忆相伴相生的是遗忘。未被遗忘的记忆则会随着时间流逝或扭曲或强化……写作是与记忆的遗忘、扭曲对抗的武器,是保存与重建记忆的方式。好记性不如烂笔头,通过写作,记忆得以保存与重建,写作主体如巧妙的工匠一般,对记忆库中的素材进行挑选与打磨,加入个人意志和想要表达的情感,最终完成了对记忆的重建。此外,在能动的加工过程中,写作主体可以自由地将他人的经验作为装饰,镶嵌进自己的记忆素材中,使之臻于完美。

(2)认识并影响世界

仅靠混沌生活,对世界的认识可能浮光掠影。写作能够使写作主体更加用心地品味生活、洞察世事,捕捉现象和信息,自觉地积累丰富的材料并通过思考赋予其意义。写作主体通过认识世界,在脑海中构思与搭建写作框架并最终以写作的形式完成了世界的建设。本雅明说:"写一篇好散文要经过三个台阶,一个是音乐的,这时它被构思;一个是建筑的,这时它被搭建起来;最后一个是纺织的,这时它被织成。"此外,作品所承载的思想,又将经过时间的考验后,通过影响接受者的精神世界,进一步影响现实世界。

2. 教育作用

写作是自我教育的重要方式,有利于写作主体综合素质的提升。

(1) 提高阅读能力

写作与阅读是相辅相成的,写作能提升主体的阅读能力。有写作习惯的写作主体,往往无法满足于泛泛浏览,而是习惯在阅读中自觉揣摩作者的立意、章法、文笔等,长此以往,对作品的读解能力将得到大幅度提升。事实上,不少作家都是阅读高手,他们深谙精读与泛读的区别,明白细读与浏览的对象选择。

(2) 锻炼思维能力

写作是非常有效的认知加工的过程,在日常活动中,人们往往对头脑中充斥着的偏见、盲点和各种自相矛盾是宽容的,甚至乐于放大和展现它们。而当写作主体要将感受、观点、思考诉诸笔端,变成一篇完整的文章时,就不由自主地变得严肃和审慎起来。培根说,写作使人精确。因此对写作主体来说,写作是检视自己思维的良机,逻辑上的矛盾、事实上的偏差、理念上的狭隘在写作过程中被一一发现并挑出。一个优秀的写作主体其思维能力也是优秀的,写作训练了其思考,而思考又促成了其写作。

(3) 增进认识能力

当人们认识世界、他人或自己时,相较于认识程度深刻,更倾向于认识过程高效。单纯追求高效,对认识深化能力的削弱较为明显。写作主体须在认识的过程中去伪存真、去粗取精、由表及里、由此及彼,避免一知半解的肤浅认识,这种由写作带来的压迫感会使写作主体能够对问题做彻底、深刻的思考,从而深化和丰富认识,增进了认识能力。

(4) 加强口头表达能力

在口头表达时,由于可以借助手势、表情和交谈对象及时的反馈与沟通,不一定需要非常准确与完整。而写作因为使用符号的缘故,增加了抽象性,需要十分有条理和规范。当写作主体在写作中练就了用完整和精确的语言来表达时,这种能力反馈到口头表达上,口头表达的能力也就得到了提高。

3. 审美和娱乐作用

写作的审美和娱乐作用集中体现在文学创作中。

(1) 文学是一种诗性的存在,是写作主体隐形的翅膀,从根本上看它是审美、超功利、非实用的。文学给人以超越现实的可能,最基本功能就是审美功能,是其他意识形态所不具备的。这种审美功能主要表现为文学作品的艺术感染力。写作主体通过对对象的艺术描写,创造出完美的艺术形象,表现出作者丰富的感情、深邃的思想,从而给人一种赏心悦目的审美快感。梁启超在谈及小说何以能发生种种作用时,说小说有熏、浸、刺、提四种力量,也是指小说的艺术感染力。写作主体通过文学创作,可以延展生命的厚度和宽度,享受文学带来的更为广阔的视野,体会更丰富深刻的人生。

(2)文学能够转移注意力,减轻精神焦虑。写作主体通过写作这种文艺活动陶冶性情,得到文化身份的确证,完成想象性的满足,最终获得快乐。鲁迅在20世纪初接受了西方文学观念后曾经指出:"由纯文学上言之,则以一切美术之本质,皆在使观听之人,为之兴感怡悦。"他强调的正是文学等"美术",即艺术所包含的娱乐性。

(二)写作的需求性意义

写作对人类社会发展、人才的培养、个人自我价值实现都有至关重要的意义。

1. 文明传承的需要

在人类社会的大背景下,由于社会发展的需要,写作活动一直在开发、记载和发展着人类的物质和精神文明,蓄聚不同的民族文化,是文化得以传承的重要工具。

2. 专业的需要

进入21世纪后,中文教育的社会功能已由文化传承转变为文化创新,文化创意创业的崛起,使得写作的创造性增强。写作为文化产业培养了具有创造能力的核心从业人才:文化创意、影视制作(编剧)、出版发行、印刷、广告策划师、演艺娱乐、文化会展、数字、动漫、杂志栏目策划、作家(能发表,能产生效益)。

3. 个人的需要

(1)个人生活的需要

第一,写作帮助人摆脱根本困惑。人类最根本的困惑是:我是谁?从哪里来?到哪里去?阿根廷作家西尔维娅·奥坎波说:"……写作又能拯救我的一切。当大海或者河水淹没我的时候,写作就是我的救生圈。"写作是一种认识自我、发现自我、表达自我的过程,可以激发人类的创造潜能。它能让写作主体摆脱根本困惑,找寻到自我价值和社会定位,从而让"生活通过写作"的理念根植内心。

第二,写作帮助人远离孤独。现代化和后现代化的当下,孤独几乎成了人们无法避开的痛楚。而写作正是对其他灵魂的回应和召唤,写作主体通过起笔写作,回应自己曾经阅读过的作品和作者的召唤,同时也召唤自己作品的接受者。

写作是一种跨越时空的温情陪伴,给写作主体带来无尽的慰藉。

(2)个人就业需要:写作集中体现了写作主体的书面表达能力。几乎没有哪个行业完全不需要书面表达,尤其是对中文专业的毕业生而言,"一支笔"(能写好文章)是求职成功的重要砝码。

写作在现代社会以及个体发展中越来越显示出其无可替代的作用,写作能力也是大学生能力结构(认识能力、分析综合能力、思维逻辑能力)的重要组成部分。学习写作,学会用它来发表意见、抒发感情、交流信息,让写作变成一件有意思、有挑战性、有成就感的事情吧!

第三节 写作的特性和规律

一、写作的特性

(一)个体性

写作作为"精神生产"的一种特殊个体劳动,具有强烈的个体性,即其他人的"写"不能代替这个人的"写"。文章作为思维的直接现实,反映着作者的思想情感,由于主体思维的不可替代,作者对社会和自我的认知既有一般共性,同时也体现着个体的独创性。如果没有个体独特的感受、思维、想象等心理活动,只能生产出千篇一律、人云亦云的文章,最终沦为毫无新意的文字垃圾。

(二)实践性

写作是一种社会实践活动,其实践性具体体现在"写"上。"写",就是既动脑又动手操作,身体力行;"写",就是主体能动的心理操作和行为操作相互协调向前推进的活动。写作之"写"不是简单机械地写,而是通过高级的劳动操作,产生可读的产品,进而使操作的主体积累起写作经验、知识,逐步认识写作原理,掌握一定的写作规律和写作技法技巧。只有通过"写"的高级实践活动,才能最终实现写作目标。

实践性还体现在智力劳动的性质上。这种操作是以主体的创造性思维活动为基础,依照一定的规律,利用业已掌握的技能技巧,努力突破思维惰性障碍,创造性地进行手脑并用的活动。海明威曾说:写作是一个非常困难和殚精竭虑的过程。王英琦则说写作绝对是主体人格的直接参战,全部生命的直接燃烧。这皆说明写作是一种劳心劳力的高级智力活动。

（三）创造性

写作行为的创造性是指从写作内容到形式的求异性和创新性。从文章来看，创造性往往是衡量文章价值的一个硬性指标；从作者自身来看，只有追求创造性才能焕发自己的创造潜能，杜甫、韩愈的"语不惊人死不休""惟陈言之务去"就是对克服一般化的创造性的追求。

创造性的写作经验往往不可复制。当代作家古华创作《芙蓉镇》时，先是在北京中央文学讲习所学了四个月的创作，回到湖南后，背了一袋方便面到湘西大森林，在山上待了18天，一天1万字，完成了19万字的长篇小说《芙蓉镇》，1981年发表在《当代》第一期，后获得了第一届茅盾文学奖（茅盾文学奖是中国作家协会主办的长篇小说奖，是中国文学界最高荣誉奖之一）。这种灵感爆发的"高效"创作情形就是无法刻意复制的，具有不可重复性。

二、写作过程的规律

（一）"四体"化一律

从横向看，任何写作行为发生或写作成品产生前后，至少有四个因素渗入并且制约着整个写作活动。

写作主体，指具备写作素养并从事写作活动的人。在整个写作活动中，写作主体从丰富多彩的生活中吸取原料、养分，在大脑中提炼、加工、改造，最后转化为写作成品。写什么，怎么写，从摄取、感知、构思到文章制作，主体始终处于主导和统领地位。文章的质量，首先与写作主体的素养和能力密切相关。因此，研究写作活动，无疑要把写作主体放在首要地位。写作主体的主导作用自始至终贯穿于写作的全部活动之中，它在写作活动中处于核心地位。这种主导作用表现在：其一，它是"反映"的主体。客观事物需要经过主体能动的反映，不同的主体对相同的事物，认识、反映是不一样的。它与主体的思想品格、审美素养等密切相关。其二，它是"制作"的主体。对客观材料的提取、主旨的确定、结构的安排以及语言的运用，起主要作用的都是写作主体。

写作客体，即写作活动所要表现的客观对象。它有三种类型：第一，对象化了的客观存在，指作为写作主体表现对象的一切自然世界和社会生活。当这些客观存在游离于写作活动之外，没有与写作主体发生对应关系，那只是哲学意义上的不以人的意志为转移的物质存在（客体），只有当它们进入写作活动，被写作主体所接纳，成为写作的描述对象时，才是写作客体。这一类写作客体是写作活动的本源，后面两类写作客体均由此派生并受其制约。第二，对象化了的精神产品。

指精神劳动的成果,如书籍、报刊、音乐、绘画、雕塑、影视、多媒体等。这类写作客体是对第一类写作客体的反映,是第一类写作客体的意化形态。第三,对象化了的作者自身。指作者自身成为写作对象。从本质上讲,作者属于写作主体,只有当他被描摹、被评述时,才暂时的、有条件的转化为写作客体。写作客体是构成写作系统的基础因素,是写作活动生发的前提条件,它受写作主体所支配,并被写作主体能动地反映,同时,又对主体起到一定的制约和影响作用。

写作载体是写作的物化形态,是写作活动的成品。即包含、运载写作内容的文章形体和传播媒介。写作载体不能离开写作内容,因而,它是写作成品内质与外形的统一体,也就是内容与形式的统一体。写作载体主要有四个要素:材料、主题、结构和语言。其中,材料和主题是内容要素,我们称之为内质;结构和语言是形式要素,我们称之为外形。

写作受体指写作成品的阅读者,具有对文章进行破译、解读或再创造能力的人。美国学者霍兰德说,写作要"把读者与本文之间的沟通当作己任"。这句话纠正了一种观念,即把写作仅仅看作写作者自己的事情。写作是社会文化信息的传播活动,在这一活动中,写作主体可以独自决定却无法独自实现。这一活动的实现,有赖于接受者对写作载体的阅读行为。当具备一定语言文字基础的读者对载体进行逆转换的"解码",信息从语言符号系统中转换成特定的意义,激起了读者的反应时,这一活动才真正实现。受体的接受和反馈过程是写作活动的自然延伸。受体对载体的认同或排拒不仅作为主体意识渗入写作,而且还对载体进行改造。因此,写作主体在进行写作行为之前和之中,需要主观地去设想读者将如何来阅读,这种阅读会产生怎样的效果,这个效果与自己的写作动机之间是否能够统一,等等,以此来调整、矫正写作行为。这种在写作活动中事先去设想读者的意识就是我们常说的读者意识。

写作四体的作用各不相同,缺一不可,它们之间既有相互依附、相互配合的一面,又有相互制约、相互排斥的一面,正是在写作活动中,才使既对立又统一的写作四体得以相互适应、相互调适、各得其所,并最终融为一体,使写作活动得以完成。其中,写作主体是写作诸因素的核心。

童庆炳指出四体构成一个整体,是"一个流动的活动过程"。王玮提出"万象归一","'一'是一个动态的、开放的过程"。从写作生成的角度看,写作过程,是四体相互选择、适应、渗透,最后结合为一体的过程,是四体"由感知层次上的聚合,到思维层次上的缀合,到最后实现表述层次上的融合这样一个化合为写作成品的过程"。简要地说,即"四体化一"。四体只有化成一体,才能融合为统一的写作成品,不然,主、客、受、载四体各自独立和相互排斥,写作行为将被分割得面目全非。"化"的方式是四体在主体统摄之下产生作用:没有进入写作主体视野的客体、受体、载体,和没有与客体、受体、载体发生对应关系的主体,都与写作行为无关;双体交汇或三体交汇表示它们曾在写作进程中受到写作主体的关注,但由于与另外两种或一种因素不相融,最终被排除、舍弃在写作成品之外;只有四体相依相融的那一部分,才能化合为一,最终构成写作成品。

认识了"四体化一"之后,还要进一步讨论其中的"一"是什么。关于"四体化一"的"一"的含义,林可夫主编的《高等师范写作教程》中有一段相应的说明:"'四体化一'并不是现实生活中四种物质实体的直接结合,而是物质实体移入写作主体大脑后演化成的观念形态——人格意识、题材意识、读者意识、成品意识在写作行为活动中的融合。因此,每一次融合都深深打下了写作主体的烙印。"这段话对"一"做了诠解:四体是在主体大脑中转变为观念形态(意识),四体化一是四体形成四种意识后,再融合为一种写作的整体意识,即主体大脑中的写作成品"图式"。

(二)三重转化律

从纵向看,任何写作成品产生的过程,都是在主体心理和行为的操作下沿着"物—感—思—文"的轨迹展开的。它是立体复合发展状态下的三重转化,由写作内化到写作意化再到写作外化。这是写作活动最基本的规律,任何作者写任何文章都必须遵守的规律。

写作内化——由"物"到"感",这是写作的准备、感知的积累阶段,是写作主体将外界事物"内化"为大脑存储信息的过程。内化,也就是在发现中化解,进而占为己有,这是写作的准备、感知和积累阶段。在内化过程中,从主体看,有无意内化和有意内化。无意内化,是主体在长期的摄取、记忆与积淀中完成的,具有潜移默化和润物细无声的特点;有意内化,则是主体有目标、有计划地发现、感知并积累。从时间看,有长期内化和短期内化。从内容看,有思想认识、情感、知识的内化,也有社会、人生、不同领域信息的内化等。写作内化是整体进行着的过程,是写作主体创造性思维活跃状态下的动态心理和行为活动。其关键是在采集中对事物的敏锐感知。感知是写作主体的积极的心理活动,采集是写作行为发生时主体的能动性活动。作者在这种早期行为的实践过程中,与感知相依相伴,汲取信息,积累材料,为"内化"提供多姿多彩的依据。

写作意化——由"感"到"思",它是写作的酝酿阶段。是写作主体在心理操作下,将内化的感知之物化为意象之物或某种观念,在意识和潜意识系统中或分析归纳、辨识明理，或想象联想、孕育形象，或立意塑体、勾画轮廓，最后逐步形成"意态文"的过程。换句话说，写作意化，就是将内化物在运思的熔炉里进行重新组合的意态化和意识化，它是一种写作设计、意象孕育的心理构筑，是俗话中的"打腹稿"。这一过程，从主体看，是能动的心理"内视"活动，是运思中的心理推导或情感灌注。从内容看，是内化物经过思维熔炉的烧炼，使物我交融、情理化合，为之塑体赋形，以孕育出有生命的精神胎儿。

写作外化——由"思"到"文"，是将意化中孕育成型的精神胎儿定型身外，使之书面化的过程。它是写作的成熟和完成阶段。"外化"，即思维成果的物态化。外化的关键是将思维内容和内部言语转化为文字符号。转化过程的基本形式是行文操作，通过按照一定体式的"句、段、篇"的创造性建构，将运思用孕育的"意态文"符号化。符号化是实现写作外化的鲜明标志，也是衡量写作成败得失的依据。

写作在个体身上发生时的现象和过程是动态的，"物、感、思、文"的三重转化并不是线性平面的，各环节互逆互动互摄互生，且思维活动无处不在，同时又受客体、主体、载体、受体诸因素的影响和制约。由于各因素的渗透、交叉、整合，使写作过程呈现立体复合状态，其规律只是文字表述时的线性展开，切不可机械地理解。

第四节　写作的学习与训练

许多人认为写作天才是教不出来的，其实，每个人都有与生俱来的表达欲望，这就是写作的激情和动力，从这个意义上，每个人都是天生的作家，或者说每个人身上都有作家的潜质。创作的才能可以学习得来，写作当然需要技巧训练。那么应该如何学习写作呢？

一、克服写作障碍

写作之始，首先要克服的障碍就是缺乏自信心的问题，许多人未开始写作便认为自己不具备写作能力，这种毫无自信的根源是年轻和自卑。如果害怕失败，害怕被人嘲笑，写作的时候压力就会很大，背上沉重的思想包袱，下笔如有绳，举步维艰，或者写了个开头就难以为继，处于难产状态。

"写作障碍"，是指不能用文字表达自身意思的现象，有心理原因、技巧原因、习惯原因、时间原因等。有的人一直有等待灵感火花迸发的依赖心理，或为了追求完美的、理想的结果,或是虚荣心在作怪,容不得半点被否定、被拒绝的冒险。有的人不相信自己能写好,或没有经验,不知道他的人物在现实生活中会如何行动,这些困境是作家个性方面的问题,而不是写作技巧的缺陷。因而,克服写作障碍,这是写作之初首先要尽力解决的问题。

二、刻意反复练习

叶圣陶说:凡是技术,没有不需要反复历练的。应多看名家范文,分析别人之长;多改病文,吸取教训;多设题自练,从起草、修改、成文中学会写作。刻意练习是离开舒适区进入学习区的必然过程,写作者必须调动大量的身体和精神资源,全力投入,避免进入之前写作的惯性,分步骤将基本功分解为一个个单一训练,经过反复练习,让写作成为本能。

写作技巧的训练过程往往由浅入深,由讲故事到写故事,由人物、场景、对话的描绘到写微型小说的创作;从记忆到想象,由"写你知道的"到写想象到的;从模仿到创造,找到你喜爱的作家,分析他的作品,从作家阅读作品的角度,解读技巧和写作方法。找适合自己的写作,勇于尝试,在写作中学习写作。

三、即时反馈

写作是技巧和人文的统一、有趣和有意义的统一。在写作课堂上氛围营造和技巧训练很重要,营造一个可以即时反馈的环境,通过不断反馈调整学习状态,以达到最优。比如,可以利用创作场(写作工坊)形成平等自由轻松活跃的对话,互相激励,共同进步。通过小组讨论、课堂辩论、师生交流等多种形式的反馈,学生广泛参与前写作和后写作阶段,前写作阶段主要用头脑风暴法,进行发散思维训练,便于学生思维的碰撞和激发;在后写作阶段,作者修改完文章之后要让小组全体成员"挑刺",指出不足,学习者能够纠正自己的错误,再经过多次修改、反馈的过程,加以改进,不断练习,学生的写作能力便能得以提高。

四、扩大阅读面,保证阅读时间

创作始于别人的文字,阅读是写作最有力的支撑。威廉·福克纳的建议是:"阅读,阅读,阅读。什么书都读——垃圾的,经典的,好的,坏的,看看它们是怎么写出来的。就像一个跟木匠师傅学艺的学徒一样去学习。阅读!你就会明白其中的道理。"马尔克斯是阅读了卡夫卡的《变形记》之后才开始写短篇小说的。所以你可以写一部作品向你喜欢的作家致敬。

可以去图书馆寻找灵感,也可以向其他艺术领域寻找。比如,通过观看电影电视剧,学习故事情节安排的技巧。经常回想一下你认为最有启发意义的书和电影,学习可以借鉴的写作技巧。

延伸阅读

我为何写作?

[英国]乔治·奥威尔

大约在我很小,也许是五六岁的时候,我就知道了我在长大以后要当一个作家。在大约十七到二十四岁之间,我曾经想放弃这个念头,但是我心里很明白:我这么做有违我的天性,或迟或早,我会安下心来写作的。

在三个孩子里我居中,与两边的年龄差距都是五岁,我在八岁之前很少见到我的父亲。由于这个以及其他原因,我的性格有些不太合群,我很快就养成了一些不讨人喜欢的习惯和举止,这使我在整个学生时代都不太受人欢迎。我有性格古怪的孩子的那种倾心于编织故事和同想象中的人物对话的习惯,我想从一开始起我的文学抱负就同无人搭理和不受重视的感觉交织在一起。我知道我有话语的才能和应付不愉快事件的能力,我觉得这为我创造了一种独特的隐私天地,我在日常生活中遭到的挫折都可以在这里得到补偿。不过,我在整个童年和少年时代所写的全部认真的或曰真正像一回事的作品,加起来不会超过五六页。我在四岁或者五岁时,写了第一首诗,我母亲把它录了下来。我已几乎全忘了,除了它说的是关于一只老虎,那只老虎有"椅子一般的牙齿",不过我想这首不太合格的诗是抄袭布莱克的《老虎,老虎》的。十一岁的时候,爆发了1914—1918年的战争,我写了一首爱国诗,发表在当地报纸上,两年后又有一首悼念克钦纳伯爵逝世的诗,也刊登在当地报纸上。长大一些以后,我不时写些蹩脚的而且常常是写了一半的乔治时代风格的"自然诗"。我也曾尝试写短篇小说,但两次都以失败告终,几乎不值一提。这就是我在那些理想年代里实际上用笔写下来的全部的作品。

但是,从某种意义上来说,在这期间,我确也参与了与文学有关的活动。首先是那些我不花什么力气就能写出来的但是并不能为我自己带来很大乐趣的应景之作。除了为学校唱赞歌以外,我还写些带有应付性质半开玩笑的打油诗,我能够按今天看来是惊人的速度写出来。比如说我在十四岁的时候,曾花了大约一个星期的时间,模仿阿里斯托芬的风格写了一部押韵的完整的诗剧。我还参加了编辑校刊的工作,这些校刊都是些可笑到可怜程度的东西,有铅印稿,也有手稿。我当时为它们所花的力气比我今天为最有价值的新闻写作所花的力气少不到哪里去。与此同时,在大约十五年左右的时间里,我还在进行一种完全不同的写作练习:那便是编造一个以我自己为主人公的连续"故事",一种只存在于心中的日记。我相信这是许多人少儿时期都有的一种习惯。我在很小的时候就常常想象我是侠盗罗宾汉或什么的,把自己想象为冒险故事中的英雄,但是很快我的"故事"就不再是这种露骨的愉悦自我的性质了,而越来越成为对我自己在做的事情和看到的东西的客观的描述。有时我的脑际会连续几分钟打出这样的句子:"他推开门进了房间。一道淡黄色的阳光透过窗帘斜照在桌上,上面有一盒打开的火柴放在墨水瓶旁。他把右手插在口袋里走到窗前去。街上有一只棕色的猫在追逐一片落叶"等等。这个习惯一直持续到我二十五岁的时候,贯穿我远离文学活动的年代。我的确花了力气寻觅适当词语,我似乎是在某种外力的驱使下,几乎不自觉地在做这种描述景物的练习。可以想象,这种练习一定反映了我在不同的年龄所崇拜的不同作家的风格,不过就我记忆所及,它始终保持了在描述上颇为严谨的特点。

大约十六岁的时候我突然发现了词语本身所带来的乐趣,也就是凭借词语的声音和联想。《失乐园》里有这么两句诗:

这样他艰辛而又吃力地
他艰辛而又吃力地向前

在我今天看来这句诗已不是那么具有冲击力了,但是当时却使我全身发抖。至于描述景物的意义,我早已全部明白了。因此,如果说我在那个时候要写书的话,我要写的书会是什么样就可想而知了。我要写的会是大部头的结局悲惨的自然主义小说,里面尽是细致入微的详尽描写和明显比喻,而且还满眼是华丽的辞藻,所用的字眼一半是为了凑足音节而用的。事实上,我的第一部完整的小说《缅甸岁月》就是一部这样的小说,那是我在三十岁的时候写的,不过在动笔之前已经构思了很久。

我提供这些背景介绍的缘由是因为我认为:不了解一个作家的历史和心态是无法估量他的动机的。他的题材由他生活的时代所决定,但是在他开始写作之前,他就已经形成了一种感情态度,这是他今后永远也无法超越和挣脱的。毫无疑问,提高自己的修养和避免在还没有成熟的阶段就贸然动手,避免陷于一种反常的心态,都是作家的责任;但是如果他完全摆脱早年的影响,他就会扼杀自己写作的冲动。除了需要以写作作为谋生手段之外,我想从事写作,至少从事散文写作,有四大动机。在每一作家身上,它们都因人而异,而在任何一个作家身上,所占比例也会因时而异,要看他所生活的环境氛围而定。这四大动机是:

1. 自我表现的欲望。希望人们觉得自己很聪明,希望成为人们谈论的焦点,希望死后人们仍然记得你,希望向那些在你童年的时候轻视你的大人出口气,等等。如果说这不是动机,而且不是一个强烈的动机,完全是自欺欺人。作家同科学家、政治家、艺术家、律师、军人、成功的商人——总而言之,人类的全部上层精华——几乎都有这种特性,而广大的人类大众却不是这么强烈的自私。他们在大约三十岁以后就放弃了个人抱负——说真的,在许多情况下,他们几乎根本放弃了自己是个个人的意识——主要是为别人而活着,或者干脆就是被单调无味的生活重轭压得透不过气来。但是也有少数有才华有个性的人决心要过自己的生活到底,作家就属于这一阶层。应该说,严肃的作家整体来说也许比新闻记者更加有虚荣心和自我意识,尽管不如新闻记者那样看重金钱。

2. 唯美的思想与热情。有些人写作是为了欣赏外部世界的美,或者欣赏词语和它们正确组合的美。你希望享受一个声音的冲击力或者它对另一个声音的穿透力,享受一篇好文章的抑扬顿挫或者一个好故事的起承转合,希望分享一种你觉得是有价值的和不应该错过的体验。在不少作家身上,审美动机是很微弱的,但即使是一个写时事评论的或者编教科书的作者都有一些爱用的词句,这对他有一种奇怪的吸引力,也许他还可能特别喜欢某一种印刷字体、页边的宽窄等。任何书,凡是超过列车时刻表以上水平的,都不能完全摆脱审美热情的因素。

3. 历史方面的冲动。希望还原事物的本来面目,找出真正的事实把它们记录起来供后代使用。

4. 政治上所做的努力。这里所用"政治"一词是从它最广泛的意义上而言的。希望把世界推往一定的方向,帮助别人树立人们要努力争取的到底是哪一种社会的想法。再说一遍,没有一本书是能够没有丝毫的政治倾向的。有人认为艺术应该脱离政治,这种意见本身就是一种政治。

显而易见,这些不同的冲动必然会互相排斥,而且在不同的人身上和在不同的时候会有不同的表现形式。从本性来说我是一个前三种动机压倒第四种动机的人。在和平的年代,我可能会写一些堆积辞藻的或者仅仅是客观描述的书,而且很可能对我自己的政治倾向几乎视而不见。但实际情况是,我却为形势所迫,成了一种写时事评论的作家。我先在一种并不适合我的职业中虚度了五年光阴,后来又饱尝了贫困和失败的滋味,这增强了我对权威的天生的憎恨,使我第一次意识到劳动阶级存在的事实,而且在缅甸的工作经历使我对帝国主义的本性有了一些了解，但是这些还不足以使我确立明确的政治方向。接着来了希特勒、西班牙内战等。到了1935年底，我仍没有做出最后的抉择。我记得在那个时候写的一首小诗，表达了我处于进退维谷状态的真实心境。

西班牙内战和1936—1937年之间的其他事件最终导致了天平的倾斜，从此我知道了自己应该去做些什么。我在1936年以后写的每一篇严肃的作品都是指向极权主义和拥护民主社会主义的，当然是我所理解的民主社会主义。在我们那个年代，认为自己能够避免写这种题材，在我看来几乎是痴人说梦，大家不过在用某种方式作为写作这种题材的遮掩。简而言之，这就是一个你站在哪一边和采取什么方针的问题。你的政治倾向越是明确，你就更有可能在政治上采取行动，并且不牺牲自己的审美和思想上的独立性和完整性。

整整十年，我一直在努力想把政治写作变为一种艺术。我的出发点是由于我总有一种倾向性，一种对社会不公的个人意识。我坐下来写一本书的时候，我并没有对自己说："我要加工出一部艺术作品。"我之所以写一本书，是因为我有谎言要揭露，我有事实要引起大家的注意，我最先关心的事就是要有一个机会让大家来听我说话。但是，如果这不能同时也成为一次审美的活动，我是不会写一本书的，甚至不会写一篇稍长的杂文。凡是有心人都会发现，即使这是直接的宣传，它也包含了一个职业政治家会认为与本题无关的许多内容。我不能够，也不想完全放弃我在童年时代就形成的世界观。只要我还健康地活着，我就会一如既往地对散文这一文体抱有强烈的感情，去热爱地球上的一切事物，对具体的东西和各种知识表达我的关注，尽管这些可能是片面的或者无用的。要压抑这一方面的自我，我是做不到的。我该做的是把我天性的爱憎同这个时代对我们所要求的和应该做的活动调和起来。

这样做不仅在结构和语言上有障碍，而且这还涉及到了真实性的问题。我这里只举一个由此而引起的例子。我写的那部关于西班牙内战的书（《向卡特路尼亚致哀》）当然是一部有观点鲜明的政治作品，但是基本上我是用一种相对客观的态度和相对严谨的文笔来写的。我在这本书里的确作了很大努力，要把全部真相说出来而又不违背我的艺术本能。但是除了其他内容以外，这本书里有很长的一章，尽是摘引报纸上的话和诸如此类的东西，为那些被指控与佛朗哥一个鼻孔出气的托派分子辩护。显然，这样的一章会使全书黯然失色，因为过了一两年后普通读者会对它兴趣全无。一位我所尊敬的批评家指责了我一顿："你为什么把这种材料掺杂其中？"他说："本来是一本好书，你却把它变成了时事评论。"他说得不错，但我只能这样做。因为我正好知道英国只有很少的人才被获准知道真实情况是:清白无辜的人遭到了诬陷。如果不是出于我的愤怒,我是永远不会写那本书的。

语言的问题是个大问题。我这里只想说,在后来的几年中,我努力写得严谨些而不那么大肆渲染。不管怎么样,我发现等到你完善了一种写作风格的时候,你总是又超越了这种风格。《动物农庄》是我在充分意识到自己在做什么的情况下努力把政治目的和艺术目的融为一体的第一部小说。我已有七年不写小说了,不过我希望很快就再写一部。它注定会失败,因为每一本书都是一次失败,但是我相当清楚地知道,我要写的是一本什么样的书。

回顾刚才所写的,我发现自己好像在说我的写作活动完全出于公益的目的。我不希望让这成为最后的印象。所有的作家都是虚荣、自私、懒惰的,在他们的动机的深处,埋藏着的是一个谜。写一本书是一桩消耗精力的苦差事,就像生一场痛苦的大病一样。你如果不是由于那个无法抗拒或者无法明白的恶魔的驱使,你是绝不会从事这样的事的。你只知道这个恶魔就是那个令婴儿哭闹要人注意的同一本能。然而,同样确实的是,除非你不断努力把自己的个性磨灭掉,不然你是无法写出什么可读的东西来的,好的文章就像一块玻璃窗。回顾我的作品,我发现在我缺乏政治目的的时候我写的书毫无例外地总是没有生命力的,结果写出来的是华而不实的空洞文章,尽是没有意义的句子、辞藻的堆砌和通篇的假话。

思考与训练

一、写作对于每个现代人来说都是不可或缺的,如同空气之于人的生命。以下是写作者眼中的写作:

斯妤说:写作是我最好的生命方式。

叶广芩说:写作是快乐的苦役。

聂华苓:写作是一件很美的事。

阿来说:写作是生命本身的一种冲动。

林真理子(日本)说:写作是房间里的独角戏。

皮亚杰说:写作才思维。

雨果·克洛(比利时)说:我写作则我生存。

海明威说:写作,是一种孤寂的生涯。

还有诸多对写作的个人表述:写作是一种治疗,写作是一件倾诉工具,写作是一种自由的状态,写作是为了描述一种无法表达的痛,写作是弱者的自白,写作是一个人心里生出的孩子……说出你眼中的写作是怎样的?

二、学习老舍和李敖的小传，写300字的小传。要求写出个人特点，包括长相、性格、特长等特点，让大家能记住你，语言生动、简洁。这是"我曾经是谁"的反思。小传要展示你主要的思想性格特征，透现人物的精神世界。

三、讨论、比较中学作文与大学写作的异同，以"中学作文的回顾与反思"为题写一篇总结。

四、以自己某篇文章的创作过程为例，谈你对写作规律的认识和理解。

五、结合自己的理解和经验，谈谈学好写作的重要作用。

六、有人认为，在现代社会，缺少写作能力的人是一种"智能残废"，你对此有何理解？

七、结合自己的理解和体会，以"写作，让我_____"为题，写一篇写作漫谈。

第二章

写作能力

写作能力是作者运用已有的知识与经验,依据写作任务,使用语言文字来表情达意的实际能力。写作能力的强弱关系着作者写作水平的高低与写作成品的成败,加强写作能力的训练是提高作者写作水平的重要途径。

写作者必备的基本能力主要包括观察能力、感受能力、思维能力、想象能力等。

第一节 观察能力

一、观察的含义

所谓观察,是指写作者运用多种感觉器官,有意识、有目的地感知自然、社会和人生现象,从客观世界中摄取刺激、信息和材料的自觉认知活动。

关于观察的含义,解释如下几点:

第一,从写作材料的角度看,写作过程其实就是一个摄取写作材料、进而对写作材料进行运思加工,最后运用语言把思维成果艺术性地表达出来的过程。观察是这个过程中的最初环节,也是一个非常重要的环节。

第二,观察本身也是一个过程,是一个注意、感知、记忆、感受、思维的心理过程。

第三,观察是写作者对于客观事物的感知活动,同时,许多写作者经常把写作主体本身当成观察的对象,对自己的内心世界进行审视,聆听自己内心的声音,观察自己的心路历程。中外文学史上不乏这样的名作,如卢梭的《忏悔录》、巴金的《随想录》都是以作家的自我反思、对自我内心世界的审视为观察和写作对象的。

第四,写作的观察具有目的性,观察的目的在于获取写作材料,要有所发现。

二、观察的作用

对写作而言,观察的主要作用就是摄取、积累写作素材。

具体说,观察对写作的重要作用表现在如下几方面:

(一)提高写作素养

观察是写作者必备的素养。"汝果欲学诗,功夫在诗外",这是宋代诗人陆游对其儿子的教导。陆游所强调的,就是不要仅仅关在书房里读诗、写诗,应该多到现实生活中去看、听,思考,感悟,发现,获取灵感,积累生活,丰厚写作素养。作为写作者,应该对生活怀有浓厚的兴趣,有一颗敏感的心灵,养成时时处处留心观察的好习惯,并思考和捕捉人、事、物、景背后的东西,发现具有价值的写作材料。

(二)提供写作材料

观察是写作者在现实生活中直接获取新鲜生动的感性材料的主要方法。没有观察,就等于切断了写作活动同生活的联系,使写作变成无源之水。

(三)激发写作欲望

写作者在观察中会经常被人、事、物、景所触动,触景生情,不能自己,从而引发强烈的创作冲动。如《红楼梦》中,女诗人林黛玉在观赏春景时,看到繁花落尽,满地残红,感受到生命的短暂易逝,更触动了她自己寄人篱下、孤苦飘零的身世感慨,不由得悲从中来,产生强烈的创作冲动,吟出流传后世的绝唱《葬花词》:"花谢花飞花满天,红消香断有谁怜?游丝软系飘春榭,落絮轻沾扑绣帘。闺中女儿惜春暮,愁绪满怀无处诉。手把花锄出绣闺,忍踏落花来复去。柳丝榆荚自芳菲,不管桃飘与李飞。桃李明年能再发,明年闺中知有谁?……"

三、观察的方法

观察的基本方法主要有定位观察、移位观察、比较观察等。

(一)定位观察

指写作者选择一个固定的地点,从一个特定的位置、角度对人物、事物进行观察。

定位观察具体可分为鸟瞰法、窥尝法、透视法等。

1. 鸟瞰法

指居高临下地对观察对象进行总体情况和概貌特征的观察。

如俄国作家莱蒙托夫的《当代英雄》中的一段描写：

> 真的，这样迷人的景色恐怕哪儿也见不着：我们的下面是科依索尔谷地，谷地里贯穿着阿拉格瓦河和另一条河，仿佛两根线；淡蓝色的迷雾在谷地上流动着，受到温暖的曙光的照耀，向附近的峡谷飘去；左右都是白雪皑皑、灌木丛生的山脊，一个比一个高，它们互相交错，绵延不绝；远方是同样的山岭，但没有两个山岩形状彼此相似，而山上的积雪又那么喜气洋洋、那么光辉灿烂地闪耀着玫瑰红的色彩，使人真想在这儿待上一辈子；太阳稍稍从暗蓝色的山岭后面露出脸来，只有看惯这种景色的眼睛才能把山岭同阴云分辨开来。

这种居高临下的观察和描写呈现出的是一派宏观的山谷面貌，灵动而有气势。古人说"欲穷千里目，更上一层楼"，鸟瞰式观察方法比较宏观、宏阔，常会有意想不到的收获。

2. 脔尝法

脔是碎肉，即把一整块肉分成一小块一小块，一口一口地吃掉。脔尝法是中国古代的说法，现在又称分割观察，是将整体事物分割开来，一部分一部分地分别进行观察的方法。

分割观察可以按照空间来分割，也可以按照类别来分割。

如茅盾的小说《动摇》，写客厅就运用了空间分割的方法：

> 胡国光一面听，一面瞧着客厅的陈设。正中向外是总理遗像和遗嘱，旁边配着"革命尚未成功，同志仍需努力"的对联。左壁是四条张之洞的字，而正通左厢的一对小门的门楣上立着一架24寸的男子半身放大像。……靠着左壁，摆着三张木椅，两条茶几，和对面的右壁下正是一式。两只大藤椅向外蹲着，相距三尺许，中间并设茶几，却放着一口白铜的火盆，青色的火焰正在盆沿跳舞。厅的正中，有一只小方桌，蒙着白的桌布……右壁近檐处，有一个小长方桌，供着水仙和时钟之类，还有一两件女子用品。一盏四方形的玻璃宫灯，从楼板上挂下来，玻璃片上贴着纸剪的字是"天下为公"：这就完成了客厅的陈设。

一般而言，客厅的陈设较多，一眼望去，纷繁复杂。这段文字，将客厅分割为正中、左壁、右壁及近檐处几个部分，逐一观察和描写，既详尽具体，又有条不紊，由环境陈设的描写中透露出了主人的身份、性格、爱好等。

3. 透视法

从一点透视事物全部的方法。是以一滴水见太阳、借一斑窥全豹的方法。

所谓"一点",应该是事物的某一突出的、具有代表性的、能集中体现事物整体特征的点,必须精心选择。

如奥地利作家茨威格在其小说《一个女人一生中的二十四小时》中写女赌徒的手:

> 这两只手像被浪潮掀上海滩的水母似的,在绿泥台面上死寂地平躺了一会。然后,其中的一只,右边那一只,从指尖开始又慢慢儿倦乏无力地抬起来了,它颤抖着,闪缩了一下,转动了一下,颤颤悠悠,摸索回旋,最后神经震栗地抓起一个筹码,用拇指和食指捏着,迟疑不决地捻着,像是玩弄一个小轮子。忽然,这只手猛一下拱起背部活像一头野豹,接着飞快地一弹,仿佛啐了一口吐沫,把那个一百法郎的筹码掷到下注的黑圈里面。那只静卧不动的左手这时如闻警声,马上也惊惶不宁了;它直竖起来,慢慢滑动,真像是在偷偷爬行,挨拢那只瑟瑟发抖、仿佛已被刚才的一掷耗尽了精力的右手,于是,两只手惶悚悚地靠在一处,两只肘腕在台面上无声地连连碰击,像上下牙齿打寒战一样。

在这段文字里,作家以赌徒的手为点,由手而写人,由几个动作透视出人物的心理,使赌徒的形象跃然纸上,非常精彩。

(二)移位观察

指观察点不确定而随机变化的观察方法。

写作者变换观察的距离与角度对事物进行观察,以期获得对于事物较为全面的认识。

宋代画家郭熙在《林泉高致》中谈到画家对山的观察。他说:

> 山近看如此,远数里看又如此,远十数里看又如此。每看每异,所谓山开步步移也。山正面如此,侧面又如此,背面又如此。每年每异,所谓山形面面看也。如此,是一山而兼数十百山之形态,可得不悉呼!"又说:"青山春夏看如此,秋冬看又如此,所谓四时之景不同也。山朝看如此,暮看如此,阴晴又如此,所谓朝暮之变态之不同也。如此,是一山而兼数山十百山之意态,可得不究乎!

移位观察又称移步换景法,在游记写作中常用。

(三)比较观察

将某一观察对象与其他对象进行比较,在比较中鉴别彼此的特征与异同,从而获得更为准确、细致的观察结果。

比较观察又可分为横向比较和纵向比较。横比是在同一时间和空间,不同对象之间的比较。如《红楼梦》第四十回,写刘姥姥在酒宴上以一句"老刘,老刘,食量大如牛;吃个母猪,不抬头"引得"上上下下都一齐哈哈大笑起来"。在这个场景中,作家通过不同人物笑的不同情态,表现出不同人物的个性、身份等。

纵比是对同一个人物、事物在不同时期的比较。如鲁迅的《故乡》中,作家对眼前中年闰土的观察与描写,与记忆中海边活泼天真的童年闰土形成鲜明对照。另外,老舍的《骆驼祥子》中,作家对不同时期的祥子形象的刻画与精神审视,也采用了比较观察法。

四、观察的要求

一位写作者,必须热爱自然和生活,观察要全面精细,并且善于思考,追求有所发现。观察时,要做到如下几点:

(一)要敏锐地捕捉人物、事物的特征

观察人物时,要注意观察人物的外在特征,包括语言特征、行为特征等,同时思考、追溯其内在的个性精神特点。例如,孔庆东的《遥远的高三八》一文中,女生头猛的猛于提问:"为什么呢?"以及她站篮球、摔了再站等行为特点,都被作者从生活中提取出来,用来表现其要强、不服输的个性;老师老滕讲课时"一个字赶着一个字"的语言特点,讲题时"嫌写、画太慢,干脆空手比画"的行为特点以及他"挥动蒲扇般的大手:你们哪哪也考不上,啥啥也考不上"的情景,都把老滕的"急性子"刻画得极其形象鲜活。

观察事物时,要注意抓取事物的地域性特征。如秋天的白桦林,冬天的林海雪原,都是中国东北地区的鲜明性地域特征;而蓝天,碧海,金沙滩,夕阳下高大的椰子树林等,都是中国海南的鲜明性地域特征。同时,还要善于抓取事物的时令性特征,如春天的桃花烂漫、杨柳拂风,夏天的榴花火红、芙蓉粉红如云,秋天的碧云天、黄叶地,冬天的水瘦山寒、月黑风高之夜等;另外,还要注意抓取事物的静态、动态以及色彩特征等。

(二)要注意捕捉有意义的细节

观察时,要注意捕捉人物、事物的有意义的细节。细节,是文艺作品中描绘人

物性格、事件发展、自然景物、社会环境等最小的组成单位。细节描写,是文艺作品中刻画人物性格、揭示人物内心世界、点化人物关系、暗示人物身份、处境等的重要方法。细节描写在作品中有时看似闲笔,仿佛信手拈来,其实往往都是作者的精心设计和安排。在文章中,恰到好处地运用细节描写,对于烘托环境氛围、刻画人物性格、表现人物关系、推动情节发展、揭示主题思想等,都能产生重要作用。观察时捕捉到的细节在运用时,要做到真实、典型、新颖独特。

五、观察能力的培养

观察能力是写作者必备的基本能力,一位写作者应该养成良好的观察习惯,注重培养和训练自己的观察能力。

(一)尽量扩大生活领域,丰富自己的人生阅历

一位写作者,要广泛接触自然、社会,扩大生活领域,丰富自己的人生阅历。大自然五光十色,千姿百态,社会生活丰富多彩,复杂多变,都蕴藏着大量生动的富有情趣的事物,有待人们去寻找、去发掘、去采撷。写作者要满怀热情地投入到大自然和社会生活中,尽可能扩大生活领域,开阔视野,丰富自己的生活积累和体验,磨炼和提高自己的观察能力。

(二)培养观察兴趣,养成随时随地注意观察的习惯

一位写作者,要热爱生活,对自然环境、人生现实充满强烈的好奇和关注,对所要观察的对象倾注强烈的激情和兴趣。做生活的有心人,随时留心各种各样的人物、事物和现象,观察人物、事物的外在特征,同时思考、分析现象背后所蕴含的精神内涵,在积累写作材料的同时,逐步养成良好的观察习惯,不断提高自己的观察能力。

(三)灵活运用多种观察方法

在观察大自然和社会生活时,作者要根据具体情况和情境,灵活运用多种观察方法,以获得良好的观察效果。除了之前介绍过的定位观察、移位观察和比较观察外,常用的观察方法还有:

1. 公开观察和隐蔽观察。公开观察就是明察,隐蔽观察就是不引起对象注意的暗察,在某些特殊的情境中,公开观察和隐蔽观察有机结合,可以获得对人物和事物真实、准确的把握。

2. 随机观察和专一观察。随机观察就是从自己的兴趣出发,随时随地进行观察;随机观察往往能够发现新鲜、独特的对象特征。专一观察是在一定时间内有

目的地选定某一对象有计划地进行观察。

3. 整体观察与局部观察。整体观察有助于通观事物全貌,从整体上把握事物的特点;局部观察有利于把握事物的细微部分与特性特征。两者有机结合,就能全面、具体、细致地把握观察对象。

4. 比较观察和反复观察。比较观察是把两个事物加以比照,找出它们的相异相同处,从而更准确地把握它们的形象和特征;反复观察又叫跟踪观察,是对观察对象的连续、反复地观察,以便准确地把握事物的特征和变化。

(四)养成写观察日记的习惯

俗话说"好记性不如烂笔头",有了高质量的观察收获,作者还应该及时地把观察结果记录下来,养成良好的写观察日记的习惯,为当时和以后的写作积累材料和灵感。

第二节 感受能力

一、感受的含义

所谓感受,是指写作主体受到客观外物(色彩、冷暖、香臭、明暗等)的刺激而产生的相应的感觉、知觉所呈现的富有情感和个性的心理活动。在感受这种复杂的心理活动中,既包含特定的情感体验因素,也包含认识、理解因素。

观察与感受有所不同。观察着眼于捕捉个体的具体形貌,所看到的是客观表象,其对于客观表象所做出的分析结果也是理性、客观、科学的,因而观察具有客观性。感受是写作主体的感觉器官对客观外物的刺激所产生的相应的感觉与知觉活动。人的感觉分为视觉、听觉、嗅觉、味觉、触觉五种,观察主要是视觉的知觉活动,感受则更多属于听觉、嗅觉、触觉、味觉,这些感觉本来都是抽象的,需要依赖于感觉主体得以表达,而它们经过感觉主体这个环节时,便不可避免地带上了主体的主观性,因而感受都是独特的,具有主观个体性特点。

面对同一事物,我们观察到的都是一样的,但是每个人的感受却绝不相同。如陆游与毛泽东的同题诗词《卜算子·咏梅》,陆游由梅花感受到的是知识分子不肯随波逐流、坚守自持的高洁品格,毛泽东则感受到了共产党人无私无畏、勇敢坚强的品质以及甘愿牺牲小我、为天下百姓谋幸福的襟怀气度。

二、感受的作用

感受与写作关系极其密切。感受能力的强弱,是衡量一个人写作能力的重要标准。一个人若缺乏感受能力,就无法获得丰富深刻的生活体验与人生感悟,无法写出打动人心的优秀作品。感受能力对写作的重要作用主要体现在如下几个方面:

(一)感受激活写作动机

从写作过程来看,写作往往是"因感而起,有感而发"的过程。作者进入生活领域,在丰富多彩的现实生活中对客观的人、事、景、物产生某种强烈的感受,当感受产生的激情达到一种饱和点,感到不吐不快,于是便引发了一种不可遏制的表达欲望,产生强烈的写作冲动。心有所感、情动于衷,便形成了写作动机。

(二)感受奠定情感基础

在感受活动中,写作主体和客观外物是一种互动的关系,感受也总是和特定的情感体验联系在一起的。当外界的客观事物在人的心理活动中引起刺激和反应时,总是和人的需要、信念、习惯、观点、态度等发生关系并相应地产生喜爱或厌恶、快乐或忧愁、肯定或否定的情感活动。可以说,感受总是特定的主体情感之下的感受,感受反过来又会刺激并强化主体的特定情感。如杜甫的《春望》:"国破山河在,城春草木深。感时花溅泪,恨别鸟惊心。烽火连三月,家书抵万金。白头搔更短,浑欲不胜簪。"诗人处于战乱流离的悲怆伤感中,看到清晨的花蕊里晶亮的露水,觉得花也伤感,好像花也在流泪,有效强化了全诗的主体情感。

动人之情,来自于真切实在的感受;情感的深度决定于感受的深度;感受的不同,也决定了作品情感基调的不同。一般而言,有什么样的主观感受,就会有什么样的作品基调。

(三)感受丰富文章内容

所谓多愁善感,即指人的感情丰富,善于感受。

观察对于生活的认识是理性的,感受则强化、深化、情感化这种认识。一般而言,科学、哲学仰仗于对事物做理性的分析、认识,作用于人的思想,目的是说服人;文学、艺术则仰仗于对生活与事物的情感性体验,作用于接受者的情感,目的是打动人。因此,写作主体的感受越深,情感体验则越丰富、细腻、深入,写出来的作品则越是有血有肉、鲜活、丰满，越是富有艺术魅力。

（四）感受是获取写作材料的重要途径

感受是聚材的核心，是写作者摄取信息、深化感知、积累材料的重要途径。尤其是文学写作，特别需要通过感受搜集和积累创作素材。丰富而敏锐的感受能力能够让作者从平常的事物中发现艺术美，在貌似平凡的生活中感受到独特的东西，从常见的事物中捕捉到变化的内容，从而为写作积累珍贵的素材。若作者对生活缺乏感受，写作时常常会感到没有东西可写，无从动笔，即便勉强敷衍成篇，也没有真情实感，难成好文章。

三、感受的类型

（一）从感受器官来划分，可分为视觉感受、听觉感受、嗅觉感受、味觉感受、触觉感受五种

这五种感受形成了感受网络，在认识和把握对象世界时彼此交叉、融合，形成综合感受，全面而形象地感知世界。如同样描写春天，古人调动不同的感受器官来写就有不同的效果："春风又绿江南岸"动用的是视觉感受，"红杏枝头春意闹"动用的是听觉感受，"踏花归来马蹄香"动用的是嗅觉感受，"吹面不寒杨柳风"动用的是触觉感受。这些根据不同感受器官得到的独特感受，生动形象地写出了春天的多种景象。

（二）从感受方式分，可以分为直接感受与间接感受

直接感受就是在真实的生活情境中，主体的感官对对象的直接体认，是写作者获取生活信息、积累写作材料、蓄积情感、取得认识的重要途径。如法国作家小仲马的小说《茶花女》就是根据自己的爱情故事写成的，有情人不能成为眷属、心上人凄凉死去的直接感受都是他写作的动力和材料。

间接感受是借助于种种媒介，如语言文字（听人讲述或看书）、电影、电视、舞台表演（话剧、戏曲、舞蹈）等，在别人营造的艺术境界中获得感受。如读者可能并没有经历过如小仲马一样的爱情悲剧，但是读《茶花女》读得热泪盈眶；有些电影作品像《妈妈，再爱我一次》《唐山大地震》等，总是让许多观众看得泪如泉涌，这都是从艺术作品中获得的间接感受。

四、感受的要求

（一）感受要丰富

客观事物的内涵是丰富复杂的，提供给写作者的信息是立体的、多角度、多层次的。在感受生活时,作者要调动多种感官,综合运用视觉、听觉、嗅觉、触觉、味觉,包括心灵的律动,活跃的想象、联想活动参与,去感受事物,从而形成对事物的全面感受和把握。如作家王蒙在谈短篇小说创作时所说:

> 你看到了雨丝,这是一种视觉形象。这雨丝可能是细细的,因为这是场春雨,不是夏天那种倾盆大雨;也可能你感觉到了一种凉意,有时候,你还会闻到由于下雨泥土潮湿的气息;甚至下雨以后树叶和花的颜色、气味,都会发生变化。下雨的时候,还包括阴天所给你的视觉感受,这种阴沉天空的感觉,也许在某些人身上引起的是一种快乐。如果是农民,他感觉是快乐的,因为他们的庄稼,还有土地正需要雨。如果是牧区,对春雨的感觉更敏锐,一场春雨过后,到处是绿草。连牛啊、羊啊、放羊的牧民啊,都感觉到非常快乐。所以说,下雨这么一件很普通的事,它是与你的视觉、嗅觉、听觉和你的许许多多的一系列复杂的感觉都分不开的。(《王蒙谈短篇小说》)

(二)感受要细腻

感受越是细腻,便越是独特,写作就越是富有艺术个性。如钱钟书在小说《围城》中描写夏夜:

> 他靠纱窗望出去。满天的星又密又忙,它们声息全无,而看来只觉得天上热闹。一梳月亮像形容未长成的女孩子,但见人已不羞缩,光明和轮廓都清新刻露,渐渐可烘衬夜景。小园草地里的小虫琐琐屑屑地在夜谈。不知哪里的蛙群齐心协力地干号,像声浪给火煮得发沸。几星萤火优游来去,不像飞行,像在厚密的空气里漂浮,月光不到的阴黑处,一点萤火忽明,像夏夜的一只微绿的小眼睛。

在此,月亮的"已不羞缩"、蛙群的"干号"、萤火虫的"优游"如"夏夜的一只微绿的小眼睛"等感受,都是极其细腻独特的,使作家的文字极富艺术魅力。

(三)感受与思维并重

感受能力不仅是写作主体由内而外的摄取能力,也是内在心理的加工能力。写作者在感受的同时,也要积极动脑思考,以便准确把握住自己的感受。

五、感受能力的培养

良好的感受能力,与人的先天禀赋有关,也与人的后天学习、锻炼、培养有关。

写作者应该主动自觉地进行训练,培养和提高自己的感受能力。

(一)训练感官的敏锐性

感受以感觉为基础,而感觉必须依赖于感官。写作者要自觉地训练自己在视觉、听觉、嗅觉、味觉、触觉方面的敏锐性,使自己有"蜗牛般的眼观八方的目力,狗一般的嗅觉,田鼠般的耳朵",才能准确辨析外界刺激的各种性质和层次,随时做出反应,从而摆脱粗疏、模糊、混沌的状态。多种感官的感受彼此交叉融合,甚至互通替代,形成丰富的综合性感受,有利于多角度、多层次地感知世界,也有利于作者创造出一个丰富、生动、形象的艺术世界。

(二)培养丰富的情感趣味

感受与情感息息相通,感受的过程也是一种情感体验的过程。体验者必须与对象发生感情上的联系、心灵上的交流和感应,否则,便不能获得刻骨铭心的感受。因此,感受能力的强弱与一个人的情感趣味是否丰富、强烈有着不可分割的关系,强烈的感受往往是在作者丰富的情绪、情感的强烈作用下产生的,离开了情绪、情感,就很难有强烈的感受。

(三)训练深刻的体悟能力

感受不是纯粹的生理感觉,也不是自然情绪的泛滥,而是渗透着作者思想的深刻的感悟。所谓感悟,是指作者受到外物的触发,产生由此及彼的联想,从而体悟出外物蕴含的意蕴,顿悟出相关的自然、人生、社会的哲理。要获得对外物的深刻感受,作者要具备明快、深刻的感悟能力,善于洞察事物,见微知著,透过细微的现象抓住事物的本质,从平淡的事件中洞察其深邃的意义,从偶然事变中发现必然规律。如《易·乾卦·象》曰:"天行健,君子以自强不息。"我们的祖先从宇宙自然的生生不息中体认到人应该积极进取、奋发有为、刚健奋斗的人生哲学。

第三节 思维能力

一、思维的含义

思维是人的大脑对客观事物的一种简洁、概括、能动的反映。它以感觉、知觉、表象为基础,以语言为工具,通过由此及彼、由表及里地分析、综合、概括等形式,揭示事物的本质和规律。

思维能力，就是人们在思维活动中所表现出来的间接、概括地反映客观事物的信息加工能力，是大脑运用思维进行由此及彼、由表及里、去粗取精、去伪存真地认识客观事物的本质和规律的能力，包括比较与分析能力、抽象与概括能力、理解与判断能力、演绎与归纳能力等。

二、思维的特点

思维具有间接性、概括性、问题性、思维与语言不可分性等特点。

（一）间接性

思维具有远离客观现实的抽象性，可以认识我们难以感知到的东西，例如：对于人体内部构造的认识，对于历史的认识与推测，对于太阳、月亮、宇宙、太空等遥远事物的认识等。

（二）概括性

思维是直达于事物整体和本质规律的概括性认识。

（三）问题性

人的思维活动常常是从发现问题开始，以解决问题为结束。

（四）思维与语言不可分性

思维是语言的内容，语言是思维的形式，只有当思维诉诸语言（口头语言，书面语言）时，思维才变成客观现实。

三、思维在写作中的作用

思维能力是写作者必备的重要能力，在写作活动中起着决定性作用，主要表现在如下方面：

（一）思维在写作活动中处于核心地位

写作是一种创造性的思维活动，对客观事物的认识，是写作过程的重要阶段。如果没有思维参与，作者对生活的认识只能停留在表面，不可能认识到生活的本质和规律。如果没有思维，就无法对生活中收集来的材料进行筛选和加工，将作者对生活的认识有条理地表现出来，把作者的思想感情转化为可以认知的语言符号。思维在文章的生成过程中处于核心地位，使作者的各种智力因素凝聚为一个有机的整体，在写作中发挥着举足轻重的作用。

（二）思维贯穿写作活动全过程

在获取材料阶段，观察、感受、调查、阅读等都需要积极活跃的思维活动参与其中,写作者从自身的文化心理和审美情趣出发,捕捉材料的亮点,对材料进行整体把握,做出分析和判断。构思阶段,写作者要进一步深入地分析、判断材料,力图透过现象看本质。接下来,还要考虑如何选取材料,如何生发主旨,如何营造结构,如何传情达意等。行文与反馈阶段,写作者要不断地审视内容,推敲语言,调整结构,删除枝蔓,等等,不断地吸收读者的意见,对作品进行修改、完善。总之,思维是写作活动中最活跃的因素,贯穿写作全程。

(三)思维影响作品的质量

在写作过程中,思维能对写作活动进行宏观调控和微观调节,指导选材炼意、谋篇布局、遣词造句。材料选择是否得当,主题开掘是否深入,构思是否巧妙,表达是否准确,修改是否到位等,都要经过精心地推敲、琢磨,都是对作者思维能力的检验,因此,作者思维能力的强弱对于文章的高下成败起着决定性作用。

写作成品中存在的诸多问题,追根溯源往往在于作者的思维不够完善。比如,文章的立意肤浅,根本原因在于作者的思维浅薄;文章的条理不清晰,根源在于作者的思维混乱。提高文章质量的根本途径在于提高作者的思维能力。

四、思维的类型

人的思维活动是极其复杂的,从思维的内容、形式、状态等方面综合考虑,一般把思维分为抽象思维、形象思维、灵感思维三种基本形式。

(一)形象思维

形象思维是在整个认识过程中始终不脱离具体形象的思维,伴随着强烈的感情与鲜明的态度。形象思维以表象为工具,通过联想、想象、幻想等方式组成画面,创造新形象。形象思维是一种艺术地把握世界的思维方式,是艺术创作使用的主要思维形式。

(二)抽象思维

抽象思维是人们运用概念、判断和推理的形式反映客观事物的运动规律,认识事物本质与内在联系的思维活动。抽象思维具有间接性、抽象性、概括性、逻辑性等特征,在写作过程中要保持思维的严密性,就要自觉遵循抽象思维的规律,写出构思严谨、逻辑性强的文章。

(三)灵感思维

指人们在科学研究或文艺创作过程中,突然出现的瞬间即逝的顿悟、理解、思维豁然开朗的一种思维形式。灵感思维具有突发性、偶得性、易逝性等特点,是思维由量变到质变过程中的突变和超越,是在潜意识中酿成的情思猛然涌于意识后爆发的思想火花。

需要强调的是,灵感的产生看似玄妙,却并不神秘,所谓长期积累,偶然得知,是思维主体长期艰苦地思考与探索的结果。

写作中的灵感思维可以使作者迅速获得精巧的构思、动人的情节、美妙的语句等。

五、思维能力的培养

（一）培养良好的思维品质

思维在写作中如此重要,一位写作者,应该培养自己具备良好的思维品质。

良好的思维品质主要包括:思维的广阔性与深刻性,思维的独立性与批判性,思维的灵活性等。

（二）掌握多种思维方法

写作中常用的思维方法有以下几类:

1. 求同思维与求异思维

求同思维是根据某种属性和特征的同一性、相似性而将事物相互沟通、联系起来进行思考的思维方法。运用求同思维,人们能够从风马牛不相及的事物中找到必然性。求同思维运用得法,可以大大扩展作者的创造空间,使文章思路开阔、形象生动、富有灵气。

求异思维是指偏离已有的思维模式,打破惯有的思维定式,从新的思路进行探索的具有创造性的思维方法。文章最忌随人后,求异思维是创造性思维的精神内核,要做到创新,就必须突破定势思维,以新的眼光看待惯常的事物,得出不同于他人的结论。

2. 纵向思维与横向思维

纵向思维是层层推进、向纵深发展的思维,纵向推进,步步深入。横向思维是平面发展、左右延伸的思维。在写作中,纵向思维与横向思维常常结合运用,纵中有横,横中有纵,形成立体、网络的思维结构。

3. 侧向思维与逆向思维

侧向思维是从常规的思维方向旁侧生发思维触角,利用局外的信息来发现、解决问题或产生新的构想的思维方法。写作表现中的间接描写、侧面烘托等都是侧向思维的体现。

逆向思维是指对司空见惯的、已成定论的事物或观点反过来进行思考的思维方法。逆向思维有利于作者突破思维定式,对人们习以为常的观点和现象进行质疑和反思,推出新的写作角度,发掘出出人意料的主题,使文章标新立异、别出心裁。议论文中的反证法、归谬法,文学作品中以乐写哀、以静衬动等表现手法都是逆向思维的运用。

4. 发散思维与收敛思维

发散思维就是把思路由一点向四周扩散,广泛联想,通过多种途径进行发散性思考的思维方法。

收敛思维是从多方面入手、集中收拢的思维。作者在多方面创造性设想的基础上,依据一定目的,把不同渠道的信息聚合起来,由外向内地往一个中心聚拢集中、叠加组合,最终找到一个最佳方案的思维方法。

写作的构思活动就是一个发散思维向收敛思维的运行过程。

第四节 想象能力

一、想象的含义

想象是人对自己头脑中已有的记忆表象进行加工改造从而创造新形象的心理活动。

所谓表象,是指人脑中保存的外界事物的印象,属于一种直观的形象。当人们在现实生活中直接或间接地感知到某种客观事物之后,这些客观事物的形象就会印在人们的头脑中,作为表象贮存在记忆的仓库里。以后,在某种情感或动机的驱使下,我们的大脑就会根据需要,对这些仓库里的表象进行提取、分析、综合、加工、改造,把它们重新组合为新的形象。

表象是想象活动的材料、元素,想象活动则是对表象的分析、加工、综合。

从生理机制看,想象是人脑复杂的神经系统所具有的一种特殊机能。从心理功能看,想象表现了人的心理活动的活跃性和创造性。想象的内容总是和人们具体的追求、愿望和情感相关,体现着人特有的世界观、价值观。例如:学生们放假回家,归心似箭,坐在火车上,可能就已经想象到推开家的门,门后父母亲热切的笑脸,餐桌上的美味佳肴。这是人们在自身的情感和愿望支配下的几乎是本能的想象。

二、想象的特点

想象具有受制约性、变异性、反逻辑性的特点。

(一)受制约性

写作主体的想象受其生活经验、艺术修养、文化积累的限制,想象活动的活跃性、敏捷性体现出想象与现实相携相悖的关系。如作家余光中的散文《听听那冷雨》中,想象活动极其丰富活跃,与作家广博的知识、深厚的学养密切相关。而对枣庄人而言,想象中的美味佳肴,很可能就是辣子鸡、菜煎饼。

(二)变异性

想象以现实生活为基础,往往又对现实进行变异。这种变异又可分为形变和质变。形变,指想象活动中对表现对象原始形态的改造和变异,将某方面加强、浓缩、凸显,对另方面削弱、冲淡、抑制,如古诗句"燕山雪花大如席",就是一种形的夸张。质变,指对表现对象内容、性质的改造和变异,将对象的精神气质、心理根源、事物发展的关键等进行改变。如"梁山伯与祝英台"的传说故事中的"化蝶"情节。

(三)反逻辑性

想象结果的反逻辑性正是变异导致的结果。反逻辑性给予了想象活动超越时空组合的巨大能量,如人类征服自然的神话故事,愚公移山的执着感动了天神,派神仙挑走了他家门前的两座大山,显然不符合现实生活逻辑,是幻想的产物。

三、想象的类型

根据想象的思维方式和形成过程来划分,可以分为再造想象、创造想象和幻想三类。

(一)再造想象

再造想象,是依据语言、文字、图形、符号或别人对某一事物的描述,在头脑中唤起相应的新形象的心理活动。当我们读到"天苍苍,野茫茫,风吹草低见牛羊""两个黄鹂鸣翠柳,一行白鹭上青天"等诗句时,会迅速在大脑中呈现出相应的图景,就是我们的大脑依据诗句的描述所进行的再造想象。通过再造想象,语言文字能在读者心中唤起无比丰富的形象感,从而有效地欣赏文学作品。

在写作活动中,作家依据历史资料创作历史小说、编剧把小说改编成影视剧本、新闻记者现场采访后写新闻稿等,所运用的都是再造想象。再造想象再造出的是相应的现实情境,一般不变异。

再造想象的实现,常常依赖于作者对生活的感受、理解和生活表象的丰富积累,因此,生活积累和表象贮存越丰富,再造想象的能力就越强,再造想象也就越丰富、生动。

(二)创造想象

创造想象,是人对自己头脑中原有的记忆表象进行加工改造、分解、综合、变异,从而独立地创造出全新形象的思维活动。

如"龙"的形象,可谓我们的祖先创造想象的产物。龙的形象分别抽取了马头、鹿角、蛇身、鸡爪,祖先们根据自己的生命观念对这些形象重新组合,经过加工、改造和变异,创造出了"龙"这个腾飞在天、意气风发的神奇的新形象,凝聚了祖先对于生命的超越、永恒等的愿望,成为中华民族的图腾。

创造想象与写作的关系极为密切。古今中外的优秀文学作品中,那些个性鲜明的人物形象、跌宕起伏的故事情节、神奇瑰丽的审美形象、美妙动人的艺术境界,多是借助创造想象成就的。如《西游记》中孙悟空、猪八戒的形象、希腊神话中长着翅膀的安琪儿、安徒生笔下有着人面鱼尾的小美人鱼、蒲松龄笔下的花妖狐媚等,都属于创造性想象。

(三)幻想

幻想,是人们在强烈的现实愿望的支配下所产生的不予现实直接结合的想象。

幻想是人类共有的一种心理活动,在人类社会艰难而漫长的发展历程中,幻想是人们超越自然的、社会现实的限制以及获得心理补偿、精神安慰的一个重要方法,其中积极的幻想也会成为激发人们奋斗的动力。

与再造想象与创造想象相比,幻想挣脱了现实真实性的束缚,想象驰骋的天地更加辽阔。历史上众多瑰丽多姿的神话、传说如"精卫填海""嫦娥奔月""梁祝化蝶"等,多是借由幻想的手段创造出来的。

四、想象在写作中的作用

想象在写作中的作用非常重要。从观察生活、感受生活,到开掘主题、拓展思路,到布局谋篇、选择表现手法等,都离不开作者的想象活动,想象伴随着写作的整个过程。有了神奇丰富的想象,作品就可能灵气灌注、才情洋溢,充满艺术光彩和文学魅力。想象在写作中的作用,具体体现在如下方面:

(一)构思需要想象

构思的过程是不断发现、不断创造的过程,包括对客观事物进行艺术的感受,提炼主题,酝酿艺术形象,寻找巧妙的布局和恰当的艺术手法等,在整个构思过程中,想象都起着非常重要的作用。如余光中的诗歌《控诉一只烟囱》,就以生动的想象演绎出独特的构思。诗人把烟囱想象成肆无忌惮的"大烟客","用那样蛮不讲理的姿态/翘向南部明媚的青空/一口又一口,肆无忌惮/对着原是纯洁的风景/像一个流氓对着女童/喷吐你满肚子不堪的脏话/你破坏朝阳和晚云的名誉/把太阳挡在毛玻璃的外边",造成的后果是"麻雀都被迫搬了家/风在哮喘,树在咳嗽/而你这毒瘾重的大烟客啊/仍那样目中无人,不肯罢手/还随意掸着烟屑,把整个城市/当做你私有的一只烟灰碟/假装看不见一百三十万张/——不,两百六十万张肺叶/被你熏成了黑惏惏的蝴蝶/在碟里蠕蠕地爬动,半开半闭"。在此,想象使烟囱拟人化,使控诉有了具体的对象,诗人对环境污染的强烈谴责与控诉更为生动形象,富有感染力。

(二)拓展思路需要想象

思路是思维的路线和步骤,在写作过程中,思路由混沌到清晰,由一种境界跃入到更高境界,离不开想象的作用。当我们确定了写作的题材,接下来就要思考如何对这个题材进行艺术加工,从哪个角度去开掘题材的内涵,怎样找到合适的结构,选取合适的表现手法等,以便最大限度地发掘题材的社会内涵和美学价值。在这个过程中,想象可以帮助作者不断拓宽思路,创造新的艺术境界,取得最佳的艺术效果。诗歌中意象的创造、意境的拓展,小说中故事情节的发展,散文中境界的转换,戏剧中的矛盾冲突与转化,都离不开想象。如李商隐的《夜雨寄北》:"君问归期未有期,巴山夜雨涨秋池。何当共剪西窗烛,却话巴山夜雨时。"诗的前两句是现实性描写,诗人借景抒情,借助淅淅沥沥的夜雨表现自己浓重的羁旅之愁。诗的后两句则展开想象的翅膀,诗人憧憬着想象着自己回到家乡,与妻子重逢,剪烛谈心,诉说此刻巴山夜雨中的犹豫与孤寂,使诗歌的情境一下子由凄苦转入明朗。在此,想象不仅拓宽了诗的思路,也使得实境与虚境结合,交相辉映,丰富了诗歌的内涵,增添了诗歌的韵味。

(三)塑造人物需要想象

塑造人物形象是文学作品特别是小说文体的重要任务。而文学作品中的人物形象,多是作者依据现实生活中观察过、经历过的各类人物,经过分析、综合、加工而创作出的文学形象,是艺术想象的结果。鲁迅先生在谈创作时,曾说过:"我写作,没有专用过一个人,往往嘴在浙江,脸在北京,衣在山西。"谈的正是作家运用合成想象创造人物形象的过程。曹雪芹笔下的林黛玉、施耐庵笔下的武松、鲁迅笔下的阿Q、钱钟书笔下的方鸿渐等,都是作家运用想象创造出来的典型人物。

（四）写作手法离不开想象

在写作活动中,许多艺术手法、技巧的运用,如比喻、夸张、拟人、通感等手法,都需要丰富的想象。如张晓风散文《狭路相逢的桃花》中一连串奇特的比喻:"奇怪的是,在这肃穆庄凝如铁一般的意志上何以竟开出那扑簌簌的如泪如歌的颜色来？那颜色是长虹之照水,是惊鸿之乍掠,那颜色是贮存心头半生的一点秘密,是天地大化、洁手清心之余,为最钟爱的孩子,刻意酿下的一坛酒色。"在此,明喻与暗喻,虚与实,相映成趣。一连串精彩的比喻形象让人目不暇接,不断放大了作家对桃花的审美感受,也大大强化了作品的艺术感染力,显现出作家奇特丰满的艺术想象能力。另外如李白的《秋浦歌》中"白发三千丈,缘愁似个长"、杜甫《古柏行》中"霜皮溜雨四十围,黛色参天二千尺"的夸张性诗句,也都是想象的艺术结晶。

总之,在写作中,作者只有充分发挥积极、活跃的想象力,才会使作品灵气灌注,才情洋溢,才能巧妙地把片段的分散的生活现象熔铸成为独特的鲜活的艺术世界和艺术形象。

五、想象能力的培养

（一）丰富大脑中的表象贮存

想象以记忆为基础,是对大脑中已有表象的加工整理,所以,想象能力的强弱,想象是否快捷、活跃等,都取决于大脑表象的积累。因此,通过观察、阅读等手段丰厚自己的生活积累和知识经验,是训练和提高想象能力的一个有效手段。

（二）培养积极的再造想象能力

可以经常运用再造性阅读、再造性复述、改写、写画等形式来训练再造想象能力。再造性阅读是根据作者提供的语言符号,唤起记忆中有关表象并按照作者的提示进行组合,从而在头脑中再现作者所描绘的景象;再造性复述是在再造性阅读的基础上,把头脑中再现出的情景,用生动形象的语言表达出来。改写、写画的过程,也都是对再造性想象的训练和运用。

（三）培养创造性想象能力

想象在本质上又是一种创造性思维活动,黑格尔在《美学》第一卷中说:"真正的创造就是艺术想象的活动。"可以说想象力也就是创造力的表现。写作者可以运用假设法来训练自己的创造想象能力。假设法是创造一定的假设条件,如时间、地点、环境、情态等,对事物未来的发展变化展开想象,能够较好地锻炼创造想象能力。

延伸阅读

饥饿艺术家

［奥地利］卡夫卡

饥饿表演近几十年来明显地被冷落了。早些时候,大家饶有兴致地自发举办这类大型表演,收入也还不错。可是今天,这些都已毫无可能。那时的情形同现在相比确实大相径庭。当时,全城的人都在为饥饿表演忙忙碌碌,观众与日俱增,人人都渴望每天至少观看一次饥饿艺术家的表演。临近表演后期,不少人买了长期票,天天坐在小铁笼子跟前,就是晚上,观众也络绎不绝。为了看得不失效果,人们举着火把。天气晴朗的时候,大家就把笼子挪到露天,这样做是为了孩子,他们对饥饿艺术家有着特殊的兴趣。大人们看主要是图个消遣、赶赶时髦,可孩子们却截然不同,他们看到这位身穿黑色紧身服、脸色苍白、瘦骨嶙峋的饥饿艺术家时神情紧张,目瞪口呆,为了壮胆,他们互相把手拉得紧紧的。饥饿艺术家甚至连椅子都不屑一顾,只是一屁股坐在乱铺在笼子里的干草上。他时而有礼貌地向大家点头打个招呼,时而用力微笑着回答大家的问题。他还时不时把胳膊伸出栅栏,让人摸摸瞧瞧,以感觉到他是多么干瘦。随后又深深陷入沉思,任何人对他都变得不复存在,连笼子里那对他至关重要的钟表(笼子里唯一的东西)发出的响声也充耳不闻,只是那双几乎闭着的眼睛愣神地看着前方,偶尔呷一口小玻璃杯里的水润一润嘴唇。

除了熙熙攘攘、川流不息的观众外,还有被大伙推举出来的固定的监督人员守在那儿。奇怪的是,这些看守一般都是屠夫,他们总是三人一班,日夜盯着饥饿艺术家,防止他用什么秘密手段偷吃东西。其实,这不过是安慰大伙的一种形式而已,因为行家都晓得,饥饿艺术家在饥饿表演期间是绝对不吃东西的,即使有人强迫他吃,他也会无动于衷。他的艺术的荣誉不允许他这么做。当然,不是每个看守都能理解这一点。有些值夜班的看守就很马虎,他们坐在远离饥饿艺术家的某个角落里埋头玩牌,故意给他一个进食的机会,他们总认为,饥饿艺术家绝对有妙招搞点存货填填肚子。碰到这样的看守,饥饿艺术家真是苦不堪言,这帮人使他情绪低落,给他的饥饿表演带来很多困难。有时,他不顾虚弱,尽量在他们做看守时大声唱歌,以便向这帮人表明,他们的怀疑对自己是多么的不公道。但这无济于事。这些看守更是佩服他人灵艺高,竟在唱歌时也能吃东西。所以,饥饿艺术家特别喜欢那些"秉公执法"的看守人员,他们靠近铁栅坐在一起,嫌大厅灯光太暗而举起演出经理提供的手电筒把自己照得通明。刺眼的光线对他毫无影响,反正他根本睡不成觉,但是无论什么光线,也不管什么时候,就是大厅里人山人海,喧闹嘈杂,打个盹儿他总是做得到的。他非常乐意彻夜不眠和这样的看守共度通宵,喜欢同他们逗乐取笑,给他们讲述自己的流浪生活,然后再聆听他们的奇闻趣事。所有这些,都是为了使看守们保持清醒,让他们始终看清,他的笼子里压根儿就没有吃的东西,他在挨饿,不论哪个看守都没有这个本事。而最令他兴奋的是早晨自己掏腰包,请看守们美餐一顿让人送来的早饭。这些壮汉子们在艰难地熬了一个通宵之后个个像饿狼扑食,胃口大开。然而,有些人却认为请客吃饭有贿赂之嫌疑,这纯属无稽之谈,当别人问到他们是否愿意兢兢业业值一夜班而拒吃早餐时,这些人却溜之大吉了,可要让他们消除疑心,并不容易。

　　诸如此类种种猜疑,饥饿艺术家似乎也难于摆脱。任何一位看守也做不到夜以继日、丝毫不间断地守在饥饿艺术家身边,因此无人亲眼看见过,他是否确实持续不断地挨饿。只有饥饿艺术家自己心里最清楚,只有他才算得上是对自己的饥饿表演最为满意的观众。但是由于另一种原因,他又从未满意过。或许他干瘦如柴的躯体根本就不是由于饥饿所造成的,而是对自己不满所致,以至于有些人出于对他的同情而不来观看饥饿表演,因为这些人不忍心看他那被折磨的样子。其实他自己明白,饥饿表演极为简单,是世上最容易做的事,这一点恐怕连行家也不清楚。对此,饥饿艺术家直言不讳,但人们死活就是不信。善意的说法还好,说他谦虚,可大部分人认为他自吹自擂,更有甚者说他是个骗子手,他当然觉得挨饿是件轻松的事,因为他懂得如何能使挨饿变得轻松,而他竟然厚颜无耻,不肯百分之百地道出实情。所有这一切,饥饿艺术家都得忍受着。天长日久,他也习以为常,然而内心深处的不快总搅得他不得安宁。每当一轮饥饿表演结束时,饥饿艺术家没有一次是自愿离开笼子的,这一点,人们一定要为他作证。演出经理规定每轮表演最高期限为四十天,期限过后,他绝不让饥饿艺术家再继续挨饿,即使在世界大城市里也是如此。经理这样做不无道理,因为根据以往经验,全城人的兴趣会通过四十天里越来越火的广告充分被激发出来,而四十天后,观众就会感到疲倦,看表演的人数随之锐减。在这一点上,城市和乡村当然有些小小的区别,可是四十天最高期限已经成了一条通用的规律。在第四十天,笼子的门被打开,笼子四周插满鲜花,半圆形露天剧场里人海如潮,观众兴高采烈,军乐队奏着乐曲。两个医生走进笼子为饥饿艺术家作必要的检测,检测结果通过高音喇叭传遍剧场。随后,两位女士走上前来,她们乐滋滋的,庆幸自己能被选中去搀扶饥饿艺术家离开笼子走下前面的台阶。台阶前的小桌子上早已摆好了精心准备好的病号饭。在这种时刻,饥饿艺术家总是加以拒绝,虽然他还是自愿地把自己皮包骨头的手臂递向前来帮忙的女士,但是他不愿站立起来。为什么刚到四十天就停止表演呢?他本来能长期地、无休止地饿下去,为什么恰恰要在他表演最紧要的关头停下来呢?他还没有真正精彩地表演过一回哩!他还能继续饿下去,他不仅能成为空前最伟大的饥饿艺术家(他或许已经是了),而且还要超越自我,达到不可思议的境界,因为他感到自己的饥饿表演能力永无止境。可是人们为什么要夺走他继续挨饿的荣誉呢?为什么这些对他佩服得五体投地的人多一点耐心都没有呢?他都能坚持继续饥饿表演,为什么这些人连耐心当观众都做不到呢?唉,他也累了,本该坐在干草上好好歇一会儿,可现在他得立起他那又高又细的身躯去吃饭。他一想到吃就感到恶心,只是想到女士在自己旁边才把要说的话咽了下去,他抬头看了看表面上和蔼其实残忍的两位女士的眼睛,摇了摇耷在他无力的脖子上那过于沉重的脑袋。紧接着,老一套又来了。演出经理登场,他像哑巴一样,一句话也不说(其实是音乐声吵得他没法讲话),双手举到饥饿艺术家的头上,好像在邀请老天爷下凡,参观他那坐在蓬乱干草上的作品——这位颇值怜悯的殉道士。说实在的,饥饿艺术家确实是个殉道士,只是在另外一层意义上罢了。经理双手卡住饥饿艺术家的细腰,有些过分小心翼翼,他的动作神情使人联想到,他手中不是一个活人,而是一件极易破碎的物品。这时经理或许暗中轻轻碰了一下饥饿艺术家,以至于他的双脚和上身左右摇摆不停。紧接着经理把他交给了两位脸色早已吓得苍白的女士,饥饿艺术家任其摆布,他脑袋耷拉在胸前,好像它是不听使唤地滚到那里,然后又莫名其妙地一动不动。他的身体已经掏空,双腿出于自卫本能紧紧和膝盖贴在一起,双脚却擦着地面,似乎那不是真正的地面,它们好像正在寻找真正的可以着落的地方。他全部的、其实已经很轻的身体重量倾斜在其中一个女士身上。她喘着粗气,左顾右盼,寻求援助,她真没想到,这件光荣的差事竟会是这样,她先是尽量伸长脖子,这样自己的花容月貌起码可以免遭"灾难",可是她却没有办到。而她的那位幸运些的伙伴只是颤颤悠悠,高高地扯着饥饿艺术家的手(其实只是一把骨头)往前走,一点忙也不帮,气得这位倒霉姑娘在大庭广众的起哄声中哇地一声大哭起来,早已侍候在一旁的仆人不得不把她替换下来。随后开始吃饭,经理先给处于昏厥状态、半醒半睡的饥饿艺术家喂了几勺汤水,顺便说了几句逗乐的话,以便分散众人观察饥饿艺术家身体状况的注意力。接着,他提议为观众干杯,据说此举是由于饥饿艺术家给经理耳语出的点子,乐队憋足了劲演奏。随后大家各自散去,没有人对眼前发生的一切不感到满意,只有一个人例外,那就是饥饿艺术家自己,他总是不满。

就这样,表演、休息;休息、表演。他过了一年又一年,表面上光彩照人,受人尊敬,而实际上阴郁的心情经常缠绕着他。由于得不到任何人的真正理解,他的情绪变得越来越坏。人们该怎样安慰他呢?他还有什么渴求呢?如果同情他的某个好心人告诉他,他的悲哀可能是饥饿所致,那么他就会勃然大怒(特别是在饥饿表演进行了一段时间以后),像一只凶猛的野兽吓人地摇晃着栅栏。但对于这种状况,演出经理自有一套他喜欢采用的惩罚手段。他当众为饥饿艺术家辩解并且表明,饥饿艺术家的行为可以原谅,因为这种由于饥饿引起的反常的易怒心态是正常人根本无法理解的。接着他就开始大讲饥饿艺术家自己需要加以解释的观点,说他实际能够挨饿的时间比他现在做的饥饿表演的时间要长得多,经理大为赞赏他的执着追求、良好心愿以及伟大的自我克制精神,这些当然也包括在饥饿艺术家的说法之中。而随后,他又拿出一叠照片(照片也用于出售),轻而易举就把艺术家的说法驳倒。因为从照片上人们可以看到,饥饿艺术家在第四十天的时候躺在床上虚弱不堪,奄奄一息。这些虽是老生常谈,却又不断使饥饿艺术家难以忍受。他气愤的是这种歪曲事实的做法,明摆着是提前结束饥饿表演的结果,人们却要把它说成是不得不停止表演的原因。同愚昧抗争,同这个愚昧的世界抗争是徒劳的。他总是虔诚地、如饥似渴地抓着栅栏认真地听经理说的每一句话,但当经理展示照片时,他每次都放开栅栏,唉声叹气地坐回草堆。于是,受到抚慰的观众又重新围过来看他表演。

数年之后,每当这一场面的见证人回忆起这一幕时,连他们自己都弄不明白这是怎么一回事,因为这期间发生了那个被提及的事变。这变化来的极其突然,它或许有更复杂的原因,但有谁去深究呢?无论如何,这个曾受大家喜欢的饥饿艺术家有一天发现自己被那些热闹上瘾的观众忘却了,他们纷纷涌向其他演出场所。演出经理领着他又一次跋涉了半个欧洲,他们想看看,是否能在某个地方重新找回逝去的狂热和兴趣,然而他们一无所获。好像人们私下达成了某种默契,到处都笼罩着厌恶饥饿表演的气氛。当然,这种情绪绝非一朝一夕形成的,只怪当时人们过分陶醉于胜利的喜悦之中,没有引起足够的重视,也未加防范,而现在采取对策为时已晚。尽管肯定有一天,饥饿表演定会再次红火起来,但这对于活着的人毫无慰藉。眼下,饥饿艺术家该去做什么呢?成千上万观众曾为之欢呼的饥饿艺术家如今去集市上的简陋戏台上演出未免太惨了些,改做其他行当吧,他不仅年纪太大,而更主要的是他对饥饿表演有着如痴如狂的追求。最终,他告别了经理——这位人生旅途上无与伦比的伙伴,受聘于一家庞大的马戏团。为了避免再受刺激,他甚至连合同条件都没瞥上一眼。

马戏团确实很大,数不清的人、动物、器械随处可见,他们需要不断更新和补充,不论什么人才,任何时候都能在马戏团派上用场,当然饥饿表演者也不例外,只要条件不苛刻。另外,他之所以受聘,当属特殊情况,这不单单是聘用一个艺术家本身,而更重要的是他当年的赫赫大名。其实,饥饿表演的技艺根本不会随着年龄的增长而黯然失色,单凭这一点,人们起码不能说,一个老得不中用的、再也不能站在技艺巅峰表演的饥饿艺术家想躲到马戏团某个安静的位置上去混日子。恰恰相反,饥饿艺术家向人保证,他的饥饿艺术不减当年,这是绝对可信的。他甚至还宣称,只要人们准许他按自己的想法行事(人们马上答应了他的这一要求),他要真正地震撼世界,达到前所未有的轰动效应。饥饿艺术家一激动起来,早把当今形势忘得一干二净,他的话只引起懂行的人付之一笑。

然而,饥饿艺术家到底还是没有忘记着眼于现实。人们把他和笼子没有作为精彩节目放在马戏团的中心地段,而是安插在一个交通路口,他也认为这是理所当然的事。笼子四周挂满了标语,那些花花绿绿的大字在告诉人们那里可以看到什么东西。若是观众在其它演出休息的时候涌向兽场的话,总要从饥饿艺术家跟前走过并在那儿停留片刻。假如不是道窄人挤,后面的人又能够理解前面的观众为什么不急着去看野兽而停留下来,人们或许能在他面前多待一会儿,慢慢欣赏他的表演。这就是饥饿艺术家看到观众马上要向他走来时不住颤抖的原因。他以人们观看自己为生活目的,自然盼望这种时刻。起初,他急不可待地盼着演出休息,眼看一群群观众朝自己蜂拥而来,他激动得欣喜若狂,可是他很快就看出,观众的本意是去看野兽,每次如此,几乎无一例外,就是最固执的、故意自欺欺人的人也不得不承认这一事实。但是不管怎么说,看着远处的观众朝自己走来是令他最为高兴的事,人们涌过来时,持续不断的呼喊声和叫骂声乱成一片,一些人慢悠悠地看他表演,不是出于对他的理解(这些人使饥饿艺术家甚感痛苦),而是故意和后面催他们的人过不去,而另一些人则是心急火燎地想去兽场。大批人过后,剩下的是一些姗姗来迟者,没人催赶他们,只要他们有兴趣,满可以在他面前多待一会,但是这些人大步流星,目不斜视,直奔兽场。不过,饥饿艺术家偶尔也能碰到幸运的时刻。有时父亲领着孩子来到他面前,父亲一边指,一边详细地讲述这是怎么一回事,他讲到过去的年代,说他曾经看过类似的表演,但那时盛况空前。可是孩子们无论在学校还是在生活中都没有经历过这些事情,所以,他们始终不能理解大人的话,这也难怪,他们怎么能懂得什么叫饥饿呢?但是,从他们那探究性闪闪发光的眼睛里流露出一种崭新的、属于未来的、更为仁慈的东西。饥饿艺术家有时悄然思忖,假如自己的表演场地离兽场稍远一点,或许情况会好起来,而现在离兽场这么近,人们很容易选择去看野兽,更不用说兽场散发的臭味、动物夜间的闹腾、给野兽送生肉时人走动的响声以及投食时动物的狂嘶乱叫搅得他不得安宁,使他长期忧郁消沉。但是,他又没有胆量向马戏团的头头们去说。他还得感谢那些野兽们,没有它们,哪能引来那么多观众?况且众人当中还能找到某位真的是冲着他而来的呢。如果他要提醒人们注意自己的存在,那么人们马上就会联想到,他(确切地说)只不过是通往兽场的一个障碍,谁知道人家会把他塞到哪个角落。

　　当然只是一个小小的障碍,而且会越变越小。人们在当今时代还要为一个饥饿艺术家耗神费力,这简直是个怪事,可是人们对奇怪现象已习以为常,而正是这种习惯宣判了他的命运。他想使出最大能力做好饥饿表演,他也确实这么做了,然而这一切都挽救不了他的命运。观众个个如匆匆过客飞快地从他面前掠过。去试试给人讲饥饿艺术吧!但是谁对饥饿艺术没有亲身感受,就根本不可能心领神会。漂亮的彩色大字已经被弄脏,变得模糊不清,它们被撕了下来,没有人想到换上新的。用于计算饥饿表演天数的小牌子上的数字当初每天都有新的纪录,现在却无人问津,数字多日不变,因为数周之后,连记录员自己都对这项单调的工作感到厌腻。虽然饥饿艺术家不停地做饥饿表演,这是他过去梦寐以求的事,也是他曾经夸过的海口,现在,他可以任意独行其是了,但是,没有人为他记录表演天数,没有人,甚至连他本人也搞不清楚自己的成果究竟达到了何种程度,他的心情变得沉重起来。假如某个时候来了一个游手好闲的家伙,用那个旧数字逗笑取乐,说这是骗人的鬼把戏,那么,他的话才真正是最愚蠢的、能编制冷漠和恶意的谎言。因为,饥饿艺术家诚实地劳动,他没有欺骗别人,倒是这个世界骗取了他的工钱。

　　又过了许多日子,表演告终了。有一天,那只笼子引起了一位看管人的注意,他问仆人们,为什么把一个好端端的笼子闲置不用,里边的谷草已经发霉变味,对此无人知晓,直到其中一位看见了记数的小牌子,他才猛然想起饥饿艺术家。人们用棍子拨开腐草,在里边找到了他。"你还一直不吃东西?"看管人问道,"你究竟什么时候才算完呢?""诸位,请多多原谅。"饥饿艺术家有气无力地低声细语,只有看管人才能听清他说的话,因为他把耳朵贴在栅栏上,"当然,当然。"看管人一边点头,一边把手指向额头,以此来暗示其他人,说明饥饿艺术家的身体状况非常危险,"我们当然会原谅你。""我一直在想着,你们能赞赏我的饥饿表演。"饥饿艺术家说。

"我们确实也挺赞赏的。"看管人热情地说。"可是你们不应该赞赏。"饥饿艺术家说。"那么我们就不赞赏,"看管人说,"为什么我们不应该赞赏呢?""因为我只能忍饥挨饿,我也没有其他办法。"饥饿艺术家说。"你们瞧,太怪了不是,"看管人说,"你为什么没有其他办法呢?""因为我,"饥饿艺术家说着,小脑袋微微抬起,嘴唇像要吻看管人似的,直贴在他的耳根,生怕漏掉一个字,"因为我找不到适合我胃口的食物。假如我找到这样的食物,请相信我,我不会招人参观,并会像你,像大伙一样,吃得饱饱的。"这是饥饿艺术家最后的几句话,然而,从他那瞳孔已经放大的眼睛里还流露出一种不再是自豪,而是坚定的信念:他还要继续饿下去。

"好了,大伙整整吧!"看管人说。饥饿艺术家连同腐草一起被埋掉了。笼子里放进了一只年轻的美洲豹子。即使是感觉最迟钝的人,看到这只野兽在闲置长久的笼子里活蹦乱跳时,他也会觉得这是一种舒服的休息。这只豹子什么也不缺,可口的食物看守人员无须长时间考虑就会送来。失去自由对它似乎都无所谓,这个高贵的躯体应有尽有,不仅带着利爪,而且连自由好像也带在身边,自由似乎就藏在它利齿的某个地方。它生命的欢乐总是同它大口里发出的强烈吼叫而一起到来。观众从它的欢乐中很难享受到轻松,可是他们克制住自己,挤在笼子周围,丝毫不肯离去。

思考与训练

一、找一棵你喜欢的树,在不同的时间,从不同角度,以不同的方法去观察它:

清晨霞光中的树,夕阳西下时的树;阳光中的树,月光下的树;风中的树,树的动,和风丽日里的树,树的沉静;远远地看到的树,近距离凝视下的树,特写镜头里的树;从阳面看到的树,从阴面看到的树;树干,树枝,树叶;树的色彩,树的光影;与树的对话、交流,进入树的情感世界……

就你的观察所得,写写这棵树。

二、感受并描述"风"。运用视觉、听觉、触觉、嗅觉等去感受风,并把你所看到的、听到的、触到的、闻到的"风"描述出来。

三、阅读下面材料,展开深入的思考和讨论,写一段评论文字。

据媒体报道:云南某地一中学生,被宠物蛇咬伤,当时没当回事,结果第二天病发,送进医院的重症监护室,医生用了各种方法也不见效。后来,男孩自己坦白:是在同学家中被宠物蛇咬伤了,没敢告诉家人,只说是摔倒了。得知真相后,医生虽然立刻给他注射了血清,但已经错过了最佳治疗时机,他得了非常严重的贫血症,目前还在救治中。记者去他的学校采访,发现他的许多同学甚至包括女同学都在养宠物蛇,还会兴致勃勃地带来学校互相展示。在这所学校里,养宠物蛇已经成为一种时尚,学生们都不甘落后。记者在采访中发现,他们的宠物多是毒蛇。

四、观看美国科幻电影《后天》,思考并完成如下问题:

1.《后天》的创作属于那种想象类型?

2.《后天》的想象合理吗?有何现实依据?

3. 请选择影片中的经典性场景或者画面一、二则,用自己的语言复述出来。

4. 在观赏影片的过程中有何感想或感受?请发表自己的评论。

第三章

写作过程

第一节　确立主题

东汉王充曾说:"人之有文,犹禽之有毛也。毛有五色,皆生于体,苟有文无实,是则五色之禽毛妄生也。"此即人们常说的"皮之不存,毛将焉附"。如果主体不存,纵有五彩缤纷的羽毛,又以何所托?假如主脑不定,虽有绚烂夺目的辞章,又依何所附?唐代杜牧亦言:"凡为文以意为主","意者　身之主也"。清人李渔更说得明白如话:"古人作文一篇,定有一篇之主脑。主脑非他,即作者立言之本意也。"进一步阐明了立意的主脑地位。以上古人所论的"主脑""意"即是我们今天所要讲的"主题",立意即是确立主题的意思。

一、主题的含义

主题是德语"thema"一词的意译。原为音乐中的"主旋律",后来这个术语被广泛地运用于一切文章和文学作品的创作中。日本人译为"主题",汉语又从日语中借用过来。英语译为"theme""subject"或"topic"。它们均指说话人或作者讨论、描述、说明的基本问题。

从写作学意义上讲,主题是作者通过文本的全部内容所表现出来的基本思想或意蕴。古代称之为"意""旨""主旨""主脑"等。

二、主题的作用

庄子说:"语之所贵者意也。"刘勰在《文心雕龙·神思》篇曰:"意授于思,言授于意",《养气》篇曰:"意得则抒怀以命笔",都意在阐明创作文章先须确立主题,掌握中心主旨。世上的事很多,要写的材料不少,不能在一篇文章中写尽,也不能见什么写什么,这就要有一个"意"来统摄它们并把"意"作为取舍的依据。苏东坡称之为"作文之要",是很恰当的。

对主题的作用概括最精确的是王夫之,他在《夕堂永日绪论内篇》中说:

> 无论诗歌与长行文字,俱以意为主,意犹帅也,无帅之兵,谓之乌合。李、杜所以称大家者,无意之诗,十不得一、二也。烟云泉石,花鸟苔林,金铺锦帐,寓意则灵。

船山先生的这段论述的中心意思是意乃诗文之统帅,而且他认为诗文应"以意为主,势次之。势者意中之神理也"。

文章有了意,就有了统帅,意是根本。那么,主题对文章的统帅作用具体表现在哪些地方呢?

第一,统帅材料的选择。主题本从生活中来,可是主题一形成,它就作为作者的主观因素反转过来去能动地改造生活,选择材料。

大千世界纷繁复杂,文章素材俯拾即是,即使与主题有关的材料也不可胜数。如果不加选择地一篮子写来,定然主次不分,臃肿拖沓,主题反为材料所累。只有加以选择,材料发挥以一当十的作用,才能有力地表达主题。

第二,统帅文章的结构。外在的结构揭示的是事物的内在联系。主题不同要求的结构方式不同,产生的社会效果也不同。

第三,语言手法的运用,情感的抒发无不受制于主题。主题在文中不是只显现于某一地方,而是渗透在文章的局部。可以把主题比做纲,纲举目张;还可以把主题比做皮衣的领,"挈领而顿,百毛皆顺"。只有在主题的统帅下,文章才能成为一个有机的统一体。

总之,主题的统帅作用是指,材料的选择、取舍、提炼加工形成题材的过程,结构的布局,表达方式的确定,标题的拟定,情感的浓淡、基调的色彩、风格的选定,以及语言的运用,都是以主题为依据的,根据主题的需要而确定的。大量创作实践表明,作者一旦获得了深刻的主题,一旦燃起了思想的火花,原先所感知的客观材料,包括人物、情节、环境及事理,就都被它照亮,被它促动起来,一齐向主题的光点聚集。

三、主题的提炼

主题的提炼古人称之为立意,也叫炼意、定意。文章的主题来源于社会生活,但社会生活本身并不会直接产生文章的主题,还需作者把从社会实践中所搜集到的素材进行加工和制作,即去粗取精、去伪存真,经由感性认识到理性认识的飞跃,以发掘出事物的本质,找出事物的个性。这一挖掘事物的本质和个性的过程就是主题的提炼过程。

提炼主题是写作构思的重点,它自始至终制约着构思的全过程。主题是文章的灵魂之所在。没有主题的文章只是材料的堆砌,是谈不上有多少教育意义和审美功能的。范仲淹的《岳阳楼记》如果缺了最后一段,只不过是一篇语言生动的写景散文罢了,它之所以成为千古绝唱,主要是因为作者通过探求"古仁人之心",抒发了"先天下之忧而忧,后天下之乐而乐"的高尚情操。《岳阳楼记》的价值,主要就体现在"忧以天下,乐以天下"的主题上。

任何作者,当他在生活中有所感受,并且被一种欲望深深叩击之后,首先要做的工作就是对这种"感受"和"欲望"进行认真的思考、提炼、加工,形成较为明确的主题。有了主题,还要不断地使它集中和深化,否则写出的文章仍脱不了平庸和肤浅。屠格涅夫说:"脑子里产生了一个不坏的思想,可是懒得对它好好地思考、认真地琢磨,那就会弄成乱七八糟的东西。"

如何提炼主题呢?总体上看,即去粗取精、去伪存真、由此及彼、由表及里。去粗取精的过程在写作中就是寻找典型的过程,去伪存真就是提炼反映事物本质与规律的东西,由此及彼是发现事物之间的联系,由表及里是找出反映事物的最准确、新颖、深刻的思想观点。有的题材比较平凡,但作家以其独具的慧眼,从平凡中发现不平凡,提炼出具有深刻意义的主题,使平凡显出不平凡,作品就有了引人深思的思想价值。

针对人、事、景、物、理、情等几种不同的写作材料,提炼、开掘主题的角度是不同的。

1. 写人从心灵上开掘,展示人物的精神美

任何人物的性格特征,不仅表现在外表上,更重要体现在内心世界。通过人物的具体言行来展现其内心世界,思想、性格、道德、情操等社会含义。比如,鲁迅《伤逝》中的子君是具有反抗精神的中国知识女性,她发出了"五四"时代的声音:"我是我自己的,他们谁也没有干涉我的权利!"这是个追求个性解放,最终又被旧制度吞噬的悲剧女性形象。

2. 叙事从价值上开掘,展示事物的哲理美

在平凡小事中,挖掘出它深刻的思想内涵和蕴含着的丰富的社会意义。如俄国作家契诃夫的小说《一个小公务员的死》讲的是一个小公务员在剧院不留神冲

着前排一位将军打了一个喷嚏,惊扰了将军。小公务员从此生活在恐惧之中,怕将军生气,他三番五次找将军道歉,最后惹烦了将军,被一句"滚出去"的怒吼吓死了。

作品通过这件不起眼的生活小事表现了一个下等官员可悲的屈从、可鄙的奴性与可怜的结局,反映了当时社会的极端恐怖所造成的人们的精神异化、性格扭曲、心理变态与行为荒诞,暴露了沙皇专制制度下森严的等级制度和达官贵人长期飞扬跋扈、盛气凌人的社会现实。因此,小公务员的死是一个具有深刻社会意义的悲剧。

3. 描景从情意上开掘,展示景物的意境美

人的生活离不开自然环境和社会环境,将自然景物和生活环境中注入感情色彩,也是有力地支持主题的表现。如老舍的《月牙儿》中对春天的描写:"这是个春天,我只看见花儿开了,叶儿红了,而觉不到一点暖气。红的花只是红的花,绿的叶只是绿的叶,我看见些不同的颜色,只是一点颜色;这些颜色没有任何意义,春在我心中是个凉死的东西。"自然景物不变,但人的心情不同,景物也就不一样。春天,本来是万物生长的美好季节,但从一个被蹂躏被践踏、处在社会底层苦恼人的眼睛去看春,虽然也有绿叶红花,不过是个凉的死的东西,没有一丝生机与温暖之意。

4. 状物从寓意上开掘,展示事物的性灵美

如写路、小草、小花等物必须从寓意上开掘,揭示"物"的内在精神。如余秋雨在《废墟》一文中这样写道:"废墟有一种形式美,把拔离大地的美转化为皈附大地的美,没有黄叶就没有秋天,废墟就是建筑的黄叶。人们说,黄叶的意义在于哺育春天。我说,黄叶本身也是美。"余秋雨从断壁残垣的废墟上,发现了它独特的审美内质:昭示历史,孕育现代,开启未来。这就是对废墟这个不起眼的客观存在的一种哲理美质的发现与认定。

5. 说理从规律上开掘,展示道理的思路美

说理类的文章通常要展示出论证的逻辑过程,以强大的逻辑力量来以理服人。那么如何说理分析呢?第一,要分析论点的限度,准确揭示论点的内涵,找出限定论点的各种条件,把论点的正确性限定在一定的范围之内。第二,要横向展开,对事物做多侧面的全面分析。第三,要纵向推进,对事物做多层次的深入分析。

6. 抒情从感染上开掘,展示情感的情韵美

情韵是指情感的韵味、韵致,应让它情味、韵味十足,给人以美的熏陶和享受。

抒情作品的情感信息的传达常常是通过意象或意境的创造，借助于人们的情感体验在瞬间完成的，而叙事性的作品常常是通过矛盾或冲突的展示，借助于充分的铺垫和蓄势，在较宽的背景上实现的。

四、主题的要求

对主题的基本要求是正确、深刻、新颖。作品能吸引人，自然缺不了形式美、情感美，但真正打动人的作品，产生深远影响的是文章思想内容的正确性、深刻性和独到见解。也正因为有正确、深刻的思想性，作为形式美的语言、情节、结构也才能有所依附而放出光彩，情感也才具有美的光华。

（一）正确

所谓正确是指主题在文章中的表现，一要符合客观实际，能反映事物的基本面貌和本质规律，做到客观真实，实事求是，经得起社会实践的检验；二要有正确的思想，在政治、道德观、价值观等方面给读者提供正确的影响或导向，具有正能量的社会效果。

以诺贝尔文学奖评价作品能否获奖的评价标准为例，其中之一就是评审委员会一致公认的关于主题方面的：作品要表达一种永恒的理想主义，一种勇敢、善良的人性，一种征服邪恶的永恒希望和力量。

（二）深刻

所谓深刻，指立意深远，不能浮浅，不能表面化和简单化。立意深刻涉及对作者的认识水平、创新能力乃至人格素质的综合考验。

主题并不是贴附在材料表面的现象，而是包含在事物内部的精髓，立意深刻，就是从材料中探寻到某种深邃的思想，透过现象看到本质，使之在作者头脑中立起来。比如，在小说创作中，题材是用来塑造人物、表现主题的材料，小说家通过生活实践积累了大量的生活素材，但是生活并不是讲故事，生活是混乱的、易变的、任意的，作者要学会从大量的偶然现象中发现它的必然性。只有将复杂多变的生活纳入一定的时空背景之中，充分发挥其的想象力，表现出一定的价值导向和取舍才可能构成一部完整的作品。

（三）新颖

所谓新颖就是强调立意要有独特性、创造性，要给人以新颖感和新奇感。新颖的主题往往来源于独特的发现或构思，能"发人所未发"，不落俗套地挖掘出生活的新意来。平庸是不能启人心智的，主题应新颖、富创造性、发人深省、使人耳目一新。

《红楼梦》第 48 回写黛玉与香菱论诗。黛玉说:"词句究竟还是末事,第一立意要紧。若意趣真了,词句不用修饰,自是好的。"这段话虽出自小说中人物之口,实际上也是曹雪芹的写作主张。《红楼梦》第 37 回写道:"头一件,只要立意清新,自然措词就不俗了。"第 64 回还说:"若要随人脚踪走去,纵使字句精工,已落第二义,究竟算不得好诗。"可见曹雪芹特别强调立意新颖,"不袭前人"。

没有或缺少明确的思想、敏锐的观察力和准确的判断力,面对纷纭庞杂的生活素材,要么觉得平淡无奇,要么感到难以把握。如果思想活跃,善于观察和判断,情形就会完全两样。20 世纪前期,资本主义严重的经济危机和两次世界大战给人们带来的影响一直是小说家创作的选材范围,因为有才能的作家总是不断从中挖掘出别人未曾发现的属于全新的东西,寻找新的角度和开掘面。针对这两场战争,海明威创作的代表作《永别了,武器》选取的是爱情素材,表现一代天真烂漫的青年,他们相信帝国主义战争机器那套"光荣、神圣、爱国"的宣传,"志愿"参战,他们热烈盼望战争的胜利,以为这样可以保护自己的亲人和家园,能够捍卫自己美好幸福的生活。结果,现实的残酷使他们认识到战争不过是一个骗局,是毫无疑义的,是"愚蠢"的。而德国作家雷马克的《西线无战事》选取的是一名德国士兵从迷恋战争到心冷、心死的每一次心理转变,表现出战争的恐怖及其对人性的摧残,从而表达对人类自相残杀的反感和把人民推向灾难的当权者的厌恶。这些小说的创新显然来自作者独特的观察、体验和思考。

五、主题的表达

主题的表达有直接表达、含蓄表达;集中表达、分散表达之分。

(一)直接表达与含蓄表达

直接表达是用相对直接的文字表述文章主题思想,这些文字的主题指向性十分明确。这是议论文表达主题的主要方法,另外一些随笔、散文、杂文、新闻作品以及散文化的小说也常用这种方法表达主题。如汪曾祺散文《跑警报》是直接表达主题的典范性文本。文章描述了抗战时期西南联大学生在空袭警报拉响时的各种状态,有"背了一壶水,带点吃的,夹着一卷温飞卿或李商隐的诗,向郊外走去"的;有跑到马尾松林买"丁丁糖"、捡松子吃的;有"提着一袋点心吃食,宝珠梨、花生米……他等的女同学来了,'嗨'于是欣然并肩走出新校舍的后门"的……。也有不跑的,在锅炉房里洗澡、"神色不动地"煮莲子吃,总之"从不仓皇失措"。

文章结尾作者直接揭示主题"我们这个民族，长期以来，生于忧患，已经很'皮实'了，对于任何猝然而来的灾难，都用一种'儒道互补'的精神对待之。这种'儒道互补'的真髓，即'不在乎'。为了反映'不在乎'，作《跑警报》。"汪曾祺用沉静的追忆轻轻地拭去岁月的浮沉，又以看似随意、散淡的笔墨将我们引入那个特定的氛围，在表面的无序中让那群面对空袭警报却从不仓皇失措的人们逐个走到读者面前亮相、转身，让我们从他们机智、从容、幽默、乐观中发现那些属于我们整个民族的优秀品质，也正是这些优秀品质支撑着我们的民族走出一重又一重的危机。最后这段文字将文中所有材料的内在蕴涵揭示出来，绾结全文，有画龙点睛的效果。

含蓄表达主要是指诗歌、散文、小说等文学作品常用的表达主题的方式。作品的主题思想从人物、情节、场面中流露出来，读者可以透过艺术形象把握主题。这种表达常常用含蓄的文字或借助特殊意象委婉曲折地表达主题，有耐人寻味的言外之意、韵外之致。如郁达夫的散文《故都的秋》在用饱含向往与眷恋情感的文字描述了北京迷人的秋景之后这样写道："秋天，这北国的秋天，若留得住的话，我愿把寿命的三分之二折去，换得一个三分之一的零头。"这充满情感的含蓄的表达反比直接说"我爱故都的秋天"要来得热烈感人。

（二）集中表达和分散表达

集中表达就是在文章的某一部分集中笔墨阐述主题，一般是在文章的结尾部分，也可以在开头或中间部分。

结尾概括主题，将全文的意思作一总束是普通文章常用的表达主题的方式。汪曾祺的《美国女生》就是这样表达主题的。文章一口气写了七个不同时空里的生活片段，七个互不相干的关于美国女生的材料，中间没有过渡，看上去有些零散，但文章结尾作家只用了四十几个字，就道出这些材料之间的内在联系，揭示了这些材料的共同蕴涵："美国的女生大都很健康，很单纯，很天真，无忧无虑，没有烦恼，也没有困惑。愿上帝保佑美国女生。"从而干净有力地结束了全文。开头阐述主题，我们一般称之为"开门见山""总领全文"，议论文多用这种方式，散文和随笔也常用。林语堂的随笔《论梦想》是这样开头的："有人说，不满足是神圣的；我十分相信不满足是人性的。"简明扼要地将文章要表达的主题陈述出来。

分散表达是将表达主题的文字散落在文章当中，如同天女散花，读者须加以归纳才能把握文章主题。如林语堂的散文《论躺在床上》，全文共九个自然段，在二、四、五、六段中有一些直接或间接表达主题的文字，结合全文的内容，读者稍加概括就能把握住文章主题：躺在床上"寂静和沉思"，是人生最快乐的姿势，它让人舒畅,让人心灵清净,它孕育出世界上许多重要的思想和伟大的发现,我们要体会这种快乐。他的《论谈话》《论肚子》等也是这样表达主题的。

第二节 选择材料

俗话说"巧妇难为无米之炊",意思是没有米,巧妇做不出香喷喷的米饭。同理,没有材料,即使是天才也写不出文章来。材料可以说是文章的血肉,有了丰富的材料,文章才可能血肉丰满。没有米无法做饭,那么是不是有了米,就一定能做出好饭呢?也不一定,如果你不是"巧妇",而是"拙妇",找到了"米"又有何用?在写作实践中,相同的素材,往往写出的文章水平大相径庭,这是因为对材料的处理不同所致。所谓写作的"巧妇"是指具有写作能力的人。在写作中,写作能力虽与写作素材密切相关,但它们并不相等。写作的素材是写作的源泉,然而源泉并不等于能力,写作者除了要会收集材料,还必须学会恰当地选择和使用材料。

一、材料的含义

材料:指作者为了写作的需要而收集到或写入文章中的一系列事实现象和理论依据。

素材:指作者为写作需要而通过各种途径所收集的原始材料。

题材:有广义和狭义之分。广义指作品所反映的社会生活、社会现象的某一方面,如军事题材、乡土题材、婚恋题材等。狭义指构成文学作品内容的一组完整的生活现象。

资料:是指作者在写作过程中用来参考和引用的书面文字材料或图片音像材料。

从四个概念的区别上看,材料的这个概念比较宽泛,既包括经过作者加工提炼或写入文中的材料,也包括在写作之前搜集的素材,适用于各类文章写作中所使用的材料。素材和题材往往用于文学创作,实用文体不使用这两个概念。在研究报告、学术论文等科技文体中经常用资料这个概念。

从素材和题材的关系上看,素材是基础,被选择的余地大,但这些材料并不能都写入文章之中,生活"素材",只有经过作者的集中、提炼、加工、改造,并写入作品之后,才能成为"题材",题材是主客观双因素相融合的产物。对此,鲁迅先生有一个生动的比喻:素材是鲜花,题材是蜂蜜。

二、收集材料

要想做出一锅好饭,先要"找米下锅""先米而后炊",那么米从何来呢?在写作中,挖掘素材、积累材料的途径是:

(一)从观察、感受中获取材料

大自然、人类社会、写作主体的精神世界,都是写作材料的宝库。

写作不像美术写生,可以面对着自己的视觉对象搞艺术创作,写作要靠回忆,回忆能帮助灵感来潮的作家从心底挖掘出富饶的素材。其实每个人的心里都有一座素材的宝库,只是大部分处于沉睡状态之中。有些作者由于懒惰,不想在自己的素材库中取材,总想找些现成的东西,如别人用过的案例,或更容易提取的案例,反复使用过的浅表回忆。易卜生曾说,必须"清楚地区分被体会到的东西和被肤浅地经历过的东西,只有前者才能够成为创作的对象。"因为"被浮浅地经历过的东西"仅是一种表象,一片表层知觉性的浮云,它还没浸泡上作家的心血和泪滴,便不牵动作家的衷肠。"被体会过的东西"是一种印象,一朵深层统觉之花,也许在旁人看来它是纤弱、不起眼的,但由于它扎根于你的心田,你就会对它格外动情。可见,生活印象中的情感体验强度可以成为作家标出素材的美学价值的指数。

比如,司汤达不是为文学而活着,但其生活却有助于他成为文豪。司汤达醉心于政治和歌剧,女人和波拿巴,古董和革命,写小说不过是他的"赋闲之笔"。他的《红与黑》就是断断续续构思出来的。他写《红与黑》只用了6个月,却将其46年生涯的许多感情、观察、思想都放进了小说。契诃夫深有体会地说:"一个人没有什么要求,他没有爱,也没有憎,这样的人成不了作家。"苏联作家爱伦堡说得很透彻:"如果作家的艺术在于善于观察人,那么医生和侦察员、教员和列车员、党委会的书记和统帅就是最优秀的作家了。但是并非如此。因为作家的艺术在于善于观察自己。"每个写作主体的精神世界,特别是情感生活是自己取之不竭的材料宝库。

作为作者,应热爱生活,关注生活。在接触自然和社会的过程中,发现、展示、欣赏真善美的事物。如果对时代缺乏敏锐的感受,对生活缺乏深切的热爱,那么,即使面对很多可用的素材,也会视而不见,听而不闻和习以为常,无动于衷的。珍视生活印象的原生形态,品味自身的生活印象,从每个人真切的日常生活、人际交往和丰富的内心世界中找到合适的材料,心有所感时写作,才是一件令人愉悦的事情。文章最忌百家衣,写作主体的材料积累往往是个性化的,要做到独具慧眼,即发现生活之美;匠心独运,即选用别人不太会用的材料;独辟蹊径,找到与众不同的视角,这样才能避免在选材用材上与别人重复。

要经常进行素材练笔,比如,写观察日记,孙犁把它叫作"文学的跑马场"。这样的练笔在作家那里是家常便饭,如作家迟子建,1981年高考不理想,只进了大兴安岭师范专科学校。学中文专业,学制三年。学校周围自然景观不错,校园直接面对山峦、原野和溪水,景色妖娆而奇异,常常给人带来丰富的联想。而且那时是多梦的年龄,爱惆怅和伤感,于是她就在日记本上抒发一些所思所想,同时大量阅读图书馆有限的中外名著藏书,悄悄地鼓励自己尝试写作。她写得最多的是自然景色的观察日记,如观察日落飞雪等情景,然后充满诗情画意地把它们记录下来。同时也对系里的每一位同学都暗中做过肖像描写,这是较早的文学训练。人的野心是在写作的不断磨炼中渐渐滋生出来的,写得多了的时候,便开始投稿,投过几篇之后便开始发表作品,于是一发而不可收地一路写了下来。像她的《清水洗尘》《亲亲土豆》《重温草莓》等为我们营造了一个温暖诗意的精神家园。

"生活"是写作的丰泽水土。深入生活,细致观察,是写作的基础。荣获第四届茅盾文学奖的长篇小说《白鹿原》,其作者陈忠实后来在接受采访时说:"我是1978年开始文学创作的,但当时对长篇小说创作有一种畏怯感,主要是写中短篇。"后来他读到古巴作家卡彭铁尔的作品,感到震惊,开始注意面对自己脚下的土地。他觉得应该创作一部有关西安郊区历史的长篇小说,就去找相关县志,在10年的创作生涯里,陈忠实一直住在农村。"那是我一生中最好的创作心态,没有其他干扰。"可以说,正因为陈忠实深入生活,细致观察了农村生活,才让"全书浓缩着深沉的民族历史内涵,有令人震撼的真实感和厚重的史诗风格"。元好问有句名诗:"传语闭门陈正字,可怜无补费精神。"闭门造车式的苦思冥想,不注重观察、积累,丰富创作素材,不贴近现实、深入生活,即使辞藻堆砌再华丽,也无非是个华丽的外壳,炫人眼目,而不能感人至深。

材料就在身边,要去发现。发现是创造的第一步,没有发现就没有创造。记录生活的形式多种多样,如写日志、博客、微博、短信、邮件、书信等,包括对事件的真实记录和自己的心情变化,其实这是最宝贵的原始材料。初学写作者可以做以下几件事:记录每天感觉新鲜的事,记录亲身经历的、体会的事,搜集听来的事情,收集整理文字材料。

(二)从阅读中取材

一个好的作家往往首先是一个好的阅读家,阅读为作家提供了丰富的精神养料,所以阅读可谓写作的最有力支撑。阅读就像储蓄,表达就像支出,书读得少,储蓄就少;书读得多但不得法,就像有了钱不会储蓄。储蓄少了,到开支的时候就犯难了。没有精神的储蓄,何来精神的展示?光有生活的储蓄,没有阅读促使精神的发展,没有阅读中感受的诸多体验,要把生活体验用语言文字展示出来是很困难的。关注写作不仅是对表达能力的关注,还是对人生命状态的关注,关注生命状态就不能不关注自己的思想发展和精神活动。有人说:"一个人的阅读史,就是一个人的精神发展史。"没有阅读,就没有个人心灵的成长,就没有个人精神的发育。精神世界、理论境界、思想边界决定语言和行动,而这些都可以通过阅读获得提高和升华。

  立志学习写作的人,在观察自然界,与大自然进行心灵交流,与季节对话的同时,还应要养成勤于读书的习惯,交流阅读的感受、体会和阅读心得。在阅读中思考,然后写出思考的结果,即写读书笔记。很多作家都是从文学阅读中获得了写作的灵感与素材。例如,钱钟书读了《伊索寓言》,写出了一篇读后感,他没有引述故事情节,揭示作者寓意,单纯去欣赏,而是借书里的九个故事联类引申,洞烛世相,以自己的学识、观念和阅历发挥了关于现代人生的深刻体验,结果古老的《伊索寓言》读成了崭新的"钱钟书寓言"。这就是从阅读中取材,"旧瓶装新酒"的典型范例,也是张扬读者个性的典范。

  收集了许多材料之后,面对着一大堆素材,要加以比较鉴别,不能"拣到篮子里都是菜",而是要像鲁迅所说的那样"选材要严,开掘要深"。如何甄别取舍,如何裁剪加工,怎样去粗取精、去伪存真,用到我们的文章中去呢?

三、选择材料

  选择材料通常是在主题确立之后。写文章要以立意为主导,以意选材,以意定章,以意行文。即以文章所要表达的中心思想来决定材料的取舍,章法的安排,文辞的选用,"当行则行,当止则止"。依据这个总体原则,在选材之前首先要分析、整理材料。对材料的具体分析和整理,包括对材料的分类,进行重新编码,对材料的分析指比较材料价值的高低,分析材料分量的轻重,作用的大小、主和次、真和伪,还有时效性、意义等。分析完之后要整理材料。

  选择材料时应该遵循的原则有:

(一)选择真实的材料

  刘勰在《文心雕龙》里指出"事信而不诞",说的是文章中的材料要真实可信而不荒诞。我们在写作中,只有选用真实可靠的材料,文章才能使读者感到信服。

  大凡读过《荷塘月色》的人,都会记得朱自清在1927年写的月下荷塘:"树缝里也漏着一两点路灯光,没精打采的,是渴睡人的眼。这时候最热闹的,要数树上的蝉声与水里的蛙声。"20世纪30年代,就有一位读者陈少白写信给朱自清,说蝉在夜里是不叫的。对于这个质疑,朱自清专门写信请教同事、昆虫学家刘崇乐。刘崇乐回答说平常夜晚蝉是不叫的,但有时也叫。刘先生是谨慎的科学家,但关于这个问题他并没有表态,于是朱自清回信告诉陈少白:自己请教了一些专家,说夜晚蝉是不叫的,感谢他的质疑并表示以后再版,他将删掉有关"月夜蝉声"的句子。到了抗战初期,朱自清因为"有这切己的问题在心里",特别关注并力图求证这个问题,曾两次亲耳听到月夜蝉声,1948年他发表了《关于"月夜蝉声"》的短文,说:"我们往往由常有的经验作概括的推论。例如由有些夜晚蝉子不叫,推论到所有夜晚蝉子不叫。于是相信这种推论便是真理。其实只是成见。这种成见,足以使我们无视新的不同的经验,或加以歪曲的解释。我自己在这儿是个有趣的例子。"

一般来说记叙文或议论文中的事例,不论是历史上还是生活中的,都必须真实,不能造假。朱自清认真负责,对材料真伪的辨别非常注意,具备学者的实证精神,重实证不盲从。造假的后果是什么?材料是假的,主题站不住脚,就会失信于读者,严重的还形成恶劣的文风。在新闻、总结、调查报告等文体中不允许虚构,因为,受众面广,危害很大,影响恶劣。

(二) 选择新颖的材料

清人袁枚在《随园诗话》中有一句名言:"着意原资妙选材。"可见古人非常重视选材。文章贵有新意,内容新,不落俗套,写出的文章才能吸引人,所以选取材料不仅要真实,还要追求新颖别致。

如果一说毅力,举的例子仍是儿时学来的,如"凿壁借光""头悬梁,锥刺股""集萤火虫照明"等,这些故事固然可以证明主题,但已经是耳熟能详的例子,只能被认为材料雷同、陈旧,缺乏个性,没有时代感。再如,写《心灵的选择》搬出司马迁、屈原,写《中国的骄傲》又写他们,一写时代典型就是感动中国的十大人物。这些材料虽然典型,但已被人写过很多遍,对读者来说没有新鲜感,甚至落入了俗套,无法让人感动。文章真实自然可贵,但仅有真实是不够的,材料典型也很好,但不新颖也不行。所以要放弃那些"你有我有大家有"的材料,摆脱思维定式,言他人所未言。童话大王郑渊洁在小学时面对着老师所给出的写作材料"早起的鸟儿有虫吃"这一古老话题,竟写出了"早起的虫儿被鸟吃"这一新鲜主题,阐释了"勤奋"也不能一概而论,须得法、适当,否则可能造成"事倍功半",甚至功亏一篑。儿时便注意逆向思维,屡出新意成就了这位作家,这个例子提示写作者要注意运用发散思维、逆向思维进行新颖的构思。

材料陈旧怎么办？要学会旧材料翻新，这就是运用事例时的角度出新。如进行"故事新编"：阿Q办工厂，八戒破产记，悟空再打白骨精，都是"故事新编"，可以在写作时把题材延伸到中外文学名著、历史故事或神话传说中，以一个全新的视角，对其中的情节、人物予以加工、演绎，进行再创作，生发出新的故事，具备时代的意义。

(三) 选择最能表现主题的材料

如果说获取材料是韩信点兵，多多益善，那么选择材料则是要考虑以少胜多，以一当十。南宋陈骙说："文之作也，以载世为难；事之载也，以蓄意为工。"即是说做文章，选材用事是不容易的；选材用事，又以选用能蕴含主题的材料为好。精心选择材料的最终目的是表现主题，因此选择材料从根本上说应围绕主题，根据主题表现的需要决定材料的取与舍。能深刻突出主题的材料就选取，不能说明烘托主题的材料即使很生动也应毫不可惜地舍弃。

契诃夫形象比喻过："要知道在大理石上刻出人脸来，无非是把石头上不是脸的地方剔掉罢了。"因此，凡是能够有力地表现、说明、烘托、暗示、印证主题的材料，就要选用，凡是与主题无关的材料就要坚决舍弃。

四、如何使用材料

经过分析和整理，选好了要写入文章中的材料，就进入最后一个环节，材料的使用。先来欣赏一篇散文——张爱玲的《爱》：

这是真的。

有个村庄的小康之家的女孩子，生得美，有许多人来做媒，但都没有说成。那年她不过十五六岁吧，是春天的晚上，她立在后门口，手扶着桃树。她记得她穿的是一件月白的衫子。对门住的年轻人，同她见过面，可是从来没有打过招呼的，他走了过来。离得不远，站定了，轻轻地说了一声："噢，你也在这里吗？"她没有说什么，他也没有再说什么，站了一会，各自走开了。

就这样就完了。

后来这女人被亲眷拐了，卖到他乡外县去作妾，又几次三番地被转卖，经过无数的惊险的风波，老了的时候她还记得从前那一回事，常常说起，在那春天的晚上，在后门口的桃树下，那年轻人。

于千万人之中遇见你所要遇见的人，于千万年之中，时间的无涯的荒野里,没有早一步,也没有晚一步,刚巧赶上了,那也没有别的话可说,唯有轻轻地问一声:"噢,你也在这里吗?"

张爱玲创作这篇散文时,正与胡兰成热恋中,这是她一生唯一的一次罗曼蒂克。"这是真的"意味着这不是传奇或小说,更加重了故事的悲剧感。作品以冷峻的笔法,简洁的叙事,深沉的情感,苍凉的美感,演绎了一段至美纯情,可谓"繁华落尽见真淳"。《爱》的内容很简单,春天、桃树、少男、少女偶然的邂逅、朦胧的青春躁动、开始就是结束的故事。这次相见,应该是男孩和女孩一次默契的约会,是年轻的心发生碰撞而擦出爱情火花之人生的一瞬。简单的瞬间成了永恒,永恒的惆怅与忧伤,正应了崔护的诗句:"人面不知何处去,桃花依旧笑春风。"这个女孩因为生在旧社会,一生不断地遭遇着被欺凌被侮辱的悲惨命运,没有尊严和地位,更加没有美满的爱情生活。因此她老了的时候永远无法忘却初恋的夜晚,这是她的一生之中唯一爱和被爱的记忆,她不仅记取了而且常常向别人说起,相见短暂却是她苍凉灰暗的人生之中美丽温馨的瞬间,因此,是刻骨铭心而永久的记忆。"刹那在永恒里收藏"和"你也在这里吗"为他们的那份爱画上了悲伤的休止符。

320多字的短文中,容纳了相当丰富的内涵。正是"妙在短——才抬头,已经完了,更使人低回不已。"散文在选材上有何特点呢?材料和主题统一,详略得当。因为主题是爱不是恨,所以作品在选材上截取了最浪漫的爱的瞬间,重点写了见面的场面,结尾照应了开头,对于女孩一生悲惨的命运却写得极为简单概括,"举重若轻",只用短短的几句话浓缩了女人长长的一生,凸出的只有两个字:买、卖。另外,这篇散文是诗意唯美的,它的情绪是淡淡的忧伤,哀怨而优美,女人一生被侮辱被损害的遭遇太过悲惨、坎坷曲折的生活太凄惨、黯淡,不符合整体的情感基调,所以作者做了略写、淡化处理,这是很高明的。散文里未写一个"爱"字,但写出了爱的短暂,爱的执着,爱的凄美。这是张爱玲对爱情的诠释,爱是可遇而不可求的缘分,无法把握却又不能忘怀,哪怕是一次偶然的相逢,相逢时只留下了一句话。

在使用材料时应注意:

1. 材料的顺序要恰切

如议论文写作要考虑材料的时间和空间因素,恰当地排列材料,排列的方式一般是由古到今,由中到外,同一时代的事例按事情发生的先后排列,要符合人们的思维习惯和认识规律。

2. 材料的详略要得当

不要平面地使用材料。对于一个观点或主题的支撑，有时要用到好几个材料，但并不是材料越多越好，更不是每条材料都是有同等的价值，不要平均使用力量，把每一条材料都平行铺在那里。一般来说，支撑观点必须有一个核心材料，主材料就是能够从正面充分说明论点是正确的材料。在连用几个事例的时候，不可一味详举，也不可一味地略举，一味详举，难免显得堆砌，一味地略举，难免显得单薄。应该繁简适当，浓淡相宜。详时泼墨如云，略时惜墨如金。详写往往用来表现"点"的情况，反映事物的深度，略写往往概括"面"的情况，反映事物的广度。

一般作者在处理详略问题时常犯的毛病有两种：一种是掌握的材料多就多写、滥写，掌握的材料少就少写或不写。另一种是喜欢的、熟悉的就多写，反之则少写或不写，根本不考虑材料和主题的关系。记叙文中经常会出现流水账现象，就是没有处理好详略造成的。

3. 材料与观点要统一

材料与观点统一，即所使用的材料能说明观点，观点能统帅材料，二者绝不是两张皮，而是相辅相成。就议论文而言，材料和观点的统一意为观点是文章的核心，可以说整篇文章就是对观点的阐释、证明和剖析。材料当然是证明或阐释观点的有力支撑，也是文章的重要内容。最忌讳"观点＋材料"式的写法，提出观点后，摆出一系列事实或理论材料，在结尾总结一下了事。这样的"论述"油水分离，没有严密的逻辑论证，也就不能以理服人了。

第三节　谋篇布局

如果说主题是文章的"灵魂"，材料是文章的"血肉"，那么，结构无疑就是文章的"骨骼"了——失去了健壮坚实、功能齐全的骨骼，血肉无所依附，灵魂无处寄托。如果配齐、锻炼文章的"骨骼"，就会大大增强文章的表达效果。

一、结构的含义

结构原是建筑学的术语，指的是建筑物的整体布局和内部构造。在写作中，结构指文章内部的组织、构造，还可称之为组织、布局、章法、格局、文序。文章的结构，是文章部分与部分、部分与整体之间的内在联系和外部形式的统一。

刘勰在《文心雕龙》中对文章的结构组织进行了系统论述，《章句》篇言："夫人之立言,因字而生句,积句而为章,积章而成篇。篇之彪炳,章无疵也;章之明靡,句无玷也;句之清英,字不妄也。"即文章的组织,要从谋篇、裁章、锻句、炼字四个方面着手。

二、结构的内容

文章结构的安排包括开头、结尾、层次、段落、过渡、照应、线索等方面,这些都较为直观地体现出文章结构的艺术技巧。

（一）开头与结尾

元人乔梦符有"凤头·猪肚·豹尾"的比喻,"大概起要美丽,中要浩荡,结要响亮,若豹尾一扬而精神全现"。即文章结构,开头、结尾要精干一些,小一些,短一些,有力一些,而中间部分则可大一些,丰满一些。

1. 开头

开头,古人称为"起笔",是指一篇文章的下笔之处,开头可谓文章的"脸面",姣好或丑陋,往往最先给读者以喜欢或厌恶的第一印象,应谨慎下这一笔。

有位初学写作者,往杂志社投了几次稿,均遭退回。后听人说有的编辑部处理无名作者的稿件常常是只看开头几页,他就把自己的稿子中间几页用胶水粘起来又寄了出去,等退稿寄回来一检查,果然发现中间几页仍原封不动粘着,于是他找到编辑部向编辑发问:"你为什么要退我的稿子?"编辑回答:"质量差"。他再发问,你根本就没把稿子看完,怎么知道质量好坏? 并理直气壮地把中间黏着的几页翻出来,让大家看。不想这位编辑并不感觉理亏,却幽默地反问道:你要知道菜汤烧得好坏,是不是非得要把整锅子都喝下去?

从读者的角度想,一篇文章如果开头很糟,丝毫吸引不了人,那只有一扔了事,即使后面写得好也会因此而失去阅读的机会。所以对开头必须全力以赴,不能掉以轻心。

好的开头,要像"凤头"一样引人注目。李渔对开头的美感作用的阐述是"开卷之初,当以奇句夺目,使之一见而惊,不敢弃去。"开头的精美出奇制胜,让人不忍离去。戴维·洛奇在《小说的艺术》中写道:"不管怎样,小说的开头就是一个门槛,是分隔现实世界与小说虚构的世界的界限。"福特的《好兵》,第一句是:"这是我所说过的最悲惨的故事了"。实际上等于扯住领子把我们拽进了门槛。

小说的开头有很多方式:可以从描写故事发生地点的风景开始,即电影评论者所说的"布景"。小说也可以从人物对话中间开始,还可以从叙述者那不同凡响的自我介绍开始,如赫尔曼·麦尔维尔的《白鲸》:"叫我伊希米尔吧。"或者从对传统自传体的粗俗模仿开始,如《麦田的守望者》:"你要是真想听我讲,你想要知道的第一件事可能是我在什么地方出生,我倒楣的童年是怎样度过,我父母在生我之前干些什么,以及诸如此类的大卫·科波菲尔式废话,可我老实告诉你,我无意告诉你这一切。"小说家也可以来一番富有哲理的议论,或者在第一句就把人物投到极其险恶的境地。

开头集中浓缩了文章的那些信息?有的开头浓缩了文章的非主题方面的基调、韵律、氛围、态度、节奏、语气、口气等信息,如《雪国》:穿过县界长长的隧道,便是雪国,夜空下一片白茫茫。

《伊豆的舞女》:山路变得弯弯曲曲,快到天城岭了。这时骤雨白亮亮地笼罩着茂密的森林,从山麓向我迅猛地横扫过来。

川端康成是日本新感觉派的代表,作品多以生活在社会底层的卑微人物为对象,反映艺伎、女艺人、女侍者的悲剧命运,将人生的悲凉、凄迷、伤感与"美"融合起来,创造出苦涩、凄冷、忧郁的文学情境。作品开笔是"川端"式的基调,阴冷、凄茫、悲惨、绝望,这里浓缩的主要是情调型信息。

还有些文章的开笔集中浓缩了未来文章的思想基因,即"主题信息"。如具有哲理深度或含蓄、深邃意义的开头:"话说天下大势,分久必合,合久必分。"《三国演义》开篇真可谓纵横捭阖,揭示古今中外历史变迁的规律。列夫·托尔斯泰的小说《安娜·卡列尼娜》:"幸福的家庭都是相似的,不幸的家庭各有各的不幸。"一语道破家庭生活的隐秘,使读者可以咀嚼再三,并为全书定下了基调。

注意开头勿作寿星头,决不能"千呼万唤始出来"。

2. 主体

文章开头和结尾之间的主要部分。古人讲中段勿作蜂腰,一定要使文章的主干部分充实丰满,"蜂腰"撑不起架子。充实丰满一指内容材料丰富、具体,二指材料的典型性强。主体的充实丰满,是指质与量的统一。如果只求量多,而不重质好,也不能算是"猪肚"。主体部分的营构主要依赖于层次和段落的安排。

3. 结尾

结尾,古人又称"收笔",文章意足之后应自然而然收束,既不能草率收兵,留有残缺感,也不能絮絮叨叨,画蛇添足。

好的结尾应"止于所不可不止"。谢榛在《四溟诗话》中说:"起句当如爆竹,骤响易彻;结句当如撞钟,清音有余。"李渔说"临去秋波那一转,未有不令人销魂缭绕者"。好的结尾往往可以做到首尾呼应,深化主旨;或启发思考,加深意境等。结尾的写法有卒章显志,简洁有力;出人意料,震撼人心;余音袅袅,寓意无穷。到底选用何种方式结尾,作者应根据文章内容和文体风格而定。

在一部作品中,尤其是篇幅不大的作品,因其本身容量的限制,作者不得不把突破这限制的希望寄予结尾。短诗、短篇小说、散文、独幕剧等莫不如此,往往分量的轻重就在结尾处显示出来,当读者释卷,印象最深之处也应该是结尾。如李渔所言:"勾魂摄魄,使人看过数日而犹觉声音在耳,情形在目。"愈是长的作品,愈难写好的是开头,愈是短的作品,愈难写好的是结尾,注重结尾艺术,这是一个关键点。

一个优秀的结尾恰似画龙点睛,会赋予作品以灵魂。欧·亨利小说的结尾(又称为"转折式结尾")历来为人称道。他通常将高潮在结尾处进行展示,短小精悍,有一种浓缩式的爆发力量,猛烈撞击读者的心灵。如他的微型小说《最后的常春藤叶》:"亲爱的,那是贝尔曼的杰作——那晚最后的一片叶子掉落时,他画在墙上的。"小说的开端设置了一个悬念,随着小说的推进,却一直未解开,直到结尾真相才得以揭示,从而给读者留下了无限的想象空间。这一结局既出人意料,又在情理之中,具有震撼人心的力量。

又如张爱玲的《天才梦》的结尾一段:

> 生活的艺术,有一部分我不是不能领略。我懂得怎么看"七月巧云",听苏格兰兵吹 bagpipe,享受微风中的藤椅,吃盐水花生,欣赏雨夜的霓灯,从双层公共汽车上伸出手摘树巅的绿叶。在没有人与人交接的场合,我充满了生命的欢悦。可是我一天不能克服这种咬啮性的小烦恼,生命是一袭华美的袍,爬满了蚤子。

结尾这段是19岁的张爱玲孤独而独特的人生感悟,是对文章主旨的升华。"生命是一袭华美的袍,爬满了蚤子。"是她对生命的美丽与世界的丑陋、生活的艰辛做出的个性化概括。她用一个精辟的比喻,表达了自己对世事深刻的洞察和对人性独到的见解。

(二) 层次与段落

除去开头、结尾部分,一篇文章主要篇幅的构成单位是层次和段落。

层次:内容上相对完整的意义单位,也叫意义段。

段落:在书面形式上以换行为标志的章法单位,也叫自然段。

一篇文章层次安排的多寡要依篇幅长短和内容繁简而定,篇幅长,内容繁多的文章,层次自然多些;篇幅短,内容单一的文章,层次相对少些。层次和段落既有区别也有联系。层次着眼于文章内容的表达次序,段落则是每个相对独立的意思的外在表现。层次靠段落来体现,但是一个层次可以是一段,也可以包括几个段落。

层次的组合安排是否妥当,关系到文章的内在逻辑是否严密。层次组合方式有三种基本类型:

(1)纵式组合:按时间顺序或逻辑顺序安排层次。

(2)横式组合:按空间顺序或事物、事理的不同类型或不同方面安排层次。

(3)纵横交错式组合:在纵向推移中,展开横向的方面,或在横断面上插入纵向的发展。

不同文体的层次安排法不同,散文的层次结构主要有以下几种:

(1)串联式结构:作者以一个中心意图或行文线索,把杂乱的意象、物象串接组合起来。可以某个具有象征意义和审美价值的事物,或思想情感串起一系列人、事、景,铺陈而成散文;也可用时间次第、空间转换为线索。如苏联康·帕乌斯托夫斯基《金蔷薇》中的首篇《珍贵的尘土》,散文以时间为序叙述了巴黎清洁工约翰·沙梅的动人故事:他怀着满腔坚韧的爱与理想,积攒金屑铸成了一朵精致的金蔷薇,想把这朵代表幸福的金蔷薇送给心爱的姑娘,可是他最终在孤独中离开了这个世界。作者最后点明了主旨:作者的创作活动就是将尘土变为金蔷薇的过程。

(2)对比式结构:由两个相似和相反意象组合为一个散文情境,形成对比式的映衬美。如苏珊·桑格塔的《疾病的隐喻》,作者对比了19世纪的肺病和20世纪的癌症这两种"阴险、无情、秘密入侵""等于宣布死刑"的疾病的层层隐喻。

(3)辐射式结构:又称蛛网式,由一个中心点(主旨或意象)通过联想和想象,向四周进行放射性的发散所形成的结构。如余光中的抒情散文《听听那冷雨》,由"冷雨"这一意象为中心联想发散,将游子的思乡之情、少年生活的回忆、古诗画的意境和现实的观感聚合成一个整体,谱成了一首凄迷缠绵的乡愁绝唱。

(4)意识流结构:打破了自然时序和逻辑关系,利用人物的意识流动,如回忆、梦幻、联想、心理独白,按人物心理时间的变化来组合作品。如葡萄牙作家费尔南多·佩索阿的《我是无》,用意识流手法行文,在强烈的思想意念和情感体验的驱使下,形象描述常常发生变形,呈现怪异感。这种结构中故事的安排和情节的衔接,一般不受时间、空间或逻辑、因果关系的制约,往往表现为时间、空间的跳跃、多变。

一道闪光之中,我看见我一直视为城市的东西,事实上是一片荒原。我是某座不曾存在的城镇的荒郊,某本不曾动笔的著作的冗长序言。我是无,是无。

我总是思考,总是感受,但我的思想全无缘故,感觉全无根由。我正一脚踩空,毫无方向地空空跌落,通过无限之域而落入有限。我的灵魂是一个黑色的大漩涡,一团正在旋搅出真空状态的大疯狂,——我,我自己,是井壁坍塌残浆仅存的一口井。

我不知道如何去感受,或者思考,或者爱。(《我是无》)

理论文体的结构安排通常为总分式、并列式和递进式等,已为大家熟知,恕不赘述。

三、结构的基本要求

(一)完整匀称

结构完整是指文章有头有尾,脉络贯通,过渡巧妙,照应妥帖,"首尾圆合,条贯统序",成为一个有机的整体。同时,文章各个组成部分必须均衡、匀称,才能体现出和谐之美。

写作时要注意,如果事先没有通盘考虑,想一段写一段,写到哪算到哪,不尊重客观事物固有的逻辑,就容易导致言之无序,思路缺乏条理性。

(二)衔接紧密

衔接紧密是指文章各部分之间要有紧密的联系,任何一部分的挪动和删削,都会使整体脱节松动。如作品中前有伏笔,后面必有照应,这样一环扣一环,才能达到天衣无缝的境界。文章写作中的论点变化、总分起始、思路转折、叙事更迭、人物视角转换以及表达手法的变化等,都需要注意过渡句或过渡段的衔接。

写作时如果布局松懈,缺乏过渡,忽视照应,就会造成段与段之间衔接牵强、文义不通的弊端,文章亦显得骨架松散,逻辑性差。因此,在写作中应注意层与层、段与段、事与理、人与物之间的联系,做好上下文衔接,以追求血脉贯通的严谨美。

(三)疏密有致

疏密有致是指文章布局应主次分明,详略得当,繁简有度,浓淡相宜。写作时详略搭配得当,详写时尽量铺开,密不通风,泼墨如云;略写时一笔带过,疏可走马,如此疏密相间,可以使文章主题突出、节奏鲜明、波澜起伏、活泼多姿。

写作时注意不要主次不分,平均使用力量,如果开头浓墨重彩,后面却无尾而止,则显得头重脚轻。由于详略处理不当,对主题的表达带来直接的影响就是:中心不突出。

那么如何改变叙述的节奏呢？曹文轩在《时间之马》中论述了小说的节奏，他认为与节奏相关的概念是速度——加速或减速。"空白"是加速的一种极端行为，它采用"粗暴"的却是必要的直接切割时段的方式，造成跳空，把速度陡然加快。中国古典小说中常说的一句"一夜无话"，也是留一段空白。空白带来的是节省，使总体时间长度得到缩短，使小说篇幅控制在一定的、理想的规模成为可能。同时还带来了节奏上的不匀称，出现了激活阅读兴趣的弹性。

叙述节奏及情节设置还可以使用一些技巧：陡转、巧合、悬念、误会、伏笔、蓄势、断续、空白、留余韵等。如张继的小说《杀羊》，综合运用了几种叙述速度及情节设置的技巧，把一个短篇写得波澜起伏、环环相扣、饶有趣味。一幕杀羊戏，一波三折，时急时缓，扑朔迷离，把一位身处尴尬但心计颇多的村长形象淋漓尽致地表现出来。

第四节　遣言用语

写作活动是思维活动，语言是思维的直接现实。没有语言这个载体，就不会有文章的产生。语言既是思维工具，又是表达工具。在写作过程中，作者在运思阶段运用的是"内语言"，而表达出来的语言称为"外语言"，包括口头语言和书面语言。

经常听到有人说要"我手写我心""我手写我口"。这两句话本没有错，但有些人曲解了意思，认为是"怎么想就怎么说，怎么说就怎么写"。北大教授金开诚认为，运用语言有两个思想误区，一是"怎么想就怎么说"。想事是用内部语言，思维活动跳跃多变，有流动性、跳跃性，想事不可能完全有序，尤其是百感交集、心乱如麻时，是一种无序思维。如果"怎么想就怎么说"势必语无伦次，不知所云。想事纯属个人的心理活动，因此运用内部语言谈不上语言环境，说话则要看对象，也要看场合和氛围，否则就达不到预期的交际效果。要把所想的外化为"口头语言"，必然要经过一定的选择、整理和加工，才能起到交流的作用。第二个误区是"怎么说就怎么写"。说话用的是"口头语言"，而写作是用"书面语言"，说话可以省略、重复、补充，层次结构不一定很精密，不必太讲究"起承转合"，还可以借助表情、动作和声调来加强效果。写文章则必须一次性把话说得既充分又精炼，用词造句要准确，段落层次要分明。

可见,内部语言总是跟最初的感觉、印象和思维态势紧密相关,它具有开阔性、生动性、朦胧性、流动性的特点,属于不定态语言,而在行文阶段,作者运用的是"外语言",外语言虽然不如内语言丰富生动,但具有顺序性、明晰性、对应性等特点。它可以把内语言定型化、条理化。从这个意义上讲,写作的过程就是将内语言进行加工梳理,使其变为清晰、有序的外语言的过程,也是将思想内容转化为语言形式的最关键的一步。

有人说:我还没写文章时觉得很有话说,内容很丰富,为什么写出来后干巴巴的,一点意思都没有?心里有话不能准确地表达出来,这也是很多作家都曾感受过的"语言的痛苦"。这种困惑说明如果内部语言不能很好地转化为外部语言,缺少对语言文字的驾驭能力,内容再好,构思再巧,也无法变成真正的好文章。所以,我们必须培养语言素养,认真锤炼语言,才能把我们的体验、思想、感情完美地表达出来。

一、语言素养的培养

董桥在《锻句炼字是礼貌》中说:"文坛老手也不可不锻句炼字,恰似白发阿婆不减少女心态,非修饰干净不肯见人。琢磨文字是对拜读大作的人应有的礼貌。"那么,如何培养语言素养呢?

1. 吸收生活中的鲜活语言

语言是文章的"细胞",是传递实用或审美信息的载体。离开语言,就没有写作和文章。文章是语言运用的艺术。高尔基说:语言是文学的第一要素。海涅说:语言可以把死人从墓中叫出来,也能把活人埋入地下,语言可以使侏儒变为巨人,也能将巨人彻底打倒。卡尔德隆说:语言使最危险的武器,刀剑刺的伤口要比语言刺的伤口容易治愈。这些名家所论均说明了语言的巨大威力。

生活中的日常用语虽然不是很严谨、规范,但是它们是从生活经验中创造出来的,非常新鲜活泼。语言从来就不是一条静止的河流,每个时代的语言都会打上特定的时代烙印。现在从衣着打扮到日常语言,人们都在有意无意地强调"我"的存在,具有强烈个性色彩的词汇流行开来,这是追求个性、摆脱复制的文化心理的外在表现。比如,一些音节简单而响亮的流行语:"粉丝、低调、给力、套路"等,表现出当下人们生活的新鲜度。

2. 学习精练、规范的书面语言

我们接触最多的是文学语言,文学语言与日常实用语言不同,日常语言具有实用性、口语化、通俗性的特点,文学语言具有典范性,最完美,最具感染力的特点。但文学语言不等同于文学作品中的语言,这个词在语言学界通常指书面语的标准语形态,文学作品中的语言不仅包括这种"文学语言",而且还包括口头语言、方言、政府语言、新闻语言和学术语言等,是这些语言的新的组合形态。优秀的文学语言往往是作家认真加工而成的,是书面语言的典范。

如王安忆的《小鲍庄》中的一段:"鲍彦山家里的,在床上哼唧,要生了。队长家的大狗子跑到湖里把鲍彦山喊回来,鲍彦山两只胳膊背在身后,夹了一杆锄子,不慌不忙地朝家走。不碍事,这是第七胎了,好比老母鸡下个蛋,不碍事,他心想。"

"家里的"是农村对妻子的称谓,"哼唧"是呻吟的意思,农村口语,"生"即分娩,是直接简捷的口语,"不碍事"是北方口语,"好比老母鸡下个蛋"这个比喻首先反映了农村生活的背景,以鸡生蛋比喻女人生产,反映的是生存的质朴原始,甚至粗野的自然面貌,比喻本身就有了文化意义。这段话的语言表现出风俗化、方言化、俗语化的特点,有极强的地域特征。

通过阅读大量的优秀文学作品,可以丰富我们的语汇积累,提高遣词造句的能力,从而提高我们的语言素养。如《简·爱》《爱情的故事》中人物的对话,意味深长而又耐人咀嚼。

余光中在《中文的常态与变态》中说:"措词简洁、语法对称、句式灵活、声调铿锵,这些都是中文生命的常态。"但是我们的书面语承载着许多问题。"语言诚然是活的,但应该活得健康,不应带病延年",他说:现在的学生只会说"总的来说",却忘了"总而言之",只会说"不是一句话就能够说清楚的",却忘了"一言难尽"。成语的衰退正显示文言的淡忘,文化意识的萎缩,像"朝秦暮楚"、"齐大非偶"、"乐不思蜀",都含有中国的历史。余光中反对中文的恶性西化,如西化语言"最……之一"的语法:"他是当代最伟大的思想家之一。"好像精确极了,其实未必,"最伟大"抬得很高,但"之一"却稍加低抑,结果只是太高,并未真正抬到至高,你并不知道"最伟大的思想家"究竟是几位,三位?八位?弹性很大,所以加不加最并无多大不同。所以只能说"他是一个大名人"就够了,而不是"他是最有名气的人物之一"吧。

3. 在实践中加强训练

首先要重视思维训练,因为书面语言是"内部语言"向"外部语言"转化的结果,"内语言"对"外语言"有着制约作用,因此要提高用语能力,首先要培养观察能力,认识、剖析事物的能力,只有想得清楚才能写得清楚,只有想得深刻,才能写得深刻,深入准确地抓住事物的本质,思维能力和思想认识水平的提高,为语言的准确表达打下了基础。

再者就是精心辨析词句,要有"吟安一个字,捻断数茎须"的推敲精神。只有多写多练,培养语感,才能熟能生巧,运用自如。

例如,语言学家王力在《蹓跶》中这样解释:"在街上随便走走,北京话叫做'蹓跶'。蹓跶和散步不同,散步常常是拣人少的地方走,蹓跶却常常是拣人多的地方走去。蹓跶又和乡下人逛街不同:乡下人逛街是一只耳朵当先,一只耳朵殿后,两只眼睛带着千般神秘,下死劲地盯着商店的玻璃橱;城里人蹓跶只是悠游自得地,信步而行,乘兴而往,兴尽则返。"(《龙虫并雕斋琐语》)这段文字不仅将蹓跶和散步在意义上的细微差别辨析得清清楚楚,而且文字简练,堪与小说中的人物描写相媲美。

二、语言的特性与要求

(一)语言的特性

语言的特性是指不同的文体所具有的特殊的语言"品质"。

语体:是指语言在不同体裁的文章中所形成的体式特征。

从功能上看,语体可以分为四种类型:

1. 新闻语体

新闻语体属于事务语体范畴,讲究精练、准确、严谨,文学性的手法只能在新闻作品中偶尔使用,作为味精,起调味作用。现代人更喜欢原汁原味的事实表达。新闻语言的风格是客观、冷静、公正。为确保新闻文体的明晰,必须力戒各种消极性的歧义。如一则消息的标题为"一对夫妇为保狗命移居国外","狗命"二字有歧义;又如"不准肆意贬低鲁迅",表意含混,肆意贬低不允许,不那么肆意地贬低允不允许呢?用了多余的修饰语,反而使文章的明晰性和准确性都受到了损害。再如,有报纸把民工为讨血汗工钱跳楼自杀的惨剧称为"民工上演跳楼秀",将人的头部被汽车碾过的血腥事故写成《骑车人"中头彩"惨死》《公交车轮从头越》,将30余人因酷暑死亡报道为《"酷"毙三十余人》,这么写虽然生动,但明显有歧视性的语言,情感色彩使用不当,表现出关爱之心的丧失,对生命的漠视和平等意识的淡漠。

2. 文学语体

文学语体讲究形象生动,往往运用各种修辞手法,刻画活灵活现的形象,传达丰富的情感。如钱钟书笔下的饭店:"上来的汤是凉的,冰淇淋倒是热的;鱼像海军陆战队,已登陆了好几天;肉像潜水艇士兵,会长时期伏在水里。"他说"电话是偷懒人的拜访,吝啬人的通信"。写国统区物价上涨,"物价像断了线的风筝,又像得道成仙,平地直升"。《围城》中大量的比喻灿若夜空中的星星,为作品增色添辉。作者常常采用拉开距离、取其一端、多用意喻、以丑为美、加入夸张、主观解释、喧宾夺主、广采博收等手法,完成对传统比喻的提升和超越,让那些机智隽永的巧喻脱口而出。

平时要养成将抽象概括转化为形象呈示的习惯,例如,"多此一举"是抽象的说法,但莎士比亚把它转化为形象的说法:给金子上光,给百合花着色,给紫罗兰涂香水。

莫言在《红高粱》中写道:"高密东北乡无疑是地球上最美丽最丑陋,最超脱最世俗,最圣洁最龌龊,最英雄好汉最王八蛋,最能喝酒最能爱的地方。"

这是悖论性的语言,一种矛盾的语义状态,一种陌生化的效果,由此产生思维冲击力,从而引导读者进入思维和想象空间,形成空间之美,取得一种意在言外、令人咀嚼的空间效果。

3. 理论语体

理论语体在反映客观现实、表达思想认识时主要运用概念、判断、推理的逻辑形式和分析综合的方法,它所体现出来的突出特点是高度的抽象性、严密的逻辑性和文风质朴。理论文章主要是写"意见",讲道理,发表看法,而不偏重自己的感觉。作家王鼎钧在《讲理》一书中列举了下面这样两组句子:

(1)流水一般逝去的光阴呀,谁能把你留住呢?

不爱惜光阴就是浪费生命。

(2)去的尽管去了,来的尽管来着。……太阳,它有脚啊!轻轻悄悄地挪移了!

昨天令老年人觉醒,明天让青年人盼望。

(3)我化作萤火虫,以我一生为你点盏灯。

人是为其他的人活着。

很明显,每组中的前一句为散文语体,后一句是理论语体。理论语体中多为判断句、是非句,判断的理由从经验、学问里来。

4. 应用语体

应用语体的特点是准确、简洁、平实、规范,少文饰,重程式,求明晰。坚决反对堆砌辞藻、生造词语、半文不白、古奥难懂、追求含蓄而流于晦涩、肆意夸大其词、说空话废话等现象。如广告中如果出现"应聘者须提供个人详细简历",这是违反逻辑的定中超常搭配,表达不准确会让应聘者无所适从。再如公文中的传送用语,"上报""呈报""批转""批示"用于上行,"印发""颁发""遵照办理""参照执行"用于下行,倘用错了便不符合作者在社会关系中的特定身份。

(二)语言的要求

准确、简洁、生动是运用语言的基本要求。

1. 准确

首先,要正确选择词语,"一字贴切,全篇生色。一字乖僻,全篇震惊"。

如《阿Q正传》中一段。手稿原文是:阿Q……从腰间伸出手来,满把是钱,在柜台上一扔,说:"现钱,打酒来!"鲁迅推敲后改为:"……满把是银的和铜的,在柜台上一扔……"

钱这个词已略去事物的具体的个别的属性,上升为一般概念,很抽象,这一改化抽象概念为形象概念,形象跃然而出,变一般为具体,可以给人以实在的印象,形状有了、银角、铜圆混成一堆,色泽也有,白色和黄色,历历可见,质度也有,硬硬的、沉沉的,分明还有响声,"在柜台上一扔",咣当一声,清晰可闻,再配之以得意的神色,阿Q那生平唯一一次不赊酒而踌躇满志的口吻,表现出来,可见,未庄的阿Q比先前阔多了。

咬文嚼字在表面上只是斟酌文字的分量,实际上就是调整思想和情感。如推敲的典故:

韩愈在月夜里听见贾岛吟诗,有"鸟宿池边树,僧推月下门"两句,劝他把"推"字改为敲。那么推和敲哪个更恰当呢?贾岛此诗题为《题李凝幽居》:

闲居少邻并,草径入荒园。

鸟宿池边树,僧敲月下门。

过桥分野色,移石动云根。

暂去还来此,幽期不负言。

诗歌前两联描绘了李凝居处周围幽静的环境及诗人敲门拜访的动作。第三联写回归路上所见的自然恬淡和幽美迷人。尾联说暂时离去,不久当重来,不负归隐的约期。全诗紧扣"幽"字。李凝是个隐士,正是这种幽雅的处所,悠闲自得的情趣,引得诗人对隐逸生活的向往。贾岛是月夜访友,不是"孤僧步月归寺",夜深人静,主人一定闭门,用推字不合情理。再从人物思想感情来说,贾岛一度为僧,法名悟本,敲字正吻合诗人的感情及其孤僻的性格,假如换了花和尚鲁智深,一定会怒目圆睁,大喊一声"洒家来也",恐怕踢字当先,敲推俱不在话下。从意境上讲,敲以动衬静,愈显其静,轻敲也不会惊起池边树上的鸟。

2. 简洁

仔细斟酌,力求字字用得恰到好处。刘勰在《文心雕龙》里说:"文以辨洁为能,不以繁缛为巧。"意思是文章写得明白简洁才算高明,繁杂琐碎不算高明。列夫·托尔斯泰说:"对于敏感而聪明的人来说,写作艺术之所以好,并不在于知道要写什么,而是在于知道不要写什么。"契诃夫也说"简洁是天才的姐妹。"

曹雪芹在《红楼梦》(第32回)中写宝玉向黛玉表白爱情,有这样一段对话:

> 宝玉瞅了半天,方说道:"你放心。"黛玉听了怔了半天,说道:"我有什么放心不放心的?我不明白你这个话。你倒说说,怎么放心不放心?"

这句话是说者有意,听者也有意。作者没让他们甜言蜜语,而用这样精练而含蓄的语言表达他们藏在心头的千言万语。"你放心"三个字隐含了宝玉对黛玉的难以言状的炽烈的情感,这种感情黛玉完全能够理解,但又明知故问。这一问正是她对宝玉做出的最坚定的回答,是黛玉很久以来就想说的话。在这段文字里,可以看出他们在爱情问题上的痛苦和矛盾,向往和追求,斗争和勇气,具有无穷的弦外之音。

写文章时不用空话、套话等无风格、无个性、无说服力、无感染力的"语言豆腐渣"。不要滥用介词,像"有关""关于""由于",不要滥用虚词"的"。若想使语言精练,可恰当使用文言和成语。

3. 生动

生动是指文中使用的词语不死板,不平淡,而是活泼、新颖,趣味盎然的,文章的魅力即来源于此。若想使语言生动,一是活用词语,包括借用、化用、仿拟等,造成词语的异常搭配,给读者以新鲜感,也有助于思想情感的表达。如"归房就寝,月光仍然逼进窗来,助我凄寂。"(梁实秋《雅舍小品》)逼本来是逼迫之意,这里用作"透射"解,助本来是帮助的意思,这里却有"增加"的含义。这样不仅把月光无缝不钻的特点写出来,而且为凄凉的月光注入活力,使它成为施动者,有了人的情怀,作者的孤寂惆怅的心曲就表现得更加淋漓尽致。

二是运用修辞手法。曹雪芹在《红楼梦》中运用生动的比喻来刻画人物性格:晴雯是块爆炭,袭人是"没嘴的葫芦",李纨"竟如槁木死灰一般",迎春"诨名叫二木头,戳一针也不知嗳哟一声",探春"诨名玫瑰花","玫瑰花又红又香,无人不爱的,只是有刺戳手。"这些浅近而贴切的比喻,把各人的性格特征揭示了出来,这些比喻既恰当又新鲜,运用精当。

又如李白的《与夏十二登岳阳楼》中"雁引愁心去,山衔好月来",或把虚像变为实景,或将实景虚化,综合运用了拟人、拟物、通感、夸张等修辞手法,造成特殊的效果。

三是运用错综使句子变化生姿。文章中的句子从句式上说有长句短句,整句散句,正常句倒装句,完全句省略句等等,句式不同,表达效果也不尽相同。如果一个段落中的句式都相同(排比句除外),难免让人感觉单调,例如,"烟酒都是要中毒的。我们吸烟饮酒,如果不加节制,我们的血液就要中毒的。这是非注意不可的"(夏尊、叶圣陶《文章讲话·句子的安排》)这句话在句法上没有错误,可是由于句式没有变化,又有同一字面的重复,读起来感觉文气不畅。

错综,是指为了避免语句或句型的重复单调,呆板无味,有意变换意义相同或相近的词语,故意使用参差交错的句型,使词语富于变化,使句型整散相间,以达到很好的语言效果。错综分词语的错综和句型的错综两类。例如：

读书人家的子弟熟悉笔墨,木匠的孩子会玩斧凿,兵家儿早识刀枪。

——鲁迅《不应该那么写》

我喜欢月夜的海,星夜的海,狂风怒涛的海,清晨晓雾的海,落照里几点遥远的白帆掩映着的一望无尽的金碧的海。

——宗白华《我的诗》

词语错综可以使文章的语言变得丰富多彩,句型的错综使整齐中有变化,变化中表现出节奏美。

当然,语言运用还要追求创新,创新造成了语言的"陌生化",具体表现为语言的变异、模糊、婉曲、繁复,甚至运用象征、隐喻、魔幻、意识流手法,表现出马尔库塞所说的"新感性"的特点。

第五节 文章修改

自古以来,写作者就一直在强调"文不厌改""不改不工""大匠不示人以璞",这是因为文章修改具有十分重要的意义。修改并不是写作中可有可无的事,而是写作过程中必不可缺的一道工序,是同样关系到文章成败优劣的一个重要环节,因而有人说"文章是改出来的"。

一、修改的要求

（一）要有耐心和毅力

一般说的修改，是指从初稿写成以后，经过加工、润色到定稿的过程。实际上修改贯穿在写作的全过程，构思谋篇时打腹稿，离不了边想边改，在文章起草的时候也多半是边写边改，初稿写完还仅仅是完成了文章的一半。在构思和起草时，很难对立意在整篇文章中的表现、材料的搭配，特别是对字句的推敲、润色，做全面仔细地考虑，常常瑜瑕兼有，破绽漏洞难免。"玉不琢，不成器"，为文也是如此。刘勰在《文心雕龙》中说"改章难于造篇"，因而一个作者需要有不惮于修改的意志力。

陀思妥耶夫斯基评论普希金的诗歌时说："你应该相信，普希金的几行短短轻盈优雅诗，之所以会使人觉得好像是一挥而就的，那是因为被普希金涂改得太久的缘故。"王尔德说："我花了整整一上午时间加了一个逗号进去，然后又花了整整一个下午时间把它剔除出来。"托尔斯泰也很重视文章的修改，他写《安娜·卡列尼娜》用了五年时间，开头部分就改了十二次，《复活》前后写了十年，其中玛丝洛娃的117个字的肖像描写就修改了20次，他晚年的一部作品《生活的道路》，仅序言就修改了105次。海明威《永别了，武器》结尾就修改了39遍。可见，写作不仅辛苦在写上，而且辛苦在修改上。写文章不同于机械生产，是一个由浅到深、由粗到细的过程，写文章不可能下笔"即达佳境"。文不加点，一挥而就的情况是极少的，非常人所能。多一次修改就是多一次对表现技巧和语言形式的选择，而且写文章是给读者看的，要为读者着想，因为可能传之后世，所以要考虑到作品的影响，要不急于动笔，不厌烦修改。

（二）要从整体着眼

修改跟起草不同，起草是从取材开始，构思谋篇，然后一段段写下去，是从部分到整体。修改则是已经有一个整篇，是从整篇到部分进行，所以修改要从全局着想，追求整体效应。第一步先审视一下具有决定意义的环节，即内容方面的问题，立意是否正确，取材是否精要，基调是否妥当。文章中的许多问题，表面上看是出在语言上，实际根子却在思想内容上。第二步由内容到形式，直到语言的修改，考虑布局是否合理，段落间的衔接是否严密，遣词造句是否贴切流畅。如果离开意思表达的需要，只是在技巧、藻饰上用心思，势必越改越坏。老舍说得很形象："尽管有很好的句子，若与全篇情调不谐，也须狠心割爱，毫无敷衍，是呀，假如在咱们的蓝布制服上，绣上两朵大花，恐怕十足招笑，不如不绣。"(《文章别怕改》)

二、修改的内容

(一)从修改的范围看

文章的修改包括内容和形式两方面,思想内容方面主要是修正主题和增删材料,表现形式方面重点是调整结构和润饰语言。清代刘熙载在《艺概·文概》中指出:"文有七戒,曰:旨戒杂,气戒破,局戒乱,语戒习,字戒僻,详略戒失宜,是非戒失实。"意思是主题不要芜杂,文章气势不要破断,布局不要紊乱,语言不宜俗气,用字不要生僻,选材应详略得当,材料要真实可靠。

修改时作者应摒弃错误的观点、模糊的认识,把肤浅、平庸的认识上升为深刻、新颖的见解。清代许印芳在《与李先生论诗书跋》中也说:"凡我所闻所见,有与古人今人雷同者,人有佳语,即当搁笔,或另构思,切忌拾人牙慧。"即指要在文章主题的深和新上下功夫。

例如,托尔斯泰的《安娜·卡列尼娜》,初稿题为《两段婚姻》,写了"一个不忠实的妻子以及由此而发生的全部悲剧"。托翁对初稿很不满意,后来,随着世界观的转变,他对俄国宗法统治的黑暗社会有了本质的认识,就对初稿动了大手术,从人物原型、构思、结局都做了重大修改,有力批判了沙皇制度的暴政,写成了不朽的文学名著。

(二)从修改的轻重看

修改分为大改与小改。大改有重作、改写内容、调整结构,例如,托尔斯泰的《复活》是在初稿题为《柯尼的故事》的基础上重作的,《战争与和平》是在初稿题为《皆大欢喜》的基础上重作的。

小改主要是个别字句的修改,语言文字的锤炼。例如鲁迅《死》一文的初稿中有这样一句话:"在这时候,我才确信,我是到底相信人死无鬼,虽然在久病和高热中,也还没有动摇的。"在定稿时,把"虽然……"以下十五字删去,变成这样一句:"在这时候,我才确信,我是到底相信人死无鬼的。"这样一删,句子就显得干净利落,做到了古人所说的"善删者字去而意留"。因为既然有了"到底"这样表示态度坚决的词,就不必再用"虽然……"去加以强调和补充,否则就有画蛇添足之嫌了。

(三)从修改的形式看

主要有增补、删削、调换、润色。如文章内容贫乏、材料单薄,主题表达不深刻,人物形象不丰满,就要考虑增补。古人强调"宁可如野马,不可如瘦驴"。文章散如野马自然是一病,但野则野,因为有内容,经过删改就可以由野到文,改成佳作。如果内容贫弱如瘦驴,就连删改的条件也没有了,所以为文要善增。

去掉文章的杂质,使之精练,是"删"的重要任务。起草时为求思路畅达,常常一股脑写下来,所以重复的字句自然难免。《文心雕龙·熔裁》中说:"句有可削,足见其疏,字不得减,乃知其密。"删到不能减字削句,文章才精练,章法才严密。调整结构,指层次段落、开头结尾、过渡照应的修改。润色文字,指字词句的修改,重要的是锤炼字句,提高语言表达技巧,修辞的目的就是增强语言的表达效果。

三、修改的方法

(一)冷却法

初稿完成时,原先形成的一些感情、想法还暂时留存在脑子里,如果立即修改,思想尚未脱离原来的轨道,难以评判文章的成败短长,把初稿来一个冷藏处理,搁置一段时间,让感情冷却下来再修改,经过反复的寻思、琢磨,就会发现原先没有觉察的许多毛病。果戈理常用此法。古代的欧阳修是"先贴于壁,时加窜定,有终篇不留一字者。"(吕本中《童蒙诗训》)

(二)求助法

唐代有个叫齐己的和尚,写了一首题为《早梅》的诗,便拿去和他的朋友郑谷商量,郑谷认为诗句"前村深雪里,昨夜数枝开"中的"数枝"两字虽然说明了"早梅"的意思,但不如改为"一枝"更为确切。齐己觉得很有道理,欣然接受了这个建议。这就是有名的"一字师"典故的由来。

初稿写完后先自己修改,再请别人提意见,自己再修改,这是一种非常好的方法。由于个人的认识有局限性,互相切磋,集思广益,自然对修改很有好处,旁观者清,自己又常常"私于自是,不忍于割裁",故"妍媸不能自见。"不要怕文章幼稚羞于见人,也不要拒绝他人的批评。需知"他山之石,可以攻玉。"

(三)读改法

读改法有利于从音乐性上把握作品,使之文气畅达,朗朗上口。因为"声韵""节奏"本身就是文章是否和谐自然、妥帖感人的一种因素。清代何绍基在《与汪菊士论诗》一文中说:"自家作诗,必须高声读之。理不足读不下去,气不盛读不下去,情不真读不下去,词不雅读不下去,起处无用意读不起来,篇终不混茫读不了结。"初稿写成后,朗读几遍,不管是小说诗歌散文还是其他文章,一经诵读,不顺口、不连贯的地方就显露出来了。修改文章只看不读,文气上的问题很难觉察,通过诵读可以发现那些"不上口"以及音节和声调不协调的地方,也可以发现那些"不起劲"和"不现成""不自然"的地方,从而进一步推敲、琢磨,使之和谐悦耳,因而养成高声朗读自己的文章的修改习惯,对于提高文章质量,增强文章美感是大有益处的。

延伸阅读

一丘一壑传幽情

张伯存

闲读《世说新语》"容止篇"第二十四则如下:

> 庾太尉在武昌,秋夜气佳景清,使吏殷浩、王胡之之徒登南楼理咏。音调始道,闻函道中有屐声甚厉,定是庾公。俄而率左右十许人步来,诸贤欲起避之,公徐云:"诸君少住,老子于此处兴复不浅。"因便据胡床与诸人咏谑,竟坐甚得任乐。后王逸少下,与丞相言及此事,丞相曰:"元规尔时风范不得不小颓。"右军答曰:"唯丘壑独存。"

文中的庾太尉,名亮,字元规,东晋权臣,精玄学,擅清谈,《晋书》称其坦率行己、"性好老庄""风格峻整"。这个故事可堪玩味之处并不在于当时的情景及众人行止,而是王羲之后来到建康将这件事讲给丞相王导听以及他对庾亮的评价。文中没有提及王逸少当时是否在场,从行文看他在场的可能性不大,假设他不在场,他向王导转述庾亮的容止、气度就更有意思了,由此可看出他对庾亮的推崇。所谓"唯丘壑独存"这一评价,以当时的标准看应是很高的了。而我们又知道王逸少潇洒风流,标高独具,李白曾咏诗赞曰:"右军本清真,潇洒出风尘"(《王右军》),能入他法眼者可谓凤毛麟角。

无独有偶,《世说新语》"品藻篇"第十七则为君臣问答,全文如下:

> 明帝问谢鲲:"君自谓何如庾亮?"答曰:"端委庙堂,使百僚准则,臣不如亮;一丘一壑,自谓过之。"

有意思的是,这一问一答间透露出庾亮其人某种意义上似乎成了一个做人的标杆。而谢鲲的回答毫不含糊:在事功方面他不如庾亮,似有明褒暗贬之意;在放情山水、隐逸山林方面,庾亮就不如他了。

《世说新语》为后人展现了魏晋名士风流的种种行状,只因无法企及无法再现,令无数士人仰慕、追怀。鲁迅先生评价它"记言则玄远冷峻,记行则高简瑰奇"并向好友许寿裳之子推荐。

关于"丘壑"一词,通行的解释有两种,一是山水幽深之处,亦指隐者所居之处。例如:谢灵运《斋中读书》诗:"昔余游京华,未尝废丘壑。"杜甫《解闷》诗:"不见高人王右丞,蓝田丘壑漫寒藤。"二是比喻深远的意境。例如:黄庭坚《题子瞻枯木》诗:"胸中元自有丘壑,故作老木蟠风霜。"这两种解释显然并不适用于上文王羲之对庾亮的品评上,因此还应有第三种意思,这也是本文的题旨之所在。我感兴趣的是,"丘壑"及"一丘一壑"从本义到引申义、比喻义的转化以及使用中的流变所散发出来的文化信息,在一定意义上它们成了解读传统文化的语词密码。"丘"本义是土山;"壑"本义是山沟。语义极平常,后引申出隐士栖隐之处,既然是隐者,总要在远离闹市的土丘、沟壑筑居为宜。后来比喻归隐山野、寄情山水、隐居不仕、不问世事的生活态度和生活方式。最早的出处大概是《汉书·叙传上》:"渔钓于一壑,则万物不奸其志;栖迟于一丘,则天下不易其乐。"这句对仗鲜明地表达了纵情山水、归隐山林的矢志不移的人生立场。初唐诗人王勃《上明员外启》中有以下对句:"一丘一壑,同阮籍于西山;一啸一歌,列嵇康于北面。"表达了向魏晋大名士阮籍、嵇康致敬之意和仰慕之情。

黄庭坚还为了瞻画做过题赞:"赵景仁,守宗祊。游轩冕,有丘壑。弹鸣琴,无归鹤。苏仙翁,留醉墨。"(《为邹松滋题子瞻画》)更有意思的是,苏黄二人在友人画作上的题跋,针对苏轼的题诗,黄庭坚在跋中有"伯时一丘一壑,不减古人"语。这里的"丘壑""一丘一壑"应解作高雅的品格,超凡的节操,旷达的襟怀。类似的例子还有,他形容一位欧阳先生:"其人长髯,眉目深沉,宜在丘壑中也。"(《跋梅圣俞赠欧阳晦夫诗》)由此看来,山谷道人很钟爱"丘壑"、"一丘一壑",他品评人物深得晋人精髓,有魏晋风韵。

其实,魏晋之后,真正堪称倜傥风流,胸有丘壑的,东坡居士是第一人。黄山谷这样描绘苏子瞻:"性喜酒,然不能四五龠,已烂醉,不辞谢而就卧,鼻鼾如雷。少焉苏醒,落笔如风雨,虽谑弄,皆有意味。真神仙中人,此岂与今世翰墨之士争衡哉。"(《题东坡字后》)寥寥数语刻画出东坡居士放浪形骸、旷达超逸、潇洒超脱的风姿。而苏轼在《答李端叔书》中自述:"得罪以来,深自闭塞,扁舟草履,放浪山水间,与樵渔杂处,往往为醉人所推骂。辄自喜渐不为人识,平生亲友无一字见及,有书与之亦不答,自幸庶几免矣。"这段话令人激赏不已,东坡遭贬后没有怨天尤人,而是草履芒杖,混迹于渔樵之中,放浪于山水之间,做一个隐者,有意识地与外界隔绝,舍弃了世俗的应酬和烦恼,如此旷达的襟怀使东坡宠辱不惊,有着高迈超拔的人格魅力。

　　黄山谷评价苏东坡的书法、诗作常用的词句是"无尘埃气"、"无秋毫流俗"等。他又有言："渊明之诗,要当与一丘一壑者共之耳。"(《题意可诗后》)可见他品鉴文艺的最高标准是不俗气,其实这也是他衡量做人的标尺。山谷道人为人为文追求超凡脱俗的奇崛风姿,一生兀傲耿介,持节守正,因此,虽为苏门四学士之一,其成就几与东坡比肩:苏黄尺牍、苏黄题跋、苏黄书法并称于世。

　　及至南宋,陆游《木山》诗中云："一丘一壑吾所许,不须更慕明堂材。"辛弃疾《鹧鸪天》("枕簟溪堂冷欲秋")道："书咄咄,且休休,一丘一壑也风流。不知筋力衰多少,但觉新来懒上楼。"表达的已是不受朝廷重用,抗金无门英雄无用武之地的空自喟叹,乃有退隐山林之念。

　　明代书画家、以淡雅脱俗笔墨著称的董其昌对黄山谷的题跋文评价甚高:"寥落短篇,出于刘义庆《世说》。虽偏师取奇,皆超出情量,动中肯綮"(《〈苏黄题跋〉序》)。他一语点出山谷题跋与《世说新语》之间的渊源。而晚明著名文人张岱在《石匮书自序》中则对苏东坡评价极高,认为后世得太史公笔意者,"唯东坡一人",可惜东坡无意著史。

　　张岱《山民弟墓志铭》一文评价他的弟弟"在市廛而饶丘壑,以贫士而富鼎彝";另一篇文章《燕客三弟像赞》,盛赞他的一位堂弟"人称为丘壑中之秦皇也"。可以看出,直到晚明,"丘壑"一词还用于品评人物。而张岱本人,在大雪三日后的冬晚往湖心亭看雪;西湖七月半通宵赏月,东方将白时,"酣睡于十里荷花之中"。张岱的种种行止得晋人风神,丘壑盈怀。

　　张岱在《琅嬛福地》一文中写道:"郊外有一小山,石骨棱砺,上多筠篁,偃伏园内。余欲造厂,堂东西向,前后轩之,后磙一石坪,植黄山松数棵,奇石峡之。堂前树娑罗二,资其清樾。左附虚室,坐对山麓,磴磴齿齿,划裂如试剑,匾曰'一丘'。右踞厂阁三间,前临大沼,秋水明瑟,深柳读书,匾曰'一壑'"。此处的"一丘""一壑"非一般土丘、山沟可比,竹林、奇石、异木相伴,堂阁错落其间,是一处精致的私家园林,甚至沾染一点奢靡之气了,非一般布衣寒士财力之所能及,对于做着栖隐山林梦想的士子来说,如果没有雄厚的财力,只能是一种奢望而已。

　　张岱《快园道古》一书,虽曰"道古",实为"谈今",记述晚明当时人言行,仿《世说新语》,全书二十卷遗佚十一卷,就传下来的内容看,比《世说新语》差之远矣。

　　这似乎表征了士人阶层的没落和士人文化的衰落,晚明世风奢靡,社会上流行着纵情声色、追求享乐的风气。即使以清高自居的文人,也追求精致的生活享受和物欲的满足,园艺、室庐、器具、几榻、衣饰、花木、书画,无不追求精益求精,其背后是要以成堆的银子作支撑的。高濂的《遵生八笺》、屠隆的《考槃馀事》、文震亨的《长物志》的出现就不是偶然的了。清代学者钱大昕说屠隆晚年"萧然无世俗之思",他给《考槃馀事》作序称该书"评书论画、涤砚修琴、相鹤观鱼、焚香试茗、几案之珍、巾舄之制,靡不曲尽其妙。具此胜情,宜其视轩冕如浮云矣。"以养尊处优、标榜清高、自命风雅的生活的享受来抗衡官位俸禄的诱惑,其精神境界与前人相比等而下之了。《长物志》书名取自《世说新语》德行篇中王恭"身无长物"的故事,反其意而为之,仅此一点思想境界之高下立判。这就不难理解"丘壑""一丘一壑"二词的生命力在后世逐渐萎缩,几乎不再被人提及了。

从魏晋名士、东坡山谷到晚明文人,在流风遗韵中传递着一种丘壑情结、山水情怀和士人风骨,在一丘一壑中传达出历史"褶皱"深处的一种文化幽情,在在使人流连。斯人远去,斯世不在,今日还有谁能担当得起"唯丘壑独存"这一评语?

选自《读书》2014年3月

思考与训练

一、2004年11月1日,南京大学逸夫馆楼左前方的公告栏上贴了一封署名为"辛酸父亲"写给大学生儿子的信。信中以复杂的心情表达了对于儿子的不满。这位儿子很少给家里写信,即使写信,也是三言两语,直奔主题:要钱。恋爱后,写信要钱的数目越来越大,甚至偷改入学收费通知,蒙骗他下岗在家的母亲,薪金微薄的父亲,让疼他爱他的双亲极为伤心。一石激起千层浪,此信在全国高校内引发了一场激烈的大讨论。

1. 针对这则材料,展开思考,确立自己的观点,并用简明的语言概括出来。
2. 结合切身见闻,举出三则事实材料或理论材料,支持自己的观点。

二、有人列举了中国当代大学生的九宗罪:生活腐化、堕落傍款、玩物丧志、寄生依赖、理性的侏儒、政治的冷漠与投机、学术精神的失落、道德素质低下、生理与心理缺憾。请以你身边的事实为例,谈谈这些现象所反映的社会问题。

三、阅读下面材料,选一个角度,自拟标题,写一篇议论文。

豪猪冬天为了暖和而互相靠拢,总是保持一定的距离,因为它们身上有刺,挨得太近,身上刺得痛;挨得太远,又冻得难受。

四、读散文或小说作品,列出最喜欢的5个开头。分析为什么这些句子吸引你有继续读下去的愿望。

五、阅读几篇微型小说,记下它们的结尾,分析好在哪里。

六、以下三种表达,哪一种更好呢?

贾宝玉正在和一屋子人说话:"一语未了,只见黛玉摇摇地走了进来。"

"一语未了,只见黛玉摇摇摆摆地走了进来。"

"一语未了,只见黛玉走了进来。"

七、语言体操:完成下面的明喻,比喻时尽量包含具体的细节,语言要紧凑,用通感写。

清晨的太阳尝起来像……

她的声音闻起来像……

这个音乐听起来很沉重,像……

晚饭吃起来就像观看……

触摸父亲的手就像看……

午夜的雨像……一样痛苦

看他走路就像听……

八、传说有一天,苏小妹、苏东坡和黄山谷三人在一起讨论诗句。苏小妹说:"轻风细柳,淡月梅花。两句中间各加上一个字,作为诗的'腰',成为五言联句。"

苏东坡略加思索,随即说出:"轻风摇细柳,淡月映梅花。"苏小妹说:"还算好,不过这个'摇'还不够美。"黄山谷接着吟道:"轻风舞细柳,淡月隐梅花。"苏小妹说:"是个佳句,但是仍然没用上理想的字。"这时苏东坡忍不住了,问:"那么,妹妹你加的是什么字呢?"苏小妹说:"兄长的'摇''映'二字,确实写出了柳的动态和月的皎洁,但山谷公的'舞''隐',要略胜一等。因为'舞'是模仿人的动作,把柳的姿态反映得更加形象;'隐'是夸张写法,使月的皎洁更加突出。而我要说的是:'轻风扶细柳,淡月失梅花'。"苏东坡、黄山谷听了,一起鼓掌称赞,说:"妙极!"

请分析苏小妹写的"扶"字和"失"字为什么好?

第四章

表达方式与写作技法

第一节 叙 述

一、叙述的含义

叙述是将人物的经历和事件的过程按照一定顺序陈述出来的一种表达方式。它是五种表达方式中最常用的一种。

叙述包括六个基本要素：人物、事件、时间、地点、原因、结果。

二、叙述的角度

叙述的角度由人称（包括专有名词和人称代词两类）和视角（观察问题的立场）构成，即是由谁来叙述，由什么样的人来说话的问题。

（一）人称

1. 第三人称

叙述者以"他"或"他们"的口吻叙述事件。

第三人称是以"局外人"（旁观者）的口吻叙述，有距离感，但叙述较为自由灵活，很少受限制。

2. 第一人称

叙述者以"我"或"我们"的口吻叙述事件，是有限视角。

"我"可以是叙述者，也可以是文章中的人物。第一人称是以"局内人"（参与者）的口吻叙述，给人亲切感，拉进了作者和读者的距离，便于议论抒情，适合内心独白，但受限于所见所闻所感。

3. 第二人称

是以"你"或"你们"为对象的叙述。第二人称不是讲述者,而是被讲述者,是文章中的人物,与人物有密切的对话关系。它能增强亲切感,便于情感交流,但不适宜客观展示事件全貌。

(二)视角

视角即叙事的角度,是有限定的叙述。在叙述者、作者和人物的关系中,注意叙述者≠作者≠人物,通常从视角看来,作者＞叙述者＞人物,即作者比叙述者知道得多,叙述者比人物知道得多。

1. 客观视角与主观视角

(1)客观视角:是一种由客观化的叙事感知和非评价性的叙事态度构成的叙事意向。可分为:

①全知叙事者的客观视角

如小说《边城》开头,用全知叙事者的客观视角,描写边城自然地理环境,介绍边城人的生活方式和风土人情:

> 茶峒地方凭水依山筑城,近山一面,城墙俨然如一条长蛇,缘山爬去。临水一面则在城外河边留出余地设码头,湾泊小小篷船。船下行时运桐油、青盐、染色的栲子。上行则运棉花、棉纱以及布匹、杂货同海味。贯串各个码头有一条河街,人家房子多一半着陆,一半在水,因为余地有限,那些房子莫不设有吊脚楼。河中涨了春水,到水脚逐渐进街后,河街上人家,便各用长长的梯子,一端搭在自家屋檐口,一端搭在城墙上,人人皆骂着嚷着,带了包袱、铺盖、米缸,从梯子上进城里去,等待水退时,方又从城门口出城。

②小说人物的客观视角

如《药》里面老栓半夜去为儿子买人血馒头在丁字街头看到的现实场面:

> 老栓也向那边看,却只见一堆人的后背;颈项都伸得很长,仿佛许多鸭,被无形的手捏住了的,向上提着。静了一会,似乎有点声音,便又动摇起来,轰的一声,都向后退;一直散到老栓立着的地方,几乎将他挤倒了。

③第一人称主人公的客观视角

如《孔乙己》中,作者是通过鲁镇酒店的伙计"我"来叙述孔乙己的故事,当我最初回忆孔乙己时,小说写道:

> 孔乙己是站着喝酒而穿长衫的唯一的人。他身材很高大;青白脸色,皱

纹间时常夹些伤痕;一部乱蓬蓬的花白的胡子。穿的虽然是长衫,可是又脏又破,似乎十多年没有补,也没有洗。他对人说话,总是满口之乎者也,教人半懂不懂的。因为他姓孔,别人便从描红纸上的"上大人孔乙己"这个半懂不懂的话里,替他取下一个绰号,叫作孔乙己。

上面几句孔乙己的衣服穿着、说话习惯和绰号由来等都是作者从主人公"我"的叙事视角中叙述的。主要叙述了"我"对人物形象的事实感知,没有表现出"我"的主观感知评判。

(2)主观视角:作者在叙述主体的叙事意向中投射了主观化的感知和个性化的评判。

如《红楼梦》41回"刘姥姥醉卧怡红院"中表现刘姥姥醉后的视觉感知判断。刘姥姥在大观园内的宴席上喝醉了酒,一个人走进怡红院:

> 于是进了房门,只见迎面一个女孩儿,满面含笑,迎了出来。刘姥姥忙笑道:"姑娘们把我丢下来了,要我碰头碰到这里来。"说了,只觉那女孩儿不答。刘姥姥便赶来拉他的手,"咕咚"一声,便撞到板壁上,把头碰的生疼。细瞧了一瞧,原来是一幅画儿。刘姥姥自忖道:"原来画儿有这样活凸出来的。"一面想,一面看,一面又用手摸去,却是一色平的,点头叹了两声。一转身,方得了一个小门,门上挂着葱绿撒花软帘。刘姥姥掀帘进去,抬头一看,只见四面墙壁,玲珑剔透,琴剑瓶炉皆贴在墙上,锦笼纱罩,金彩珠光,连地下踩的砖,皆是碧绿凿花,竟越发把眼花了。找门出去,那里有门,左一架书,右一架屏。刚从屏后得了一门才要出去,只见他亲家母也从外面迎了进来。刘姥姥诧异,忙问道:"亲家母,你想是见我这几日没家去,亏你找我来。那一位姑娘带你进来的?"他亲家只是笑,不还言。刘姥姥笑道:"你好没见世面,见这园子里的花好,你就没死活带了一头。"他亲家也不答应。便忽然想起:"常听大富贵人家有一种穿衣镜,这别是我在镜子里头呢罢?"说毕,伸手一摸,再细一看,可不是!——四面雕空紫檀板壁,将这镜子嵌在中间。

2. 外视角与内视角

(1)外视角:如人物塑造上展示人物的外在状貌和外部行径,并不揭示其内在的思想感情。

如《红楼梦》第3回,林黛玉进荣国府,看到三个姊妹走进房内,小说写:

> (林黛玉)只见三个奶嬷嬷并五六个丫鬟,簇拥着三个姊妹来了。第一个

肌肤微丰,合中身材,腮凝新荔,鼻腻鹅脂,温柔沉默,观之可亲。第二个削肩细腰,长挑身材,鸭蛋脸面,俊眼修眉,顾盼神飞,文彩精华,见之忘俗。第三个身量未足,形容尚小。其钗环裙袄,三人皆是一样的妆饰。黛玉忙起身迎上来见礼,互相厮认过,各归坐,丫鬟们斟上茶来。

(2) 内视角:揭示人物内心世界的意识或无意识的活动,内心独白、梦境、幻觉、临终经验中的无意识活动。

如《红楼梦》第32回"诉肺腑活心迷活宝玉",林黛玉在屋外偶然听到贾宝玉和史湘云、袭人之间的对话后,小说写道:

不想刚走来,正听见史湘云说经济事;宝玉又说:"林妹妹不说这样混账话,要说这话,我也和他生分了。"

林黛玉听了这话,不觉又喜又惊,又悲又叹。所喜者:果然自己眼力不错,素日认他是个知己,果然是个知己;所惊者:他在人前,一片私心称扬于我,其亲热厚密竟不避嫌疑;所叹者:你既为我的知己,自然我亦为你的知己矣;既你我为知己,又何必有金玉之论哉;既有金玉之论,亦该你我有之,则又何必来一宝钗哉!所悲者:父母早逝,虽有铭心刻骨之言,无人为我主张;况近日感觉神思恍惚,病已渐成,医者更云气弱血亏,恐致劳怯之症。你我虽为知己,但恐自不能久待;你纵为我知己,奈我薄命何!想到此间,不禁滚下泪来。待要进去相见,自觉无味,便一面拭泪,一面抽身回去了。

这是林黛玉听了宝玉的话之后,内心深处激起的复杂情感,又喜又惊,又悲又叹,人物隐秘的思想和感情均通过内心独白展示出来。

3. 限知视角与全知视角

(1) 限知视角:包括小说人物的限知视角,第一或第三人称;第一人称主人公的限知视角。

(2) 全知视角:往往用第三人称,无人称叙述主体的身份使用全知视角,全知叙事是指叙述者无所不知,无所不在,不受时空限制,可以从任何角度观察人物、描述事件,洞察所有人物的心理,知晓过去、现在和未来。

如《安娜·卡列尼娜》的开头:

幸福的家庭都是相似的,不幸的家庭各有各的不幸。

奥布浪斯基家里,一切都混乱了。妻子发觉自家从前的法国女家庭教师和丈夫有暧昧关系,她向丈夫声明她不能和他再在一个屋子里住下去了,这样的状态已继续了三天,不只是夫妻两个,即使是他们全家和仆人都为此感到痛苦。家里的每个人都觉得他们住在一起没有意思,并且觉得就是在任何客店里萍水相逢的人也都比他们,奥布浪斯基全家和佣人更情投意合,妻子没有离开自己的房间一步,丈夫三天不在家了,小孩们如失了管教一样在家里到处乱跑,英国女家庭教师和女管家吵了一架,给朋友写了信希望能替她找一个新的位置,厨师昨天正好在晚餐时走掉了,厨娘和车夫辞了工。

小说没有采用人物的视角进行叙述,而是由特殊的叙述主体来叙述,这个叙述主体既没有人称,也没有姓名,但知道所有相关人物的行动和想法。

全知叙事宜于构造鸿篇巨制,但缺乏亲切感,信任感差,全知叙事的无事不晓,容易使读者产生怀疑。

三、叙述的方法

（一）顺叙

顺叙是按照时间或空间的自然排列顺序,作者思想情感的发展进程,人物活动的前后次序或事件始末进行叙述。

如《藤野先生》一文,从作者到东京开始写起,再写到仙台后与藤野先生相处中的几件事,最后写离开仙台后对藤野先生的怀念与崇敬,这是以时间推移和地点转换为顺序叙述事件。

顺叙是最常用的叙述方法。由于它符合人们的接受心理和阅读习惯,叙述条理清晰,自然顺畅,很容易被读者认同、接受,但在运用时也应注意避免平铺直叙。克服平铺直叙的方法有:一、注意材料的取舍和记叙的详略;二、注意叙述的节奏变化;三、结合倒叙、插叙等其他叙述方式的使用。

（二）倒叙

倒叙是把事件的结局或最精彩的部分提到开头叙述,然后再按照事件发生发展的顺序进行叙述。

如鲁迅《一件小事》的开头:

> 我从乡下跑到京城里,一转眼已经六年了。其间耳闻目睹的所谓国家大事,算起来也很不少;但在我心里,都不留什么痕迹,倘要我寻出这些事的影响来说,便只是增长了我的坏脾气,——老实说,便是教我一天比一天的看不起人。
>
> 但有一件小事,却于我有意义,将我从坏脾气里拖开,使我至今忘记不得。

文章开头先写"我"在北京已居住了六年,所耳闻目睹的所谓国家大事不少,但只有一件小事令"我"至今忘记不得,然后才追述往事,记叙这一件小事发生的经过和"我"当时的感觉;最后再写"我"现在还时时记起这件小事并强调这件小事对"我"的意义。

(三)插叙

插叙是在叙述中心事件的过程中,为了帮助展开情节或刻画人物,暂时中断叙述的线索,插入一段与主要情节相关的内容,然后再接着叙述原来的内容。

例如,鲁迅的《风波》写七斤嫂在土场上吃饭,看见又矮又胖的赵七爷正从独木桥上走来,而且穿着宝蓝色竹布的长衫。写到这里暂停,接着引进一段插叙来介绍赵七爷的身份和来历,特别着重点了他的竹布长衫,让读者感到他的来意不善。

> 赵七爷是临村茂源酒店的主人,又是这三十里方圆以内的唯一的出色人物兼学问家,因为有学问,所以又有些遗老的臭味。他有十多本金圣叹批评的《三国志》,时常坐着一个字一个字地读;他不但能说出五虎将姓名,甚而至于还知道黄忠表字汉升和马超表字孟起。革命以后,他便将辫子盘在顶上,象道士一般;常常叹息说,倘若赵子龙在世,天下便不会乱到这地步了。

(四)补叙

补叙又叫追叙,是行文中用三两句话或一小段话对前边说的人或事作一些简单的补充交代。补叙与插叙的作用大致相同,不过它的位置不在顺叙之中,而在顺叙之后(多在篇末或篇中)。补叙可以使情节、内容更加完整、充实。例如,《水浒传》第29回"施恩重霸孟州道,武松醉打蒋门神":

> 蒋门神见了武松,心里先欺他醉,只顾赶将入来。说时迟,那时快,武松先把两个拳头去蒋门神脸上虚影一影,忽地转身便走。蒋门神大怒,抢将来,被武松一飞脚踢起,踢中蒋门神小腹上,双手按了,便蹲下去。武松一踅,踅将过来,那只右脚早踢起,直飞在蒋门神额角上,踢着正中,望后便倒。武松追入一步,踏住胸脯,提起这醋钵儿大小拳头,望蒋门神脸上便打。(原来说过的打蒋门神扑手:先把拳头影一影,便转身,却先飞起左脚,踢中了,便转过身来,再飞起右脚。这一扑,有名唤做"玉环步,鸳鸯脚",——这是武松平生的真才实学,非同小可。)打得蒋门神在地下叫饶。

这段引文中补叙部分,用括号表示。它是对"玉环步,鸳鸯脚"的解释,它与整回小说情节发展顺序无甚关系,但在内容上却是不可缺少的。

（五）平叙

平叙是将同时发生的几方面的事交叉叙述,齐头并进。平叙与分叙不同,分叙是在叙述同一时间的几件事,先叙一件,再叙一件,恰当的时候再合在一起,即"花开两朵,各表一枝"。如《三国演义》时而分叙魏、蜀、吴三方,时而用平叙,重点说一方(或两方),而略提其余两方(或一方)。

（六）预叙

预叙是将以后发生的事先做交代的叙述方法。马尔克斯的《百年孤独》开头第一句就是"多年以后,奥雷连诺上校站在行刑队面前,准会想起父亲带他去参观冰块的那个遥远的下午"。而以后真正执行对奥雷连诺上校的处决,则是在全书二十章中的第七章的一节场景描写。

预叙与倒叙相似,但预叙仅为提要式的,真正展开叙述还待后文,而倒叙本身即是叙述主体,并不需要后文再做展开。如中国的古小说,所谓"此是后话,按下不表",可以增强引文的悬念,可以增强叙事的灵活性,避免流水账式的呆板与老套,制造某种神秘氛围。

间接预叙如《红楼梦》第五回,贾宝玉神游太虚幻境,得观"金陵十二钗"册谱,得闻"红楼梦正歌副歌",其实是对全书人物命运的预叙。

第二节　描　写

一、描写的含义

描写,就是用生动形象的语言,对人物、事件、环境的形态、特征进行具体生动的描摹和刻画,使读者能够如见其人、如闻其声、如临其境,获得真切具体的感受和印象。

描写的长处,在于"形象"二字。它可以把诸如思想、情感、情绪等抽象的事物化为形象来表现,是文学创作中经常使用的表达方式。

叙述和描写都是文学作品的主要表达方式。叙述侧重于对人物、事件的情况和过程的交代,主要体现在时间上纵向的平面流程,使人物、事件清楚、明白;而描写侧重于对人物、事件、场景等的描绘和刻画,主要体现为空间上横向的立体图画,使表现对象的特征更突出,形象更丰满,具有较强的可视性和雕塑感,逼真传神。

二、描写的作用

描写是一种形神兼备的表述法。

它用色彩鲜明、立体感强的文字,把表述对象具体化、形象化,活脱脱地再现人、事、物的形状、外貌,给人以栩栩如生、身临其境的感受。描写不仅使人物、事件、场景更生动、具体、形象,还能有效触发读者的想象和联想活动,透露出比叙述句更丰富的信息。

三、描写的类别

以描写的对象来划分,通常分为人物描写、环境描写、场面描写、细节描写。

(一)人物描写

人物描写是对人物所做的描写。一篇叙事性作品是否具有感人的艺术魅力,人物描写是很关键的一环。人物描写包括肖像描写、语言描写、行动描写、心理描写等。

1. 肖像描写

肖像描写是对人物外形特点的描写,包括对人物的容貌、姿态、神情、气质、风度、服饰以及习惯性特点等的描写。

肖像描写又可分为静态肖像描写和动态肖像描写。

(1)静态肖像描写

是集中一段文字,一次性完成人物肖像描写。如《红楼梦》第三回中王熙凤的出场:

> 这个人打扮与众姑娘不同,彩绣辉煌,恍若神妃仙子:头上戴着金丝八宝攒珠髻,绾着朝阳五凤挂珠钗;项上戴着赤金盘螭璎珞圈圈;裙边系着豆绿宫绦,双衡比目玫瑰佩;身上穿着缕金百蝶穿花大红洋缎窄褃袄,外罩五彩刻丝石青银鼠褂;下着翡翠撒花洋绉裙。一双丹凤三角眼,两弯柳叶吊梢眉,身量苗条,体格风骚,粉面含春威不露,丹唇未启笑先闻。

小说在此着重对王熙凤的穿着打扮展开细致描写,不仅突出了其富贵人家的少妇身份,也透露出其内在的性情特征。中国古典小说中人物的出场常用此法。

(2) 动态肖像描写

是结合人物的活动和情节发展,多次、逐步地完成人物的肖像描写。这种描写方法比较灵活,在当代小说写作中常用。

肖像描写的目的,在于以形传神,即通过对人物外在特征的描写,传达和透视出人物内在的性格特征、精神气质。如:王熙凤的"三角眼、吊梢眉"等肖像特点,透露出她的厉害性情。

2. 语言描写

是对人物对话、独白和语气事态的描写。语言描写是塑造人物形象的重要手段,其要点在于个性化。语言描写要符合生活的逻辑和人物的性格、身份等。如鲁迅笔下的人物语言,祥林嫂的"我真傻",九斤老太的"一代不如一代",孔乙己的"多乎哉,不多也",阿Q的"儿子打老子",狂人的"救救孩子"等,都是高度个性化的,很难替代和置换。

在当代小说创作中,作家们也极其注重运用语言描写来刻画人物个性,如都梁小说《亮剑》中的一段语言描写:

八路军独立团驻扎在赵家峪村,这天,村里的妇救会主任秀芹带着人来给八路军送军鞋。政委赵刚一本正经地对秀芹说:

秀芹同志,我代表全团下部战士向赵家峪妇救会的全体妇女表示感谢,你们做的军鞋真是雪中送炭,我们一定多杀鬼子,绝不辜负乡亲们对我们的期望……

而团长李云龙则不客气地打断了他:

行啦,行啦,老赵,你那些套话怎么每次都一样呢?别说人家地方上的同志,我都听腻了!……说点大白话不行吗?

并且认为刚才的话应该换成如此说法:

秀芹大妹子,你们娘们儿做军鞋,我们爷们儿打鬼子,就谁也别和谁客气啦,革命分工不同嘛,你们有啥事,只管和俺们说,能办到的办,不能办到的,俺变着法儿也要办。

赵刚是政委,出身燕京大学,这次说话是代表八路军向拥军的老百姓表示感谢,因此,说出的话一本正经,也见出了赵刚儒雅的文人气质;李云龙没有多少文化,性情爽直甚至有些粗鲁。一样的意思,不同的表达,这段语言描写极其鲜明地传达出了二人不同的个性特征。

3. 行动描写

是对特定场合中最能表现人物精神品格的行为、举止、动作的描写。黑格尔在其《美学》第一卷中曾说："能把个人的性格、思想和目的最清楚地表现出来的是动作,人的最深刻方面只有通过动作才见诸现实。"因为人物的一举一动都受制于他的独特性格,以及他在社会环境中所处的地位、在特定场合下的心理状态,写作时要善于抓住人物富有个性特征的动作和行为细节,做到形神兼备。如我国古典白话小说《杜十娘怒沉百宝箱》中,"怒沉百宝箱"这个动作,比怒斥、怒打更能刻画出杜十娘善良、倔强、视金钱如粪土的个性,以及对追求幸福的绝望心态。

4. 心理描写

是对人物在特定情境中的内心活动的描写,包括人在特定的环境下产生的看法、感触、联想、心态、幻觉、意识流等。心理描写可直达人的精神领域,透视人物的思想和感情,是深入细致地刻画人物的重要手段。

心理描写的方法多种多样:可以由作者直接对人物心理进行剖析;可以通过人物作内心独白、自言自语;可以通过描写梦境、幻境、意识流等暗示;可以通过人物传神的动作和富有表现力的对话来折射;还可以借助景物来烘托等。但无论怎样,心理描写一定要根据人物表现和情节发展的需要,要有利于表现人物或作品的思想感情。

如契科夫的小说《一个小公务员之死》,在表现主人公切尔维亚科夫那种畏惧权威、疑虑多端、谨小慎微的性格时,就出色地运用了心理描写。小公务员切尔维亚科夫在剧院看戏时,不小心打了个喷嚏,发现唾沫星子喷溅到了坐在前面的三品文官布里扎洛夫将军的头上。作品首先写他想:"他不是我的上司,是别的部里的,不过那也还是难为情,应当道个歉才对。"继而又写他想:"我应当对他解释一番,说我完全无意……","要不然他就会认为我有意唾他了,现在他固然没有这么想,以后他一定会这么想……"。于是,他越想越觉得事情严重,越想越害怕,惶惶不安,接连两天都到将军那里谢罪。这种在他看来是必要的解释却打扰了将军,将军盛怒着叫他"滚出去",这三个字犹如一道催命符,把他吓死了。这个小人物生怕得罪权贵,却引来悲惨的结局,主要是通过贯穿全文的心理描写展现出来的。

(二)环境描写

环境描写,是对人物活动或时间发展的自然环境与社会环境的描写。环境描写对展示时代风貌、再现风土人情、烘托人物心理、渲染情调气氛、增强文章感染力等都有着不可或缺的重要作用。

环境描写可分为自然景物描写和社会环境描写。

1. 自然景物描写

指对自然界的天地日月、山川湖海、草木虫鱼、季节气象等自然环境的描写。

自然景物描写可以为人物活动提供场所,点示时间、地点,暗示人物心境,推动情节发展等。作家在描写自然景物时,常常会融入自己独特的审美感受,借助景物创造意境,表达某种寓意或抒发某种情怀。如鲁迅在《故乡》的开头对乡村的描写:"从蓬隙往外一望,苍黄的天底下,远近横着几个萧索的村庄,没有一些活气。"此处的自然环境描写,虽然只有淡淡一笔,却有效地渲染出主人公回乡时的悲凉情绪。

2. 社会环境描写

指对作品中人物活动和事件展开的一定历史时期的社会生活、民俗风尚、风土人情、人物关系的描写。

社会环境描写可以为人物活动提供社会舞台和历史背景,也可以借助具体环境的陈设、格局、色调的描绘,来映现人物的身份、性格、志趣爱好等。如鲁迅的小说《孔乙己》,就为主人公孔乙己的活动安排了咸亨酒店这个独特的社会环境,曲尺形的大柜台,人们喝的黄酒,用作下酒菜的盐煮笋、茴香豆等,都描绘出江南集镇的生活风貌,非常富有乡土气息;小说中的酒价由先前花四文铜钱买一碗酒涨到如今要花十文铜钱,物价的飞涨暗示出当时农村经济的凋敝;短衣帮与长衣帮不同的喝酒方式反映出当时社会的贫富悬殊,人们对孔乙己的取笑则反映出时人精神的空虚和冷漠。小说中这些社会环境的描写对表现孔乙己的性格塑造和命运走向起着非常重要的作用。长衣帮和短衣帮的鲜明对比,衬托出孔乙己上不去又下不来的尴尬社会处境,人们对他的冷漠,使他的存在成为多余。人物的性格和命运实际上也可以说是环境的产物,因此,孔乙己性格的扭曲与处境的悲惨,都是他所生活的社会环境直接导致的。

(三) 场面描写

指对特定的时间、空间条件下,以人物活动为中心的生活画面所做的描写。

一般而言,场面描写的构成有三个要素:特定的时间、特定的环境、有众多人物活动于其中。场面描写的方式主要有两种:全景式和特写式。全景式场面描写就是从整体上对场面进行描写,场面的构成比较复杂,人多事多物多,作者要将场面的基本格局和主要特征展示给读者,使读者获得场面的整体印象。特写式场面描写是对场面中的局部或者某个细节进行描写,使其突出并传递出人物或事件的某种信息,给读者留下深刻印象。在多数情况下,全景式场面描写和特写式场面描写是相互结合,交替使用的。

(四)细节描写

指对生活中具有典型意义的细枝末节的描写。

细节描写包括的范围很广,可以是人物穿戴方面的某一个特征,可以是人物一个细小的动作、一句个性化的语言,可以是一个局部的场景,一个细小的物件等。真实新颖的细节描写是造成艺术形象具体可感、鲜明生动的基本因素,能在细微之中深刻地点化出人物、事件、环境的特征,对表现文章的主题、展示人物关系、推动情节发展、结构全文等具有重要意义。

四、描写的方法

描写是使作品生动形象、富有艺术感染力的重要途径。常见的描写方法有如下几种:

(一)白描与细描

1. 白描

在文学创作中,指那种抓住人物事物的特征,无须渲染烘托,仅用质朴简练的语言,就能生动传神地勾画出人物、事物形象的描写手法。

白描源于我国古代的"白画",是中国画的重要画法,特点是不加色彩渲染,完全用墨线勾描人物和花卉等。在中国古代,绘画艺术与文学创作的关系非常密切,有一些著名的诗人同时也是画家,如王维等,后来,这种"白画"的方法被借鉴到文学创作中并广泛应用,称为"白描"。

白描手法具有简练、质朴、轻捷、传神的特点。简练指力避行文啰叨,以最经济的文字,取得最优化的描写效果;质朴指文字平易朴实,一般不用比喻之类的修辞手法;轻捷指描写轻快敏捷,可以自由灵便地穿插在叙述过程中,与叙述浑然一体;传神指描写不只追求形似,更追求以形写神,形神兼备,以外在的形象、语言、动作等透视人物性格、心理、情感变化。

鲁迅非常推崇白描手法,在《南腔北调集·作文秘诀》中,他谈道:"白描并没有秘诀,如果要说有,也不过是和障眼法反一调:有真意、去粉饰、少做作、勿卖弄而已。"并在其作品中大量使用白描来写人物。在中国现代文学史上,有不少作家如鲁迅一样深得白描手法真传,这些作家喜欢用白描,而且用得非常好,把白描这一传统手法在中国现代文学中发扬光大。

如孙犁的小说《荷花淀》,它的中心事件很简单:青年水生要去参军,抗击日本侵略者,保家卫国。但是,他的妻子却因为怀了身孕,将要独自面对艰难的生活,还有对丈夫的依恋等因素,对于丈夫的参军有些犹豫、不舍。这种复杂难言的心

情,孙犁仅用一个简单的动词就表现出来了:

> 水生小声说:"我明天就到大部队去了。"
> 女人的手指震动了一下,想是叫苇眉子划破了手,她把一个手指放在嘴里,吮了一下。

在这里,一个细小的动作"手指震动",透视了女人的心灵震动,透视了她内心可能是翻江倒海般的思想斗争。

在孙犁的另一篇小说《嘱咐》里,写了水生参军八年后,回家探亲夫妻相见的情形:

> 他在门口遇见自己的女人,她正在那里悄悄关闭那外面的梢门。水生亲热地叫了一声:"你!"
> 女人一怔,睁大了眼睛,咧开嘴笑了笑,就转过身子去抽抽搭搭地哭了。

在这里,水生的一声"你",简短得不能再简短的致辞,爆发地道出了他八年的离情。而妻子的三个动作:怔、笑、哭,战争年代的一个农村女性骤然间见到久别的丈夫那万千复杂的情感,就被孙犁用这样白描的语言含蓄而又真实地表达出来了。

2. 细描

在文学创作中,泛指那种精雕细刻、浓墨重彩、全面具体、细致入微地表现事物形象的描写手法。

细描又称工笔,原指中国画中用工整、细密、精巧的笔法来勾勒描绘物象的手法。这种绘画手法细致,细致到花瓣的每一根脉络,小鸟、小猫每一根毛色的光线变化都清晰可见,用色繁丽、鲜艳。中国传统的仕女画、花鸟画都属于工笔画。这种工笔绘画手法后来也被广泛地借鉴到文学创作中。

细描具有逼真性和繁丽性的特点。逼真性指按照人物、事件本来的样子如实描写,强调所有的描写乃至细节都力求符合物象的实际,以显示其个性特征;繁丽性指刻意调动各种艺术手法和修辞手段,对事物进行浓墨重彩、绘声绘色的描写,使读者获得鲜明的印象和丰富的美感。

朱自清是中国现代文学史上出色的作家,他对中外文学手法兼收并蓄,白描细描都用得非常好。朱自清写人的作品,如《背影》《给亡妇》都是散文史上白描手法的典范,而他写景的作品则常常用工笔手法,细腻繁丽,给人留下深刻印象。如散文《绿》:

这平铺着,厚积着的绿,着实可爱。她松松地皱缬着,像少妇拖着的裙幅;她轻轻地摆弄着,像跳动的初恋的处女的心;她滑滑地明亮着,像涂了"明油"一般,有鸡蛋清那样软,那样嫩,令人想着所曾触过的最嫩的皮肤;她又不杂些尘滓,宛然一块温润的碧玉,只清清的一色——但你却看不透她!我曾见过北京什刹海拂地的绿杨,脱不了鹅黄的底子,似乎太淡了。我又曾见过杭州虎跑寺近旁高峻而神秘的"绿壁",丛叠着无穷的碧草与绿叶的,那又似乎太深了。其余呢,西湖的波太明了,秦淮河的又太暗了。可爱的,我将什么来比拟你呢?我怎么比拟得出呢?大约潭是很深的,故能蕴蓄着这样奇异的绿;仿佛蔚蓝的天融了一块在里面似的,这才这般的鲜润呀——那醉人的绿呀!

在这段文字中,朱自清对梅雨潭的绿色进行了精雕细刻式的描写,调动了一系列新奇美妙的比喻,将绿色的状态、质地、色泽形象化、人格化,引导读者展开丰富的想象和联想。这样还不够,作者又在最后使用了比较手法,把梅雨潭的绿与北京什刹海的绿杨、杭州虎跑寺的绿壁、西湖的绿波等做了比较,在对比中见出梅雨潭绿得独特。

(二)直接描写与间接描写

1. 直接描写

指直接对人物、事物、事件展开描写刻画,又称正面描写。直接描写是一种普遍使用的描写方法,很多有关人物、环境、场面和细节的描写都可采用这种方式。

2. 间接描写

又称侧面描写,即避开正面描写,通过周围人物的反应或景物的衬托,间接地渲染烘托,达到突出描写人物的目的。

间接描写的本质是含蓄、委婉地表现事物的方法,也是我们古人喜欢用的手法。间接描写在古代,又称为睹影知竿法、反面敷粉法、烘云托月法等。汉乐府诗《陌上桑》中,关于美女罗敷的描写,是间接描写的典范。

日出东南隅,照我秦氏楼。秦氏有好女,自名为罗敷。罗敷喜蚕桑,采桑城南隅。青丝为笼系,桂枝为笼钩。头上倭堕髻,耳中明月珠。湘绮为下裙,紫绮为上襦。行者见罗敷,下担捋髭须。少年见罗敷,脱帽著帩头。耕者忘其犁,锄者忘其锄。来归相怨怒,但坐观罗敷。

罗敷是中国历史传说中的美女,如果用中国传统的美女标准"柳叶眉、丹凤眼、樱桃小口"等来描写罗敷,未免落俗。聪明的作者在此避开了正面描写,她写罗敷的着装、打扮,又转而写到周围人见到罗敷的反应,来烘托表现罗敷之美,给读者留下充分的想象余地。

间接描写的长处在于,对于那些难以描写、难以写好的东西,不妨避重就轻,采用烘托等侧面描写手法,化繁难为简易,同时扩大了作品的艺术空间,给读者留下充分的想象余地,让读者调动自己的生活经验来填补作品所留下的艺术空白,参与到艺术创作中,从中获得较大的审美感受。

第三节 抒 情

一、抒情的含义

抒情,指作者或作品中人物主观感情的表现和抒发。

在文艺作品中,抒情占据着不可或缺的地位。文艺作品要想影响并打动读者,引导读者进入作品的情境,引发读者的情感共鸣,就必须善于抒情,在作品中投入真情和深情,以情动人,使作品的情感饱满丰盈。

二、抒情的类别

抒情可以分为直接抒情和间接抒情两类。

(一)直接抒情

指写作者不借用其他方式直接地表达和抒发思想感情的抒情方式。

直接抒情可以是激情如火地直抒胸臆,也可以是平和直白地倾诉衷情;可以直接呼告或将抒情对象拟人化,也可以采用内心独白的方式坦陈胸怀。如作家张晓风的散文《秋天·秋天》结尾处的一段文字:

> 愿我的生命也是这样的,没有太多绚丽的春花,没有太多漂浮的夏云,没有喧哗,没有旋转着的五彩,只有一片安静纯朴的白色,只有成熟生命的深沉与严肃,只有梦,像一树红枫那样热切殷实的梦。

在此,作家用抒情诗般的语言,直接抒发了自己对自我生命的一种平淡而美丽的祈求。

需要注意的是,直接抒情是一种水到渠成的真情流露,而不是矫情的空洞叫喊。因此,运用直接抒情时要注意节制,否则容易流于空泛和做作。

（二）间接抒情

指写作者在写人、叙事、绘景、状物、说理的过程中，将这些由人、事、景、物、理所激发的情感渗透于其中，借以委婉含蓄地抒发主观情感。

间接抒情通常有以下四种方法：

1. 借事抒情

这是一种寓情于事的抒情方法，即作者将主观情感深蕴于字里行间，用充满感情的笔调进行叙述，借助叙述故事情节来抒发情感。如老舍《我的母亲》中的一段文字：

> 为我们的衣食，母亲要给人家洗衣服，缝补或者裁缝衣裳。在我的记忆中，她的手终年是鲜红微肿的。白天，她洗衣服，洗一两大绿瓦盆……晚间，她与三姐抱着一盏油灯，还要缝补衣服，一直到半夜。她终年没有休息，可是在忙碌中她还把院子屋子收拾得清清爽爽。

在此，作家娓娓道来，文字中渗透着对母亲勤俭朴实、吃苦耐劳等品质的无限钦敬之情以及对母亲的深情。

2. 借景抒情

这是一种寓情于景的抒情方法，即通过对自然景物的描写来抒发主观情感。如奥地利作家茨威格的散文《世间最美的坟墓》，文中写托尔斯泰的坟墓"远离尘嚣，孤零零地躺在林荫里""这只是一个长方形的土堆而已，无人守护无人管理，只有几株大树荫庇""没有十字架，没有墓碑，没有墓志铭，连托尔斯泰这个名字也没有""这里，逼人的朴素禁锢住任何一种观赏的闲情，并且不容许你大声说话，风儿在俯临这座无名者之墓的树木间飒飒地响着，和暖的阳光在坟头嬉戏，白雪温柔地覆盖着这片幽暗的土地"，然而，它却是世间最显赫的墓穴，庄严肃穆，感人至深。作家通过对墓地景物的描写，抒发了对托尔斯泰的无比景仰与崇敬之情。

3. 借物抒情

这是一种寓情于物的方式，即借助具体实物的描写来寄寓作者的人生感受，抒发作者的独特情怀。在具体运用时，常常融入象征、比喻、拟人等手法。如张晓风的散文《羊毛围巾》中的一段文字：

> 以你的两臂合抱我，我的围巾，在更冷的日子，你将护住我的两耳焐着我的发，你照着我的形象而委屈地重叠你自己，从左侧环护我，从右侧萦绕我。你是柔韧而忠心的护城河，你在我的坚强梗硬里纵容我，让我也有小小的柔

弱,小小的无依,甚至小小的撒娇作痴。你在我意气风发飘然上举几乎要破躯而出的时候,静静地伸手挽住我,使我忽然意味到人间的温情,你使我怦然间软化下来,死心塌地地留在人间。如山,留在茫茫扑扑的芦苇里。

在此,作家用拟人手法将围巾人格化,将它当作忠心呵护、贴心体己的亲人,倾诉自己内心的感恩。

4. 借理抒情

这是一种寓情于理的抒情方法,即借助议论说理来抒情。这种融情于理、情理结合的方式,常常具有极强烈的感染力和说服力。如赵鑫珊在其《我的自白》中所写:

写作是我继续存在下去的唯一顽强的理由。外界其他的一切诱惑不管它有多么强烈,都不能使我形驰魄散,志变神动。对于我,写作就是"觉",就是皈依,就是追求精神的勃勃独立,不必他求……哦,此时此刻,我的心犹如明镜一般,精神充满着一片灵光,我的眸子有泪光在闪动……

作家用深情的文字,表达了自己对写作的独特理解、执着追求和无限热爱,句句说理,又句句抒情,获得了情理交融的感人效果。

三、抒情的要求

抒情要做到如下几点:

(一)抒情要真切自然,不可虚情假意、无病呻吟,也不可故作多情、为文造情。
(二)感情要积极健康,避免低级、庸俗、颓废的情感。
(三)抒情要服从作品内容表达的需要。
(四)抒情要具体生动,避免空洞、空泛。

第四节 议 论

一、议论的含义

议论是指用事实材料和逻辑推理的方式,对事物发表主张,阐明观点的一种表达方式。

议论往往以概念、判断、推理等逻辑形式,直接对客观事物进行分析、评论、证明。在写作时,常用议论以交流思想、宣扬观点、阐明理论,进而直接影响读者。

二、议论的基本要素

议论的基本要素是论题、论点和论说。

(一)论题

论题限制、规定了议论的范围和内容,即论什么事。在文中通常以标题的形式出现,如"论饮食文化""论读书"等。论题的提出是议论展开的前提和基础,议论需紧扣论题进行论证或阐释。论题应具有新鲜性、针对性和普遍性。

(二)论点

论点是作者对所论述问题提出的主张、看法和所持的态度,是选择材料和组织材料的依据,是论说的出发点和落脚点。论点应做到正确、鲜明、新鲜而有现实意义。

(三)论说

论说即说理,包括论证和阐述。论证往往用辩证逻辑的方法正确揭示认识的事物,反映事物的本质规律。辩证逻辑方法是指归纳与演绎的统一方法,辩证分析与综合的方法,逻辑与历史相统一的方法,等等。阐述则往往围绕一个中心论题,确立有密切联系的观点,如巴甫洛夫《给青年们的一封信》论述了对青年们的三点希望,即青年们搞科学研究应"怎样做"的三个方面:"要循序渐进""要虚心""要有热情"。这三个方面并非要论证某一中心论点,它们是并列存在的。

1. 论证

论证是由论点、论据和论证方式组成。

论据是支撑论点的材料,是作者用来证明论点的理由和根据。包括事实论据和理论论据。事实论据通常包括代表性的事例,确凿的数据,可靠的史实等。理论论据是指那些来源于实践,并且已被长期实践证明和检验过,断定为正确的观点。它包括思想、法则、规律、经典性的著作和权威性的言论(如名人名言等),以及自然科学的原理、定律、公式等。论据应做到充分、典型。

论证是作者运用论据证明论点的逻辑过程和方式。对一篇论证类论说文而言,观点正确,论据可靠,再加上清晰、严谨、透彻的说理分析才能以理服人、令人信服。

2. 阐述

阐述是对中心论题展开充分、深入、全面、系统的分析,在不同层次、不同侧面的具体分析中,提供给读者一系列的丰富多彩的思想和认识成果。阐述时对事物的认识需进行横向拓展和纵深推进,从而完成思路的开拓,不但从"为什么",而且还从"是什么"或"怎么样"的角度对论题加以论述。如培根的《论求知》一文,多侧面地展开"求知"的论题,先提出了要正确对待求知,接着阐述了求知的方法,最后论述知识在塑造人格、健全精神方面的作用,鼓励人们去求知。

三、议论的方法

议论通常分为立论与驳论两种方式。立论是运用确凿的事例和充分的理由,从正面论证自己的主张,从而证明论点是正确的。驳论是通过驳斥对方的论点、论据或论证方式,从而树立自己的论点。

(一)演绎论证

演绎论证又称事理论证、理论论证,是一种由一般到个别的论证方法。演绎论证必须符合演绎推理的形式,表现为三段论的推理形式:

大前提(一般性原理)

小前提(个别事物的判断)

结论(对个别事物的一般性认识)

如毛泽东的《为人民服务》中一段话.

> 人总是要死的,但死的意义有不同。中国古时候有个文学家叫做司马迁的说过:"人固有一死,或重于泰山,或轻于鸿毛。"为人民利益而死,就比泰山还重……张思德同志是为人民利益而死的,他的死是比泰山还要重的。

这段话运用了演绎论证。大前提是"为人民利益而死,就比泰山还重",小前提是"张思德同志是为人民利益而死的",结论是"他的死是比泰山还要重的"。

演绎论证时使用的理论论据,包括经典的著作、原理,科学的公式、定理或流传已久的名言警句等。

(二)归纳论证

归纳论证也叫事实论证,是一种由个别到一般的论证方法。它是通过列举若干个具体事例,概括出它们的共同特点,得出一般原理和结论的方法。

如司马迁的《报任安书》中一段话:

> 盖文王拘而演《周易》;仲尼厄而作《春秋》;屈原放逐,乃赋《离骚》;左丘失明,厥有《国语》;孙子膑脚,《兵法》修列;不韦迁蜀,世传《吕览》;韩非囚秦,《说难》《孤愤》;《诗》三百篇,大抵圣贤发愤之所为作也。此人皆意有所

郁结,不得通其道,故述往事,思来者。

司马迁在列举了多个典型论据之后,归纳总结出它们的共同点,即人之意有所郁结不通时,才开始述往事、思来者。

运用归纳论证时,要注意所用事例真实、典型,能抓住要害。

(三)类比论证

类比论证是将性质、特点在某些方面相同或相近的不同事物,进行比较类推从而证明论点的论证方法,它是一种从特殊到特殊、从个别到个别的推理方式。

如鲁迅的《拿来主义》一文中,以尼采不是太阳,也没有无尽的光和热,类推到中国也不是太阳,也没有无尽的光和热,不可能一味地给予,除非中国像尼采那样疯掉。

在使用类比论证时,应依据事物之间本质上的相同点来建立联系,进行论证。如《孟子·梁惠王上》中,孟子指出梁惠王不施仁政不是不能而是不为,就进行了类比论证:"挟泰山以超北海,语人曰'我不能',是诚不能也。为长者折枝,语人曰'我不能',是不为也,非不能也。故王之不王,非挟太山以超北海之类也;王之不王,是折枝之类也。老吾老,以及人之老;幼吾幼,以及人之幼:天下可运于掌。"

(四)归谬法

归谬法首先假设对方的论点是正确的,然后以之为前提进行合乎逻辑的引申,得出十分明显而荒谬的结论,从而驳倒对方论点的论证方法。

归谬法常用于驳论文中,如与泼辣、犀利的语言相配合,会产生辛辣、有力而富有幽默感的表达效果。运用归谬法时要抓住要害,合理推倒,引出的结论越荒谬越能证明对方观点错误,从而越有说服力。

例如,《史记·滑稽列传》中记载:楚王有匹爱马死了,楚王欲厚葬,左右大臣均认为不可,楚王便下令"有敢以马谏者,罪至死"。以谈笑讽谏出名的优孟没有从正面劝阻楚王,而是顺着楚王的厚葬其爱马的思路,请求把葬马的规格,从葬大夫的级别提高到葬国君的最高级别上。接着他说,各国诸侯听说大王如此高规格地厚葬您的爱马,就知道大王把马看得多么贵重而把人看得多么下贱!按照楚王的思路竟得出了极为荒谬的后果,迫使楚王醒悟过来:我的过错竟如此严重!最后在优孟的建议下,楚王将肥马煮了,"埋葬"于人腹。正是使用了归谬法,优孟才有效阻止了楚王的愚蠢行为。

(五)釜底抽薪法

釜底抽薪法是通过论证对方的论据的虚假,从而达到驳倒对方论点的目的。

釜底抽薪法也就是反驳论据法。"釜底抽薪",烈火就会熄灭;驳倒了论据,对方的论点也就不能成立了。釜底抽薪法,是一种富有逻辑力量的反驳方法。使用这种方法,有利于驳倒对方的论点,同时增强了文章的论战色彩和说服力。

在说理过程中,所用的论据要真实典型。因为如果论据虚假,观点就站不住脚,如在《文学与出汗》中,鲁迅先生抓住对方论据的虚假,驳倒了对方。同样,论据如果不典型,也就缺乏说服力。所谓论据典型,就是指论据要能够揭示事物的本质,要为大家所认可。

(六)逻辑错误指正法

逻辑错误指正法是通过反驳对方的论证,即揭露对方论点和论据之间的逻辑关系混乱和荒谬,从而反驳对方的论点。论证中的逻辑错误通常有偷换概念、自相矛盾、循环论证、模棱两可、强加因果、轻率概括、遗漏可能等。

宋代朱熹说"天不生仲尼,万古长如夜",有人批驳这种说法说:难怪羲皇(指上古伏羲氏)以前的人整天都要烧纸点蜡走路啊。这个反驳虽然也用了归谬的形式,表面上振振有词,但它实际上偷换了概念。朱熹的话是运用了比喻,形象说明了孔子对后世启蒙的作用,把这个比喻意义上的"夜"偷换为"黑夜",虽然表面上看似有理,实际是经不住推敲的。

第五节 说 明

一、说明的含义

说明是对事物做客观、简明的介绍、解说和阐释时使用的表达方式。说明的内容往往具有知识性和科学性,说明态度应客观,表达时应准确清晰、简明扼要。

二、说明的类别

按说明形式分,通常可以分为记述性说明、描述性说明、阐释性说明、文艺性说明和阐明性说明五种。

(一)记述性说明

即科学、精确、具体地述说事物,如《人类的出现》《活板》《景泰蓝的制作》等文章主要记述事物的产生、发展、变化、经过和结果,具有科学性、精确性与具体性。

（二）描述性说明

即简洁、明晰、形象地描述事物，使读者如临其境，如闻其声，如见其景。如《中国石拱桥》《苏州园林》《故宫博物院》等文章，再现了事物准确的形象和方位。

（三）阐释性说明

即科学、准确、平实、有序地阐释事理（概念、种类、本质、特征、关联、异同、变化规律），使读者不但知其然，而且知其所以然。如《花儿为什么这样红》《眼睛与仿生学》等，重点阐释事物的概念、种类及变化等事理。

（四）文艺性说明

即用说明、兼用描写与记叙的方式阐释事物，同时具有科学性、知识性、艺术性和趣味性，使读者在获得科学知识的同时，得到艺术享受，所以也称之为科学小品。如《晋祠》《南州六月荔枝丹》等文章，使用拟人、比喻等修辞手段，把科学知识说得通俗易懂、富于情趣。

（五）阐明性说明

即阐明事物的名称、种类、特征、功用、格式等，要求表达准确、严密，文字简洁。如产品说明书、广告、法典、规则、款式、格式等。

三、说明的方法

常见的说明方法有定义说明法、诠释说明法、分类说明法、举例说明法、比较说明法、引用说明法、数字说明法、图表说明法等等。这里不一一列举，重点介绍三种。

（一）定义说明法

即"下定义"。对某一事物的本质属性或某一概念的内涵和外延做出确切的说明。这种方法常用于教科书、辞典、科技说明书、新产品介绍等，通过指出事物的性质、特点，使它与别的事物区别开来。例如，《现代汉语词典》给"人"下的定义："人是能制造工具并使用工具进行劳动的动物。"

（二）诠释说明法

是对事物或事理的某一特点进行概括的解释，与定义说明法一样，也采用"某某是什么"的语言形式。"是"字两边的话能够互换，就是定义；如果不能互换，就是诠释。如《大自然的语言》一文，在给物候学下了定义之后，接着说："物候学记录植物的生长荣枯，动物的养育往来，如桃花开、燕子来等自然现象，从而了解随着时节推移的气候变化和这种变化对动植物的影响。"这段话是对物候学这一概念的具体说明。

(三)分类说明法

将被说明的对象,按照一定的标准划分成不同的类型,根据其不同类别进行分门别类说明的方法。如"植物主要分为四个类群:藻类植物、苔藓植物、蕨类植物、种子植物。其中种子植物又包括裸子植物和被子植物。"

第六节　写作技法

文章写作,是一个复杂的过程,从选材、立意到谋篇布局,从表达方式到遣词造句,都有其各自的技巧、方法。写作技法是指在长期的写作实践中约定俗成的,用以写景状物、叙事明理的,具有规律性的手段和方法。

写作技法历来受到文章家的重视,被看作是文章写作研究中的一个重要命题。先秦时期的《周易·艮》中,首次提出了"言有序"之类的文章作法。晋代的陆机在《文赋》中说"恒患意不称物,文不逮意,盖非知之难,能之难也"。强调了写作技能掌握的困难。《文赋》首次把创作过程、写作方法、修辞技巧等问题提上文学批评的议程。南北朝的文章理论家刘勰则作了更为深入的阐述,在《文心雕龙·总术》中指出"文场笔苑,有术有门",并把它形象化地比喻为:"执术驭篇,似善弈之穷数,弃术任心,如博塞之邀遇",反复强调掌握写作之"术"的重要。以后,宋元明清的诗话、词话以及文论中,论述写作技法的比比皆是。所有这些有关写作技法的论述都是一份异常珍贵的文化遗产,也说明对于写作技法的研究在我国文学史上有着优良的传统。

运用写作技法是作者把对客观世界的认识转化为定型化文章的必不可少的"桥梁"和"渡船",古今中外,从纵向的传统和文化遗产中积累了多种多样写作技法,从横向几十亿当代人的写作实践中,又在不断创造出新的写作技法。所以,要将这些技法一一梳理总结,形成系统是相当困难的。本节只能列举几种常见常用的写作技法。

一、传统写作技法

传统写作技法是我国古人在写作实践中总结出来的行之有效的写作手段和方法。古人运用这些技法曾经创作出了许多脍炙人口的传世佳作,这些技巧至今仍然有着旺盛的生命力,活跃在现代写作实践活动中。

（一）比兴

比兴是诗经中普遍运用的表现手法，古典诗词多采用这种技巧。现代诗歌、散文、小说等文体也常用比兴手法。

宋代学者朱熹在《诗集传》中解释："比者，以彼物比此物也。""比"就是比喻，是对人或物加以形象的比喻，使其特征更加鲜明突出。一般说，用来作比的喻体事物较被比的本体事物要生动具体、鲜明浅近而为人们所知，便于人们联想和想象。如苏轼的《水调歌头》："人有悲欢离合，月有阴晴圆缺，此事古难全。"将人生在世悲欢离合的事理同自然界的自然现象及其规律相比，发人深省，给人启迪，使人旷达。再如贺铸的《青玉案》："试问闲愁都几许？一川烟草、满城风絮、梅子黄时雨。"以博喻状"闲愁"，使之漫无边际、纷乱杂沓、绵绵不绝。钱钟书在《围城》中塑造各色人物时就大量运用了新鲜别致、妙趣横生的比喻。

在诗文创作中可以是个别地方采用比，也可以是整个形象都是比。如《迢迢牵牛星》，整首诗借牛郎与织女隔河相望而不能团聚的民间故事来比喻人间夫妻的离散，含蓄蕴藉而又哀婉动人。

朱熹对"兴"的解释是"兴者，先言他物以引起所咏之词也"，即先借用别的事物或所见的眼前之景起头，造成一种能有效衬托主题的环境，然后再引出真正要写的事。诗的兴，多数放在全诗或一章一节的开头，一般是一两句或两三句话，所以又叫起兴。像《诗经》中的《秦风·蒹葭》《周南·关雎》《周南·桃夭》等，都是"兴"的章法技巧用得十分成功的精彩篇章。这种手法与我们今天所讲的文章技法中的"造境"基本上同属一法。所谓"造境"，就是恰当地创造语境、环境氛围，包括准确地描绘形象，深刻地寓托思想，真挚地倾注感情等诸方面的语言表达，从而使读者有身临其境的感受。鲁迅《故乡》开头有这样的描写："时候既然是深冬，渐近故乡时，天气又阴晦了，冷风吹进船舱中，呜呜地响。从篷隙向外一望，苍黄的天底下。远近横着几个萧索的荒村，没有一些活气。"这里便是"造境""起兴"，作者通过故乡的萧索、天气的阴晦、冬风的寒冷，为"我"的心的悲凉提供了背景，为"我"此次回故乡的整个活动定下了"基调"。

此外，在实际运用中，不少兴的形象含有比的意味，兴中有比，比中有兴，通过"起兴"的写法，来达到寓意、象征、烘托气氛的极巧妙的效果。《桃夭》一诗，开头的"桃之夭夭，灼灼其华"，写出了春天桃花开放时的美丽氛围，可以说是写实之笔，但也可以理解为对新娘美貌的暗喻，又可说这是在烘托结婚时的热烈气氛。再如《孔雀东南飞》开头用"孔雀东南飞，五里一徘徊"起兴，用具体的形象来激发读者想象，使人从美禽恋偶联想到夫妻分离，这样就给全诗笼罩上一种悲剧气氛，起了统摄全诗、引起下面故事的作用。

(二)衬托

衬托,又叫"映衬""陪衬"。它是用相似或相反的事物来陪衬主要事物,使之更加鲜明、突出的一种技法。用来衬托的事物叫宾体,被衬托的事物叫主体,衬托也可以说是借宾衬主的一种技法。

衬托分为正衬和反衬两种形式。

《天净沙·秋思》一词中,作者用枯藤、老树、昏鸦、小桥、流水、人家、夕阳构成了一幅深秋傍晚荒凉萧瑟的背景画面,以衬托"断肠人在天涯"的孤独、凄清的落魄心境。像这种用相类似的事物作为陪衬来表现主体事物的衬托就是正衬。正衬的特点在于宾体与主体在性质、特征上是一致的,从而达到一种由此及彼、相互感染、相互比较的艺术效果。在《天净沙·秋思》中景物的凄凉肃杀恰与诗人落寞黯然的心境相类似,景与心合,心因境迁。在文学创作中,为进一步突出主体事物的形神特征,往往取其周围相类似的事物进行描写,在不言中起到映衬的效果。正衬可以是以人衬人,即用一个或几个具有相似特征的人物来衬托另一人物,如《三国演义》中"写周瑜乖巧,以衬孔明之加倍乖巧"。正衬也可以是以物衬人,即通过对人物周围相类似的事物或者景物的描述来揭示人物的心理、个性。如屈原在《离骚》中以江离、辟芷、秋兰、杜衡、琼枝、玉佩等来衬托君子的高风亮节;曹雪芹在《红楼梦》中通过描写林黛玉、薛宝钗等人的居室环境来揭示各自的性格特征。正衬还可以是以物衬物,即用某一相似特征之物来表现衬托另一物。李白《梦游天姥吟留别》中"天台一万八千丈,对此欲倒东南倾",极写天台山之高,但面对天姥山却像是要向东南倾倒下去,用高大的天台山衬托更雄伟的天姥山。

与正衬不同,反衬则是用性质相反或相异的事物作为陪衬以充分表现所写事物。如王籍的诗句"蝉噪林愈静,鸟鸣山更幽",碧野《天山景物记》"在这幽静的湖上,唯一活动的东西是天鹅,天鹅的洁白增添了湖水的明净,天鹅的叫声增添了湖面的幽静",都是以动衬静,以声音反衬山林、湖面的幽静。鲁迅在《祝福》结尾的描写与开头的场景描写前后呼应,渲染了热烈的祝福气氛,同时反衬出祥林嫂惨死的悲凉。祥林嫂死的惨象和天地圣众"预备给鲁镇的人们以无限的幸福"的气氛,形成鲜明的对照,深化了对封建礼教杀人本质的揭露。总之,反衬的力量是强大的,它从另一个角度把衬托手法发挥到了极致。反衬与对比有联系,但是反衬主要还是为了陪衬,有宾主之别;而对比则是两个对等的成分的比较,主客之分不是很明显。

（三）悬念

悬念是指作者精心在文中设置疑窦与矛盾，以激活读者阅读兴趣的艺术手段，俗称"扣子"或"关子"。这是叙事性作品安排文章结构的重要方法。所谓好奇之心，人人皆有，古往今来的作家们正是利用了这一点，在情节的关键时刻，故意大卖关子，按下不表，通过悬念激发读者的自由想象，来设想人物的命运或者事件的结局，从而获得参与的快乐，这是悬念能吸引读者的原因之一。另外，设置悬念之所以能吸引读者，还在于能使读者产生愉快的惊奇。善于设置悬念的作者，常常突出人物和环境的矛盾，渲染人物所处情势的险恶，让读者惊疑不定，深深关切人物的命运、事件的结局。文章中的悬念在读者大脑皮层相应区域产生一个优势兴奋中心，形成心理上的强烈探求反射，不断探求事物发展的趋势，急于想知道接下来会发生什么。正如金圣叹所说"读书之乐，第一莫乐于替人担忧"，正是在这种深切担忧惊恐中获得审美上的愉悦。

悬念由设悬和解悬两个部分组成。一般都是先将疑团或矛盾悬在那里，设悬，然后宕开一笔，加以拖延，使读者一直产生猜疑、紧张、渴望、揣测、担忧、期待等复杂心理，急于知道结果。最后才解开谜底，使真相大白，解悬。

1. 设悬

设悬是指设置悬念，有两种常见方式：

一种是守密式。这是指作者提出矛盾，造成疑团，引人关注，但故意将谜底暂时隐藏起来。如梁实秋散文《猫的故事》：

……

> 我的家在北平的一个深巷里。有一天，冬夜荒寒，卖水萝卜的，卖硬面饽饽的，都过去了，除了值更的梆子遥远的响声可以说是万籁俱寂。这时候屋瓦上嗥的一声猫叫了起来，时而如怨如诉，时而如诟如詈，然后一阵跳踉，窜到另外一间房上去了，往返跳跃，搅得一家不安。如是者数日。

文章开篇设悬：这猫怎么了？为什么有这些怪异的表现？为什么经历了圈套的折磨与野狗追咬的惊吓后，仍然要旧地重游再蹈死地？到底我家厨房有什么东西如此吸引它呢？作者留下了这个疑窦，引发读者好奇心，但并不解密。作品让你的心始终"悬"着，你越想知道什么越不告诉你什么，给你一种心理上的牵挂。

另一种设悬方式是透露式。它把引人关注的结局先写出来，却不立即说明事件发展变化的过程和原委。如《醒世恒言·十五贯戏言成巧祸》："这回书，单说一个官人，只因酒后一时戏笑之言，遂至杀身破家，陷了几条性命。"小说先把结局透露给读者,至于到底是说了什么戏笑之言,暂不言明。

2. 解悬

解悬,就是在情节发展到一定阶段后解开悬念,以满足读者的好奇心。如《猫的故事》文尾解悬,谜底披露出来:书房里有猫的四个新生儿女嗷嗷待哺,伟大的母爱令人惊心动魄。

从写作实践中我们看出,悬念关键要"悬"得住,千万不能泄底。开始"设悬",结尾"解悬",这中间要有一个迂回、曲折的发展过程。如果一提出矛盾,马上就交代谜底,那么就缺少了戏剧性,过于"直"和"简单",起不到悬念的作用。拖延悬念的方法有两种。一是抑制法,即引出描述的主要对象和问题之后,不立即道明,而是有意控制住,不接触出发点,把周围的相关内容写充分,使读者期待的心情逐渐加强。二是间隔法,即把读者关心的正在发展的故事情节突然暂停,转换话题或改写与之有关联的另外的内容。

一般来讲,文章不管怎样拖延悬念,最后都要解悬,以满足读者的期待。但是也有的文章直到最后也没有解悬,而是让读者自己分析、猜测,进行艺术再创造。

(四)巧合

俗话说"无巧不成书",没有巧合,就没有故事。巧合就是利用偶然事件来组合故事情节,它是情节发展、"突转"的动力。巴尔扎克在《<人间喜剧>总序》中说:"偶然是世界上最伟大的小说家。若想文思不竭,只要研究偶然就行。"作家们精心设置"巧合",把互不关联的故事串联起来,让素不相识的人走到一起,将生活中种种现象与人物的活动放到特定的情境中去生发、去碰撞。巧合,既能更集中、强烈、深刻地反映社会生活本质,又能以其戏剧性,增加文章的可读性和审美魅力,从而使文学作品有一种令人欲罢不能的艺术诱惑力。

巧合这种技法在小说、戏剧、电影中运用得最为广泛。我国古典小说"四大名著"中皆可见"巧合"手法的运用。通过精心设计的巧合来推动情节发展,塑造人物形象,激发矛盾冲突,深化作品的主题。如《红楼梦》中蒋玉菡曾经赠宝玉一条汗巾,一直由袭人替他收藏着,不料日后这条汗巾竟然随袭人别嫁,回归原主。再如《水浒传》中林冲被发配巧遇李小二,李小二碰巧听到陆虞侯等人密谋,又恰巧下了一场大雪压塌了草棚,使得林冲逃脱被烧死的噩运,风雪夜投宿山神庙,正巧听到了陆虞候等人的"自供",明白了事实真相,忍无可忍,怒火喷发,冲出山神庙,毅然杀死三个贼子,报仇雪恨。整个情节,连设巧合,环环相扣,林冲由逆来顺受到奋起反抗,实现了性格的质的飞跃,有力突出"官逼民反"这个主题。

运用巧合必须掌握以下原则:

1. 巧合要在意料之外,情理之中

巧合关键在一个"巧"字,"巧"是情节发展的偶然性,巧合只有"巧"在意料之外,才能带来集中而强烈的冲突,才有戏剧效果。但也要重视"合"字,"合"者,必然性也。也只有"合"在情理之中,才符合逻辑和有真实感,才能启人深思。巧合就是运用偶然性来暗示必然性。

曹禺的《雷雨》反映的是 20 世纪 20 年代旧中国错综复杂的社会生活,刻画出形态各异的人物典型,时间跨度 30 年之久。如此深刻的主题与广阔的内容,要想在较短的篇幅内,借助有限的时间、场景和任务予以展现,必须要运用"巧合"的手法进行典型化概括,所以"一部《雷雨》全部是巧合"。作品的巧合就在于 30 年前鲁侍萍被周家大少爷周朴园始乱终弃,而 30 年后他们的子女又在周家上演了相同的一幕悲剧。但是,正因为作品"明明是巧合,是作家编的,又要让人看戏时觉不出是巧合,相信生活本来就是这样,应该这样。这就要写出生活逻辑的依据以及人物的性格,人与人关系的必然性来",所以观众们并不觉得虚假,反而将其推崇为现实主义杰作。更重要的是虽然鲁侍萍、四凤母女俩在周家相同的遭遇看似巧合,但是在旧中国,劳动人民被侮辱被损害的又何止是她们呢?曹禺正是把旧中国的这种社会必然性集中起来,通过鲁侍萍、四凤母女俩的遭遇予以揭露。看似偶然的事件,蕴含着社会本质特征的某种必然性,因而观众虽感意外,但又觉得真实可信。

2. 巧合要新颖

巧合要新颖、奇特,才能使读者有意料之外的新奇感。欧·亨利的小说《麦琪的礼物》就颇有新意:丈夫有一只金表却没有与之相称的表链;妻子有一头美丽的长发,却没有相配的发梳来装饰。圣诞节来临了,丈夫卖掉了金表,买来了发梳;妻子卖掉了头发,买了表链。两个人都为了对方做出了自我"牺牲",却使得双方的愿望都落了空。尽管彼此的礼物都失去了使用价值,但他们从中获得比情感更重要的东西——爱,却是无价的。这种巧合巧得新奇,又巧得令人心酸落泪。

运用巧合这种技法,要注意掌握分寸,以防"弄巧成拙",失去了艺术的真实。

(五)误会

古人云:"人贵直,文贵曲。"平铺直叙是为文之大忌。而要让文章起伏跌宕,扣人心弦,巧设误会不失为一种好方法。

误会是指错误地把此一事物当彼一事物,并由此引发了许多矛盾,借此曲折情节。写文章时,经常使用误会的手法,来激化文章中人物的矛盾,掀起波澜,不断推动情节的发展变化,最终释疑解扣。误会的产生,既有偶然性,也有必然性。

从误会的产生到消除,必然使情节一波三折,扣人心弦。如《红楼梦》第97回"林黛玉焚稿断痴情,薛宝钗出闺成大礼",就运用了误会法推进了情节的发展,加重了作品的悲剧效果,使读者感慨万千、遗憾不已。

误会,通常有两种表现方式:言语误会和视觉误会。言语误会即由人物的语言所引起的误会。如《十五贯戏言成巧祸》中陈二姐因为刘官人的一句酒后戏言产生了误会,结果"连累两三个人,枉屈害了性命"。视觉误会即由人物错看引起的误会。如《蒋兴哥重会珍珠衫》中王三巧误将"与蒋兴哥平昔穿着相像"的陈大郎当作了经商归来的丈夫,而定睛细看,引发了后来"三巧与大郎偷情""兴哥休妻"等一系列事件的产生。

误会经常和巧合连用,使情节波澜起伏,曲折有致,增强了作品的吸引力。在林双不小说《枪》中,因为我行李包中的玩具枪恰好有一截露在了外面,被司机误认为真枪,因此对我充满戒备、怀疑,而司机的异常反应又被我误认为"图谋不轨"。

运用"误会"这一技法,首先要注意前有伏笔,后有照应,并且要尽量安排得巧妙、合理、自然,否则就可能露出人为编造的破绽,给人留下笔法拙劣的印象。如莫泊桑小说《项链》,玛蒂尔德误以为丢失了朋友昂贵的项链,为此节衣缩食,花了整整十年的时间才还清赔偿项链的债务,却在一次偶然中发现自己当年所借的项链是假的,这个结局出人意料,又在情理之中。因为小说此前已有多处的铺垫和暗示,如玛蒂尔德借项链时,佛来思节夫人表现得相当大方;买项链时,珠宝店老板"查看了许多账簿"后说:"我只卖出这个盒子";还项链时,佛来思节夫人"竟没有打开盒子"。所有这一切,都在暗示项链是赝品,只是被玛蒂尔德误会罢了。

其次,运用误会法必须创造产生误会的合理条件,写出特定的环境,写出人物特定的心理状态,要符合人物性格,不能为误会而误会。如《枪》中误会产生的环境是深夜郊外路上,且是抢劫事件多发地段,所以司机的异常引发我的误会就显得真实可信了。

(六)反复

反复就是有意识地重复某些语句、细节、事件等来强调某种意思、突出某种情感。它既是一种语言修辞手法,也是一种组织篇章结构的常用技法。通过反复,营造一种复沓回旋的效果,令人久久回味。清代毛宗冈在《读法》一文中说:"作文者以善避为能,又以善犯为能。"这里所说的"犯",即情节或语句的反复。所谓"避",则是同中见异。古人很讲究"犯中求避",就是要求在反复中求得变化。可见"反复"不是简单的重复,而是新的发展和逐渐升华的表现,是强调某一特定的意义和抒发浓重感情的需要,是深化主题和加深读者印象的需要。

反复的基本形式大致有三种:

一是某些词句、段落的反复。诗歌中的往复回环,一唱三叹,则往往是某些诗节的重复。如诗经的艺术特色之一就在于重章叠句。在一般文章中反复的则往往是同一句子,如鲁迅在《这样的战士》中,为了强调那战士在各种敌人面前始终坚强不屈,反复强调了一句话——"他举起了枪"。

二是某一细节的反复描写,如对人物的动作、语言、心理、外貌、景物、环境特点等的反复描写。通过这些细节的重复,强化读者的某些印象,从而揭示作品主旨。如鲁迅先生笔下的阿Q每次挨了打之后,心里总是想:"我总算是被儿子打了,现在的世界真不像样……""现在的世界太不像话,儿子打老子……",通过这些细节的描写,描绘了阿Q的精神胜利法及自我欺骗、自我安慰的性格特征。还有《祝福》中四次描写祥林嫂"我真傻"的喃喃自责,一次比一次深刻地展现了祥林嫂的麻木绝望,人们的冷漠及周围环境的残酷。

三是某一情节、事件的重复。例如:《西游记》中的"孙悟空三打白骨精""三借芭蕉扇";《三国演义》中的"刘玄德三顾茅庐""诸葛亮七擒孟获";《水浒传》中的"三打祝家庄"等等,无不在回环往复中推动事件的发展。这种重复和变化,不仅表现了生活本身的丰富多彩,而且使作品波澜起伏,曲折多姿。当代作家余华也擅长此种技法,在长篇小说《许三观卖血记》中叙述了主人公许三观十一次卖血的经历,每次卖血的情节都大同小异。正是这种重复和变化,使作品的情节发展形成了起伏跌宕的曲线和回环激荡的旋律。正是这一次又一次重复变化着的卖血经历,表现了许三观曲折坎坷的命运,表现了这个普通人物的爱与恨、善与恶,表现了他性格中的多种矛盾和生命的韧性,发人深省。可见,反复的技法虽然简单,却能使故事的内涵得到丰富、扩展和裂变,起到震撼人心的艺术效果。

运用反复这一技法首先要注意挑选那些对于揭示主题、表现人物性格有一定意义的情节来加以反复描写,切不可抓住那些毫无意义的细枝末节来重复,不然,便成了罗唆、烦琐。其次,反复不等于重复,要注意在反复描写中透出事物的区别与变化。再次,运用反复的手法,要注意一个"量"的问题,情节或细节反复的次数要根据篇幅的多少、表现主题、人物的需要来确定。

二、现代常用写作技法

现代技法,主要指从国外借鉴而来,又融入了我国作家自己的探索和创造的技巧。这里简单介绍四种。

(一) 意识流

最早提出"意识流"这个概念的是美国心理学家威廉·詹姆斯,他在1884年发表的《论内省心理学所忽略的几个问题》中表述道:"意识并不是片断的连接,而是不断流动着的。用一条'河'或者一股'流水'的比喻来表达它是最自然的了。此后,我们再说起它的时候,就把它叫做思想流、意识流或者主观生活之流吧。"

后来意识流被借用成为一种文学创作原则、写作方法和写作技巧的总称。它指作者在写作中,通过内心独白、自由联想、时空交错、幻觉梦境等方式,来表现人物主观世界瞬息万变的意识流动以及种种潜在的内心活动。这种技法的运用打破了以时间为序的叙述方式,随着人物意识的流动,将过去、现在、未来交织呈现来安排故事情节,表现主题。西方作家运用这种技法创作了大量名作,如詹姆斯·乔伊斯的《尤利西斯》、伍尔芙的《墙上的斑点》、普鲁斯特的《追忆似水年华》和福克纳的《喧哗与骚动》等。我国作家借鉴这一技法并融入了民族的内容,表现了东方化的特征,其中代表性的作品有王蒙的《春之声》《蝴蝶》、张承志的《绿夜》《北方的河》、宗璞的《我是谁》等。

意识流作为一种写作技法,它包括内心独白、自由联想、时空交错等。

1. 内心独白

内心独白是意识流小说中主要的叙述方法,也是表现人物意识活动时使用频率最高的技法。其具体方式又可分为直接内心独白、间接内心独白。

直接内心独白使用第一人称,直接表述人物的内心活动,作者不作任何解释,不介入人物的叙述。在一些涉及深层意识的直接内心独白中往往不用标点,句子也是不连贯、支离破碎的。例如,《尤利西斯》中莫莉的一段内心独白长达四五十页,全无标点,以此表明她的意识流动的连续性。

间接内心独白是一种使用第三人称描述人物意识活动的方法。在间接内心独白中,作者采取"半介入"的态度,处在人物心理与读者之间,起着现场向导的作用。谌容《人到中年》写的主要是陆文婷躺在病床上几天里的内心活动,陆文婷从昏迷中醒来,她深感不堪生活的重负,为不能给丈夫傅家杰创造写作论文的良好环境,没有时间为儿子买白球鞋和为女儿扎小辫而感到内疚,认为自己是个不称职的妻子和母亲。作品多处使用"她"这个称谓进行心灵独白。

2. 自由联想

"自由联想"是指人们在外界环境的某种刺激下所产生的没有既定目标和方向的意识流动过程。它不是按照正常的时间过程向前发展而是在人的想象中将过去、现在和未来交织在一起,它是联想的方式之一。英国作家伍尔芙的短篇小说《墙上的斑点》就采用了自由联想。小说写一个女人看到墙上一个斑点,思绪就一哄而上,想到人生无常,想到莎士比亚,想到收藏古物,想到草木生长,等等。再如王蒙的小说《春之声》岳之峰坐在春节前加开的"闷罐子车"回家探亲,其中的一段文字:

> 门咣地一关,就和外界隔开了。那愈来愈响的声音是下起了冰雹吗?是铁锤砸在铁砧上?在黄土高原的乡下,到处还靠人打铁,我们祖国的胳膊有多么发达的肌肉!呵,当然,那只是车轮撞击铁轨的噪音,来自这一节铁轨与那一节铁轨之间的缝隙。目前不是正在流行一支轻柔的歌曲吗,叫作什么来着——《泉水叮咚响》。如果火车也叮咚叮咚地响起来呢?广州人可真会生活,不像这西北高原上,人的脸上和房屋的窗玻璃上到处都蒙着一层厚厚的黄土。广州人的凉棚下面,垂挂着许许多多三角形的瓷板,它们伴随着清风,发出叮叮咚咚的清音,愉悦着心灵。美国的抽象派音乐却叫人发狂。真不知道基辛格听我们的杨子荣咏叹调时有什么样的感受。京剧锣鼓里有噪音,所有的噪音都是令人不快的吗?反正火车开动以后的铁轮声给人以鼓舞和希望。

这段文字里由门关后、车行以后有节奏的声音联想到冰雹、铁锤铁砧、流行音乐、广州人凉棚下垂挂着的瓷板、美国抽象派音乐、京剧里的锣鼓声等,由此物想到彼物,思想联翩而至,打破了时空的限制。

3. 时空交错

自由联想过程中不同时间的交错,往往也伴随着空间场景的转换、重叠、闪回。例如,海明威的小说《乞力马扎罗的雪》是运用时空交错方式表现人物意识的典范之作。

运用意识流手法的优点是:第一,深入人物内心,有利于多角度、多层次地表现主观世界;第二,节奏快速,时空跨度较大,有利于表现丰富复杂的内容;第三,真情实感,自然亲切,有利于强化作品的抒情意味。

(二)蒙太奇

蒙太奇,是法语 montage 的音译,它本是建筑术语,意为构成、装配,引申用在电影方面就是剪辑、组合的意思。在电影中,将一系列在不同地点,从不同距离和角度,以不同方法拍摄的镜头排列组合起来,叙述情节,刻画人物。但当不同的镜头组接在一起时,往往又会产生各个镜头单独存在时所不具有的含义。后来蒙太奇被文学创作借用,指借助某种形式,把不同时空中的生活内容巧妙地组接在一起,以表达文章主题一种写作技法。

蒙太奇的表现方式各种各样。这里择要介绍几种。

1. 相似式蒙太奇

相似式蒙太奇即借助两个事物的某种相似点,把两个不同时空的场景连接起来。我们在电影中常常见到这样的镜头:一辆自行车轱辘换化为一列火车的车轮;熊熊的火焰转化成鲜艳的红旗;一声惊恐的叫喊,接上火车的轰鸣,都是利用了事物的相似点将画面连接起来。陈祖芬的报告文学《祖国高于一切》其中一节写王运丰在十年浩劫中的遭遇以及他过去的一些经历。作者一共写了五个生活片断。这五个片断,时间跨度大,先后涉及20世纪40年代、50年代、60年代;空间也不同,分别为河北、柏林、北京。作者就巧妙地借助于相似蒙太奇,把它们有机地组接在一起:雪和像雪片似的飞着的炮弹皮、断砖碎瓦;坦克与卡车;火车的隆隆声和卡车的隆隆声,通过这些相似物的幻化,把不同时空的事物,从结构上巧妙地连接在一起,艺术地表现了王运丰漫长的人生经历。

2. 平行式蒙太奇

平行式蒙太奇是指把同一时间不同地点发生的事情交替表现,以形成烘托、比较、补充和对照。喜剧电影《疯狂的石头》就大量运用了平行蒙太奇。影片一开始谢小盟从索道卜扔下可乐罐与包世宏汽车被砸构成了一组平行蒙太奇。同时,包世宏车撞宝马又和道哥小偷三人组与交警交涉构成一组平行蒙太奇。从而使影片一开始即有回环往复的魅力。张欣在小说《无人倾诉》中用平行蒙太奇的方式,讲述了两个同样经受了婚外恋情的女人的故事,揭示出现代人情感生活的无奈与无助。小说以两个有着同样处境的女人在白桦林餐厅相遇开始,分别交错展开两人的故事,始终以白桦林餐厅作为叙事的关节点,最后以两人一起离开餐厅作结,采用一种环形结构。这种环形结构的使用,一方面使小说井然有序、环环相扣;另一方面,作者这种匠心独具的结构设置,也能够引发人们的深思。

3. 隐喻式蒙太奇

按照剧情的发展和情节的需要,利用某些生活画面或形象来暗示或隐喻作品主题和人物思想活动这种构成方法,就是隐喻式蒙太奇。在电影《花样年华》中导演王家卫多次运用隐喻蒙太奇这一手法对影片的细节进行处理,极大地增强了影片的艺术感染力,增加了影片的含蓄美。如影片中"昏暗的路灯"这一镜头的多次出现,这盏路灯似乎就是苏丽珍寂寞和孤独的内心。再如,影片中几次"挂钟"的空镜头的出现,很容易就使观众感受到了时间的流逝,岁月的无情,很具有隐喻意义。

4. 对比式蒙太奇

对比式蒙太奇是把相反或相对的内容放在一起加以对照,以增强表现的鲜明性和深刻性。

雪莱的《奥西曼迭斯》是他将蒙太奇运用得超凡入圣的一首诗歌。奥西曼迭斯是古埃及国王拉莫西斯二世的希腊语名称。诗歌的一开头给人以这样的意象——"两条巨腿矗立在沙漠中",这样一个惊人的意象暗示了国王的显赫和他震撼人心的权力。这位君主要人们为他塑造这样一座雕塑,想要让人们永远记住他,敬重他,惧怕他。接下来"半埋在近旁沙地里的一张破残的石头面孔",这一句与前面一句形成了鲜明的对比,破裂的面孔半掩着象征着这位曾经不可一世的国王早已被人遗忘和抛弃。雕像的底座上刻着的不可一世的文字与显存的一堆残骸(雕像)形成鲜明的对比,简直就是一副绝妙的讽刺漫画。诗人正是通过对比蒙太奇的手法,来表现诗歌的主题思想。

文章中使用蒙太奇,可以使文章的情节发展曲折多变,场景转换明快自如,从而生动地反映出广阔的生活画面,多侧面地展示出人物的内心世界,深化文章思想内涵的开拓和挖掘,增强表现的鲜明性和深刻性,升华文章的主题。

但是,我们也应该注意,蒙太奇手法的运用,不能随心所欲地组接,而应当遵循一定的生活逻辑和美学原则,必须从属并服务于作品的内容,按照情节的发展和审美主体心理活动的顺序、节奏和谐地把不同的生活画面组接成一个结构严谨、条理顺畅,能够形成一个统一意义的艺术整体,否则将会流于形式。

(三)反讽

反讽(irony),源于希腊文 eironeia,意为"佯装、掩饰"。在希腊喜剧里,总有一个这样的角色,他在自以为高明的对手面前说傻话,但最后证明这些傻话是真理,从而使对手认输。后来反讽从修辞学概念扩展为一种文学创作原则,指以超然的态度、戏谑的口吻,表达言外之意的说话方式和写作技巧。它往往所言非所指,传达的都是与文字的表面意义完全相反的内涵。在当今的文坛,反讽这一写作技法已经被多种文体所采用,它一般通过两项对立内容的悖逆冲突,拓展作品的艺术空间,丰富作品的内在意蕴。

反讽又可分为三类:

1. 言辞反讽

即意与言反的矛盾语,也就是一般所谓的"反话"。言辞表面的意思和内在蕴藏的真意,恰恰相反,要弄清这种反讽传达的意蕴,必须把它们放到一定时代的语言环境中。例如丰子恺《吃瓜子》中的一段文字:

发明吃瓜子的人，真是一个了不起的天才！这是一种最有效的"消闲"法。要"消磨岁月"，除了抽鸦片以外，没有比吃瓜子更好的方法了。其所以最有效者，为了它具备三个条件：一、吃不厌；二、吃不饱；三、要剥壳。

作者"言在此而意在彼"，似褒而实贬，对"中国人"的赞美，实际是在讽刺、在挖苦、在揭短，是在"将那无价值的撕破给人看"（鲁迅语），撕毁其潇洒的假面具，露出其隐藏在内心深处的孤寂、无聊与空虚。

2. 情境反讽

是指故意安排与人物发展不协调的场景和情节，使人物在某种矛盾冲突中显出窘境。这种存在于叙事结构中的反讽，是通过对某些场景或事件发展的叙述、描写来表现人物"类喜剧性"的反讽，如设计陷害反而帮助了对方，小偷偷东西不成反把自己的钱包失落了等。尤其是在小说戏剧里，安排经营反讽的情节，常充满滑稽讽刺的意味。相对于言语反讽的微观性而言，情境反讽更追求一种整体性效果。在小说情节结构的设置、人物形象的塑造、主题意旨的凸显等方面具有重要功能。

《警察与赞美诗》是欧·亨利的代表作品之一。幽默风趣、辛辣讽刺、构思奇特、情节曲折多变，是这篇小说的艺术特色。作者巧妙地运用了事物发展过程中的"不合理性"。苏比曾几次惹是生非，想进监狱得以安身，可他总是"背运"。当苏比受到赞美诗的感化，欲改邪归正时，警察却以"莫须有"的罪名将他投入了监狱。警察该抓他的时候不抓，不该抓的时候偏抓，这一系列与情理相悖的现象令人捧腹之余又辛酸不已。

3. 互文反讽

互文性，这一概念是由法国批评家克里斯蒂娃于1966年提出的，她认为：任何文本都是由引语的镶嵌品构成的，任何文本都是对其他文本的吸收和转化。互文反讽就是从以往的某些经典作品或类型范本中产生叙事缘由，使作品的人物或情节与所依据的母本形成对照。唐纳德·巴塞尔姆的《白雪公主》把大家熟悉的格林童话的故事改写成当代西方社会背景下的故事，汽车、商业、吸毒等构成了故事的氛围。童话中纯洁美丽的白雪公主，在小说中仍然是头发黑如乌木，皮肤洁白如雪，但每天忙于打扫煤气灶和刷洗烤箱，对平庸的生活和生活中的陈词滥调无比厌烦；原本高贵勇敢担负拯救公主使命的王子保罗变成了逃避责任的懦夫。作家用嘲讽的笔调，真实的揭示了当时美国社会人们丧失自我、麻木无知、行为混乱的状况，反映了生活的丑陋乏味和人们精神的枯竭。美丽的童话和纯真年代已成为过去,成为记忆。现实的世界充斥着种种粗俗的垃圾。通过人人熟知的、已经成为一种文化背景和共同记忆的故事,来表达新的主题,无疑如同黑白色调间的对比,从而产生反差强烈的戏剧性效果。

反讽作为间接表达思想感情的写作技法,可以使作品的主题含蓄,避免直露,令读者回味无穷。

(四)变形

变形一词来源于拉丁文 defeomatio,意为歪曲走样。在造型艺术中,变形就是改变和增减表现对象的形体比例,甚至将表现对象全部解体后再参照创作者的审美理想进行重组。变形作为现代派小说特有的艺术手法,是指运用夸大、歪曲、不合常理的堆砌拼接等方法,使表现偏离人们习见的日常生活,以达到具有更大的表现力和审美感染力。它是作者的主观情绪、个性气质、审美感情经过幻化对客观事物的投射。例如,舒婷在《墙》这首诗中,就对墙作了变形:"夜晚,墙活动起来,/伸出柔软的伪足,/挤压我,勒索我,/要我适应各种各样的形状。"通过对"墙"的超常态变形,赋予其更多的主观内涵,更形象地表现出某种传统势力对新思想的钳制。

变形手法古已有之,在过去的童话、神话、神魔小说中多有运用。古罗马阿普列乌斯的小说《金驴记》,写一个青年误服魔药,由人变为驴,经埃及女神伊希斯挽救才恢复了人形,这里就运用了变形的手法。我国四大名著中《西游记》也大量运用了变形手法,孙悟空、猪八戒就是运用变形手法塑造出的典型形象,既有猴子、猪的自然属性,又有超自然的神性,还有人的社会属性,是三者的和谐统一。

现代小说家喜爱运用变形手法,但现代小说中的"变形"与以往的神话、童话、神魔小说中的"变形"已有了很大的区别。在过去的神话、童话、神魔小说中,变形了的形象是人的某种思想、感情、性格、生活形态或某种观念的"载体"或"外壳",其中有着极明显的比喻性。如美人鱼就是纯洁美好而富于自我牺牲精神的化身,猪八戒则是好吃懒做贪占小便宜的人的化身。而现代小说中用"变形"技巧描写出来的形象就是现实的人物自身,而不是什么"载体"或"外壳",已不具有什么比喻性。另外,过去那些采用变形手法的神话、童话、神魔小说,整个作品里弥漫着一种神奇而虚幻的氛围,而运用变形手法的现代小说却没有这种虚幻的氛围,面对的直接是活生生的现实人生。再者,在神话、童话、神魔小说中,变形手法的运用与荒诞和人的异化无关,而在现代小说中,变形手法的运用总是与荒诞和人的异化紧密相连。如奥地利作家卡夫卡的短篇小说《变形记》,推销员格里高尔被紧张激烈的社会竞争所困,整天忙碌劳累,有一天早晨起来,发现自己变成了一只大甲虫。他具有甲虫的形状和习性,如爬行于四壁,喜欢霉烂的食物,同时却保持着人的思想和心理,害怕被人看见,担心不能为家里赚钱等。变形后的他,从原先的主要养家之人,成为家人的累赘,日夜忍受着生理和精神双重痛苦的折磨,最终在受尽屈辱和家人厌恶之后郁闷而死。这种荒诞变形的表现,尖锐地提出了一个西方社会普遍存在的人性异化的问题,是人创造了物,但反过来物又统治了人,人成了金钱和物的奴隶,成了"非人"。这在深刻揭露西方社会中人的灾难感、孤独感的同时,也揭露了人与人之间冷酷绝情的金钱关系。

在写作实践中,变形有多种表现形式,可以是整体变形,也可以是局部变形;可以是常态变形,也可以是超常态变形等。通过变形的艺术手法可以使现实陌生化,带有神秘主义色彩,有利于表现特定境遇中人物的特殊情绪,能深刻揭示存在的荒诞及人生的悲剧性,给读者一种新颖奇特的感觉,让读者得到独特的审美享受。但在具体使用时要遵循一定的审美原则,要寻求其合理的内核,符合情感逻辑和艺术形象自身的逻辑,不能为求"变形"的效果而胡编乱造。

延伸阅读

西湖[1] 七月半[2]

张 岱

西湖七月半,一无可看,止可看看七月半之人[3]。看七月半之人,以五类看之[4]。其一,楼船[5]箫鼓[6],峨冠[7]盛筵[8],灯火优傒[9],声光相乱,名为看月而实不见月者,看之[10]。其一,亦船亦楼,名娃[11]闺秀[12],携及童娈[13],笑啼杂之,环坐露台[14],左右盼望[15],身在月下而实不看月者,看之。其一,亦船亦声歌,名妓闲僧,浅斟[16]低唱[17],弱管轻丝[18],竹肉[19]相发,亦在月下,亦看月而欲人看其看月者,看之。其一,不舟不车,不衫不帻[20],酒醉饭饱,呼群三五[21],跻[22]入人丛,昭庆[23]、断桥[24],嚣[25]呼嘈杂,装假醉,唱无腔曲[26],月亦看,看月者亦看,不看月者亦看,而实无一看者,看之。其一,小船轻幌[27],净几暖炉,茶铛[28]旋[29]煮,素瓷静递[30],好友佳人,邀月同坐,或匿影[31]树下,或逃嚣里湖,看月而人不见其看月之态,亦不作意[32]看月者,看之。

杭人[33]游湖,巳[34]出酉[35]归,避月如仇。是夕好名[36],逐队争出,多犒[37]门军[38]酒钱。轿夫擎[39]燎[40],列俟[41]岸上。一入舟,速[42]舟子[43]急放[44]断桥,赶入胜会。以故二鼓[45]以前,人声鼓吹[46],如沸如撼[47],如魇[48]如呓[49],如聋如哑[50]。大船小船一齐凑岸,一无所见,止见篙[51]击篙,舟触舟,肩摩[52]肩,面看面而已。少刻兴尽,官府席散,皂隶[53]喝道[54]去。轿夫叫,船上人怖以关门[55],灯笼火把如列星[56],一一簇拥而去。岸上人亦逐队赶门,渐稀渐薄,顷刻散尽矣。

吾辈始舣[57]舟近岸,断桥石磴[58]始凉,席其上[59],呼客纵饮[60]。此时月如镜新磨[61],山复整妆,湖复颒[62]面,向[63]之浅斟低唱者出,匿影树下者亦出。吾辈往通声气[64],拉与同坐。韵友[65]来,名妓至,杯箸[66]安,竹肉发。月色苍凉,东方将白,客方散去。吾辈纵舟[67],酣睡于十里荷花之中,香气拍[68]人,清梦甚惬[69]。

注释

1. 西湖:即今杭州西湖。

2. 七月半:农历七月十五,又称中元节。

3. "止可看"句:谓只可看那些来看七月半景致的人。止,同"只"。

4. 以五类看之:把看七月半的人分作五类来看。

5. 楼船:指考究的有楼的大船。

6. 箫鼓:指吹打音乐。

7. 峨冠:头戴高冠,指士大夫。

8. 盛筵:摆着丰盛的酒筵。

9. 优傒(xī):优伶和仆役。

10. 看之:谓要看这一类人。下四类叙述末尾的"看之"同。

11. 娃:美女。

12. 闺秀:有才德的女子。

13. 童娈(luán):容貌美好的家僮。

14. 露台:船上露天的平台。

15. 盼望:都是看的意思。

16. 浅斟:慢慢地喝酒。

17. 低唱:轻声地吟哦。

18. 弱管轻丝:谓轻柔的管弦音乐。

19. 竹肉:指管乐和歌喉。

20. "不舟"二句:不坐船,不乘车;不穿长衫,不戴头巾,指放荡随便。"帻(zé)",头巾。

21. 呼群三五:呼唤朋友,三五成群。

22. 跻(jī):通"挤"。

23. 昭庆:寺名。

24. 断桥:西湖白堤的桥名。

25. 嚣:呼叫。

26. 无腔曲:没有腔调的歌曲,形容唱得乱七八糟。

27. 幌(huǎng):窗幔。

28. 铛(chēng):温茶、酒的器具。

29. 旋(xuán):随时,随即。

30. 素瓷静递:雅洁的瓷杯无声地传递。

31. 匿影:藏身。

32. 作意:故意,作出某种姿态。

33. 杭人:杭州人。

34. 巳:巳时,约为上午九时至十一时。

35. 酉:酉时,约为下午五时至七时。

36. 是夕好名:七月十五这天夜晚,人们喜欢这个名目。"名",指"中元节"的名目,等于说"名堂"。

37. 犒(kào):用酒食或财物慰劳。

38. 门军:守城门的军士。

39. 擎(qíng):举。

40. 燎(liào):火把。

41. 列俟(sì):排着队等候。

42. 速:催促。

43. 舟子:船夫。

44. 放:开船。

45. 二鼓:二更,约为夜里十一点左右。

46. 鼓吹:指鼓、钲、箫、笛等打击乐器、管弦乐器奏出的乐曲。

47. 如沸如撼:像水沸腾,像物体震撼,形容喧嚷。

48. 魇(yǎn):梦中惊叫。

49. 呓:说梦话。这句指在喧嚷中种种怪声。

50. 如聋如哑:指喧闹中震耳欲聋,自己说话别人听不见。

51. 篙:用竹竿或杉木做成的撑船的工具。

52. 摩:碰,触。

53. 皂隶:衙门的差役。

54. 喝道:官员出行,衙役在前边吆喝开道。

55. 怖以关门:用关城门恐吓。

56. 列星:分布在天空的星星。

57. 舣(yǐ):通"移",移动船使船停靠岸边。

58. 石磴(dèng):石头台阶。

59. 席其上:在石磴上摆设酒筵。

60. 纵饮:尽情喝。

61. 镜新磨:刚磨制成的镜子。古代以铜为镜,磨制而成。

62. 靧(huì)面:洗脸。

63. 向:方才,先前。

64. 往通声气:过去打招呼。

65. 韵友:风雅的朋友,诗友。

66. 箸(zhù):筷子。安:放好。

67. 纵舟:放开船。

68. 拍:扑。

69. 惬(qiè):快意。

思考与训练

一、叙述人称练习:

1. 用第一人称、第三人称不同的人称记叙你第一次离开家乡去外地求学的过程。

2. 用三种人称描写同一个人晚上辗转难眠的过程。

二、叙事节奏练习:

学会时间的省略,将时间缩短或拉长。如:"好几年过去了,许多年后……",再如《永别了,武器》中:"冬季一开始就下起了连绵不绝的雨,淫雨又带来了霍乱,但是霍乱很快被制止,到末了军队只死了七千人。"这几句是时间的缩短。时间的拉长,如《追忆似水年华》中对"玛德莱娜"点心的描写:

母亲着人拿来一块点心,是那种又矮又胖名叫"小玛德莱娜"的点心,看来像是用扇贝壳那样的点心模子做的。那天天色阴沉,而且第二天也不见得会晴朗,我的心情很压抑,无意中舀了一勺茶送到嘴边。起先我已掰了一块"小玛德莱娜"放进茶水准备泡软后食用。带着点心渣的那一勺茶碰到我的上颚,顿时使我浑身一震,我注意到我身上发生了非同小可的变化。一种舒坦的快感传遍全身,我感到超尘脱俗,却不知出自何因。我只觉得人生一世,荣辱得失都清淡如水,背时遭劫亦无甚大碍,所谓人生短促,不过是一时幻觉;那情形好比恋爱发生的作用,它以一种可贵的精神充实了我。也许,这感觉并非来自外界,它本来就是我自己。我不再感到平庸、猥琐、凡俗。这股强烈的快感是从哪里涌出来的?我感到它同茶水和点心的滋味有关,但它又远远超出滋味,肯定同味觉的性质不一样。那么,它从何而来?又意味着什么?哪里才能领受到它?我喝第二口时感觉比第一口要淡薄,第三口比第二口更微乎其微。该到此为止了,饮茶的功效看来每况愈下。显然我所追求的真实并不在于茶水之中,而在于我的内心。茶味唤醒了我心中的真实,但并不认识它,所以只能泛泛地重复几次,而且其力道一次比一次减弱。我无法说清这种感觉究竟证明什么,但是我只求能够让它再次出现,原封不动地供我受用,使我最终彻悟。我放下茶杯,转向我的内心。只有我的心才能发现事实真相。可是如何寻找?我毫无把握,总觉得心力不逮;这颗心既是探索者,又是它应该探索的场地,而它使尽全身解数都将无济于事。探索吗?又不仅仅是探索:还得创造。这颗心灵面临着某些还不存在的东西,只有它才能使这些东西成为现实,并把它们引进光明中来。

  我又回过头来苦思冥想:那种陌生的情境究竟是什么?它那样令人心醉,又那样实实在在,然而却没有任何合乎逻辑的证据,只有明白无误的感受,其他感受同它相比都失去了明显的迹象。我要设法让它再现风姿,我通过思索又追忆喝第一口茶时的感觉。我又体会到同样的感觉,但没有进一步领悟它的真相。我要思想再作努力,召回逝去的感受。为了不让要捕捉的感受在折返时受到破坏,我排除了一切障碍,一切与此无关的杂念。我闭目塞听,不让自己的感官受附近声音的影响而分散注意。可是我的思想却枉费力气,毫无收获。我于是强迫它暂作我本来不许它作的松弛,逼它想点别的事情,让它在作最后一次拼搏前休养生息。尔后,我先给它腾出场地,再把第一口茶的滋味送到它的跟前。这时我感到内心深处有什么东西在颤抖,而且有所活动,像是要浮上来,好似有人从深深的海底打捞起什么东西,我不知道那是什么,只觉得它在慢慢升起;我感到它遇到阻力,我听到它浮升时一路发出汩汩的声响。

  不用说,在我的内心深处搏动着的,一定是形象,一定是视觉的回忆,它同味觉联系在一起,试图随味觉而来到我的面前。只是它太遥远、太模糊,我勉强才看到一点不阴不阳的反光,其中混杂着一股杂色斑驳、捉摸不定的漩涡;但是我无法分辨它的形状,我无法像询问唯一能做出解释的知情人那样,求它阐明它的同龄伙伴、亲密朋友——味觉——所表示的含义,我无法请它告诉我这一感觉同哪种特殊场合有关,与从前的哪一个时期相连。

这渺茫的回忆,这由同样的瞬间的吸引力从遥遥远方来到我的内心深处,触动、震撼和撩拨起来的往昔的瞬间,最终能不能浮升到我清醒的意识的表面? 我不知道。现在我什么感觉都没有了,它不再往上升,也许又沉下去了;谁知道它还会不会再从混沌的黑暗中飘浮起来? 我得十次、八次地再作努力,我得俯身寻问。懦怯总是让我们知难而退,避开丰功伟业的建树,如今它又劝我半途而废,劝我喝茶时干脆只想想今天的烦恼,只想想不难消受的明天的期望。

主人公是通过有意识的回忆,去寻找自己生命里潜意识的东西。随着时间的流逝,往事会慢慢淡去,但是在某些时候,由于外界事物的刺激,就会回想起来。这段叙述所涉及的时间很短,不过吃了一口点心的时间,充其量不会超过几秒钟,但叙述的文本却相当长。减缓的意义在于,使得关键细节得以充分展示,形成细腻而深入的效果。

请完成以下练习:

1. 将时间缩短,记叙"一场篮球赛",100 字左右。
2. 将时间缩短,记叙春夏秋冬时序的变化,100 字左右。
3. 将时间拉长,记叙早晨起床后这个刷牙的过程,200 字左右。
4. 将时间拉长,描写某人一连打了三个喷嚏,200 字左右。

三、肖像描写训练

请同学们携带一面镜子,揽镜自照,仔细观察自己的相貌特征,然后写一段 200—300 字的自我肖像描写。

四、环境描写训练

以"我的小天地"为题,描写自己的房间或宿舍的床铺,要在环境描写中体现出房间主人的个性特征、兴趣爱好,200 字左右。

五、场面描写训练

采用全景式与特写式相结合的方法,描写自己宿舍就寝前的场面,注意人物的形象性和流动性,400 字左右。

六、选择自己喜欢并且陪伴自己多年的某个物件,使用借物抒情的方式,写一段抒情文字,400 字左右。

七、运用"同类归纳"的方法对下列材料进行分析论证。

在美国大学,学期结束后,学生可将用过的旧课本回售给学校,学校又把这些旧教材廉价卖给新生,这样,一本课本,有时竟可以为几代大学生所用。在瑞士,不但回收牙膏壳、铝箔包装等,而且企业也指导用户如何处理产品旧包装,商店也鼓励顾客利用原有的瓶罐灌入新的清洁剂之类继续使用。日本有着久远的节约意识及节俭传统,当今日本人,更是从节省能源、资源再利用到居家生活中的精打细算都做得非常到位。

八、请分析以下这段论述采用了何种论证方法?

近几年来,一提到领导干部做什么事,往往就用"亲自"二字,什么"亲自下到基层""亲自检查工作""亲临现场"等。倘若报纸有一天出现下面的字样,不知读者该作何感想:

"某姓农民,黎明即起,亲自拿起农具,亲自甩开膀子锄地……"

"某校教师,作风过硬,亲自给学生讲课。"

"……"

这样的好事数不胜数,司机亲自开车,病人亲自吃药,您亲自上厕所……

九、比较运用说明、叙述、议论对"电脑"这一对象表述方式的不同。

电脑:即电子计算机,是一种人类发明的以帮助我们进行计算、管理、分析的工具,具有极大的功用。今天已经成为人们最重要而须臾不能离开的工具。(说明)

电脑:昨天我花100元买了一台二手电脑,高高兴兴捧回家。可是刚刚搓卜电源就出了问题——屏幕根本就不亮。我只好又把它抬回那家旧货商店。店主说,退回我90元,只收我10元总行了吧?我想想也是,就把它又带回来了,放在桌上做一个摆设也好。(叙述)

电脑:有人说:"根据目前的发展趋势,电脑将来一定能够胜过人脑。"对于这样的说法,我们不敢苟同。因为电脑无论怎样发达,都必须通过人来控制。它永远是人的工具,是人的大脑的伸展,要由人来发展它、完善它、操纵它,离开了人,也就是离开了人的大脑的设计,它只能是一堆废铁。(议论)

请以下面的词或短语为题,各写记叙文、说明文、议论文一篇,字数不限,任选其一:门卫、医生、都市、感情、市场经济、人性、语文教师。

十、请自选一部作品,分析其所使用的写作技法,并探讨这一写作技法在作品中显现的魅力。

十一、请将下列句子扩写成一篇完整的文章,要求每篇文章至少使用一种传统写作技法或现代写作技法。

1. 暗夜中,走来一个行色匆匆的人……

2. 他和往常一样打开微博,看到一条触目惊心的留言……
3. 地球上最后一个人独自坐在房间里。这时,忽然响起了敲门声……
4. 大型选秀节目直播现场,主持人宣布:"刚刚公布的网络短信投票数无效。"

下 编 02
文体写作

第五章

散　文

　　散文的历史源远流长,是一种生长着变化着的极具生命活力的文学样式。散文的类型样貌丰富多变,但始终坚守着自身固有的情感真挚、思想锐利、写景图貌、语言睿智优美等艺术品质。华夏文章冠天下,中国是散文的国度,散文是中国文人的精神载体。古往今来,多少古圣先贤,将他们的忧愤与气节、理想与爱憎、才华与热情,都倾泻、泼洒在那一篇篇散文经典里。从庄子的《逍遥游》到陶渊明的《桃花源记》,从王勃的《滕王阁序》到刘禹锡的《陋室铭》,从范仲淹的《岳阳楼记》到苏轼的《前赤壁赋》,到近代梁启超的《少年中国说》,我们的祖先曾经创造了无数辉煌灿烂的优秀华章。从这个角度说,散文就不仅仅是一种普通的文体,还是古圣先贤留给后人的精神财富,是我们中华文化的一份瑰宝。

　　在文学的园囿里,散文是一种最为自由灵活,最贴近现实生活的文学样式。但散文的写作似易实难、易学难工,本章内容从散文的含义、散文的分类、散文的文体特点、散文的写作四个方面解析散文的文体内涵、特性与写作要点。

第一节　散文的含义

　　散文是我国较早成熟的文体。虽然散文写作的历史悠久,但"散文"的文体名称却出现较晚,南宋罗大经的《鹤林玉露》(甲编卷二)在引周益公语时论及:"其立意措辞,贵于浑融有味,与散文同。"之后,又引杨东山的话:"山谷(即黄庭坚)诗骚妙天下,而散文颇觉琐碎局促。"(丙编卷二),"散文"作为文体名称,才被正式提出来。

　　散文是一个发展的概念,在不同的历史阶段,有不同的内涵。

一、古代散文(先秦——清末)

"有韵为诗,无韵为文",凡是不重押韵、不重骈偶,即诗、词、曲等有韵文之外的散体文章,统称散文。

这是一个"大散文"的概念,涵盖范围非常广。

南朝刘勰在其《文心雕龙》中,把韵文与散文分为"文"和"笔",有韵为文,无韵为笔。据其统计,当时属于散文(时称为"笔")的有17种文体,包括:史传,诸子,论,说,诏,策,檄,移,封禅,章,表,奏,启,议,对,书,记。这些文体,包括了记事的历史散文、记言的诸子散文、明理的论说文、施政的公务文和务实的应用文,涵盖非常广泛。

与诗歌产生的口头性、抒情性有所不同,散文的产生是在文字发明之后,是基于古人记事、记史的现实需要而产生的一种实用性文体。

《尚书》、《春秋》是中国较早的散文集,《尚书》记事,《春秋》记史,中国散文的起源就携带着实用性、现实性的特点。

春秋战国时期,历史散文继续发展,《左传》、《战国策》等散文叙事井然,文采朴实;而孟子、庄子、荀子、韩非子等诸子百家散文则气势凛然,想象丰富,酣畅淋漓,显现了散文的论辩性新质。

两汉时期,司马迁创作的《史记》可谓史传散文的高峰,与人叙事具体形象,生动深刻,具有文学与史学双重价值,被鲁迅先生誉为"史家之绝唱,无韵之离骚"。

唐宋时期,出现了中国古代散文创作的繁荣景象,韩愈、柳宗元、欧阳修、曾巩、王安石、苏洵、苏轼、苏辙等大家散文取得了空前的艺术成就,他们的散文切近社会现实,内容深刻,境界高远,多姿多彩,成为后代散文家难以逾越的艺术高峰。

明代散文流派屡变,出现了不少优秀的散文篇章;清代散文则在顾炎武、黄宗羲、王夫之及桐城派诸家的努力下,散文的内涵与外在形式都在酝酿着深刻的蜕变,清末维新派作家梁启超的散文《少年中国说》《说希望》等以充沛的激情、清新浅易的文字,如天云自由舒卷,如江河奔腾而下,完全突破了旧式文章格局,造就了一种解放了的新体散文,连接起中国古代散文的现代化之路。

二、现代散文(1919年五四运动——1949年新中国成立)

经历了1919年的五四运动之后,中国散文与中国社会一道,进入了它的现代时期,散文的形式与内涵都发生了质的变化。

现代散文区别于古代散文的标志有两点:

第一,以亲切、平实的白话口语取代了生硬的文言。

随着时代和社会的发展,中国早期人类(先秦)所发明和使用的文言已经与社会现实严重脱节,成为死亡的语言,古代散文的没落与此不无关系。白话语言使散文文体更加平民化。

第二,现代散文摆脱了"文以载道"的思想束缚,秉承了英国"essay"的人性解放、弘扬自我的精神,强调作者性灵的表现,写作更为灵动、自由。

挣脱了"载道"的束缚,散文这种古老的文体在现代中国焕发出了炫目的光彩。

朱自清在《论现代中国的小品散文》中说:

"最发达的,要算是小品散文……就散文论散文,这三四年的发展确是绚烂极了:有种种的样式,种种的流派,表现着,批评着,解释着人生的各面,迁流曼衍,日新月异:有中国名士风,有外国绅士风,有隐士,有叛徒,在思想上诗如是。或描写,或讽刺,或委曲,或缜密,或劲健,或绮丽,或洗练,或流动,或含蓄,在表现上是如此。"

综而观之,现代散文派自觉排除了原本归纳在散文范围里的大量实用性文体,仅保留了审美性文体,文学性的凸显是现代散文有别于古代散文的根本性所在。傅斯年在1918所写的《怎样写白话文》中,采用西方的文学"四分法",明确地把散文与诗歌、小说、戏剧一起并列为四种文学文体,散文的文学性得到空前的重视与强化。

周作人在1921、6、16的《晨报副刊》中,以子严为笔名,发表《美文》一文,将现代散文定位为:它是"记述的,是艺术性的,又称作美文",把散文放进了纯文学的作品样式里,与非文学划清了明确的界限。同时,在现代散文的内容与形式上,周作人提出了"须用自己的文句与思想"的主张,即必须以自我独特的语言显示自我的情感,成为现代散文创作的一个经典性标准和规范。周作人关于现代散文的界定和要求被其后的创作者和理论界所认可和继承,因此,五四散文在以后也常被称作"美文"。

现代散文:指用白话抒写、具有文学性和鲜明个性的"美文"。

现代散文所涵盖的范围比古代散文已经大为缩小,但仍然包括杂文、通讯、报告文学在内。

三、当代散文(1949年——)

当代散文:是一种题材广泛、写法自由、个性鲜明、文情并茂的文学体裁。

当代散文在20世纪60年代,曾经有过一个创作高潮,散文的艺术美得到重视和弘扬,涌现出散文创作三大家,杨朔创作的《荔枝蜜》《茶花赋》《海市》等散文结构精巧,情景交融,被称为诗化散文;秦牧的《土地》《花城》等散文常采用谈天说地式结构,形散神不散,被称为知识性散文;刘白羽的《长江三日》等被称为政治抒情散文。他们的优秀作品,成为那个时代的散文标志,被众多人模仿。

20世纪90年代中后期,伴随着中国社会的改革开放,当代散文又迎来了一个令人瞩目的创作高潮,呈现出杂花纷呈、绚丽多姿的创作局面。

不少小说家加入散文创作队伍,如贾平凹的《老西安》,张洁的《世界上最疼我的那个人走了》,史铁生的《我与地坛》,张炜的《融入野地》,张承志的《北庄的雪景》等都是独具个性特色的优秀作品,形成一个令人瞩目的作家散文群落。

"学者散文"是20世纪90年代散文创作的一个重要现象,不少学者在治学之余加入了散文创作,余秋雨的散文集《文化苦旅》《山居笔记》等引领"文化散文"风潮,科学家詹克明的《裸猿·道德篇》等散文视角独特、启人心智,李元洛的《唐诗之旅》以散文的形式诠释唐诗,新奇独特。这些学者以散文表达自己对于人类、社会、历史、人生、人性等的理性思考,这些学者散文虽然并不过分关注散文的"文学性"问题,但多有着深刻的见地、沉甸甸的思想分量与情感厚度,理性张扬,给读者多方面的启迪。

女性散文的涌现也是当代散文一个值得关注的生长点。这些女性散文以女性的眼光和体验去感悟人生、表现人生,拓展了散文的表现领域,为散文创作注入了清新的活力,增添了新的审美情趣。素素的"独语东北"系列散文可谓代表。

第二节 散文的分类

散文的品类多,自古以来的分类方法也非常多。目前通行的大都是三分法,即按照写作内容和表达方式的不同,分为叙事散文、抒情散文、明理散文。

一、叙事散文

这类散文侧重于以情驭事、融情于事,可以写人为主,可以写事为主,也可以以完整的故事情节取胜。作者的主观情感流溢于叙写的文字中间,形成一股内在的抒情魅力。

叙事散文有如下两种基本形态:

一是写人为主,以人物为中心组织全篇,突出人物形象,事件居客位,为表现人物、塑造人物而存在。

二是写事为主,以事件为中心组织全篇,人物居客位,写人物在事件中的表现。

不过,在更多时候,人物和事件是难分伯仲、水乳融合地互相表现的,写事的最终目的还是写人,写人物在事件中的表现,让人物经历事件的考验,闪光的品质被突出呈现。

例如,张丽钧的《想念小石》便是一篇出色的写人叙事散文。散文的故事发生在1976年的唐山大地震中,一个叫胡明芳的女技术员震后余生,腿部受伤,被一个叫小石的男人救起并将她安顿在叔叔家的院子里。因为地震发生在夏天的夜间,胡明芳身上的衣服极少,引发了叔叔的邪念,夜里企图侵犯这个受伤的女子,被小石及时喝住。救援队迟迟不来,胡明芳的腿伤越来越重,而且时刻处在叔叔歹念的威胁中,小石非常焦虑,为了给胡明芳找条裤子,他四处寻找无果,最后下决心冲进半塌的房子里去扒废墟。结果,强烈的余震袭来,小石被坍倒的房梁砸开了脑壳。为了纪念小石的善良和牺牲,胡明芳在每年的忌日,都会到地震纪念广场上为小石献上一束鲜花,写上"想念小石"的挽联。散文结尾写道:

一转眼,30年过去了。在这30年当中,我总在想念小石,他不仅仅救了我一命,更难得的是,在那样一个环境中,他还在拼命维护着一个可怜的女孩子无价的尊严,让她在一朵没有破损的青春花瓣上做一个完满的梦。最后,他用他的死,唤醒了另一个男人几乎泯灭的良心。

你明白了吧——因为小石是一个值得想念的人,所以我每年都要送上一束花,告诉小石,也告诉这个纷繁杂乱的世界:有个叫胡明芳的人,将用她的余生默念一个让她的生命澄澈起来的句子——"想念小石"。

这篇散文将对主人公小石的敬仰和怀念都融合在温情脉脉的叙事中,小石之所以是一个值得想念的人,是因为他虽然普通,却天性善良,懂得体谅别人,尊重别人,不惜以生命为代价维系了一个女孩子的尊严。散文以小石的故事委婉形象地表达了一个严肃的主题:善良无价!尊严无价!人们应该像小石一样,无论身处怎样的环境,都要守住人性的尊严和底线。

二、抒情散文

这类散文常常以写景状物、叙写风物风情的方式抒发感情。作者的诗情间接地附丽于山川名胜、自然景物之中,托物言志,情景交融,往往形成诗一般的意境,可以借物借景抒情,也可以在写景状物中直接抒情。

例:台湾女作家张晓风的《魔季》便是一篇描写春天的抒情美文。其时作家新婚燕尔,沉浸在爱情的甜蜜幸福里,因此,她眼中看到的春天景致,无不是甜蜜欢快的:

> 山容已经不再是去秋的清瘦了,那白绒绒的芦花海也都退潮了,相思树是墨绿的,荷叶桐是浅绿的,新生的竹子是翠绿的,刚冒尖儿的小草是黄绿的。还是那些老树的苍绿,以及藤萝植物的嫩绿,熙熙攘攘地挤满了一山。
>
> 清风在细叶间穿梭,跟着他一起穿梭的还有蝴蝶。啊,不快乐真是不合理——在春风这样的旋律里。所有柔嫩的枝叶都邀舞了,沙沙地响起一片搭虎绸和细纱相擦的衣裙声。四月的音乐季呢!宽广的音乐台上,响着甜美渺远的木萧,古典的七古弦琴,以及淙淙然的小银铃,合奏着繁复而又和谐的曲调。
>
> 啊,春天,什么都是活泼泼地,都是喜洋洋的,都是嫩嫩的,都是茸茸的,都是叫人喜欢得不知怎么是好。

穿行在生机勃勃的山野里,随处的美景都能让女作家陶醉喜悦,触景生情:

> 那片大树下的厚毡是我们坐过的,在那年春天……啊,春天,那甜甜的记忆又回到我的心头来了——其实不是回来,它一直存在着的!

年轻的女作家用情极深,不仅融情于景,甚至把她自己也融入了春天的情境里:

> 四下里很静,连春风都被甜得腻住了——我忽然发现自己已经站了很久,哦,我莫不是也被腻住了吧!

在散文里,作家将对爱人、对自然、对故乡的浓郁的爱意倾泻在山野间的风云花草流水里,充溢在字里行间,情调欢快,笔触轻盈,情与景水乳交融,自然和谐,极富艺术感染力。

三、明理散文

明理散文是指以审美感性的方式,表达作者对自然、社会与人生的深层感悟和某种哲思,具有理趣之美。

"理"作为事物存在之根和情感产生之本,无论是叙事散文或抒情散文都不可能将其排除,并且,从某种意义上来说,叙事散文、抒情散文中隐含的"理"的深度如何,往往是决定其作品审美价值的一个重要因素。但是,从事、情、理作为审美对象的直接性而言,叙事散文显然侧重于事,抒情散文则侧重于情,只有明理散文侧重于理。正是这种表现对象的直接性差异,造就了这三类散文不同的审美韵味。在古今中外的散文史上,明理散文始终以独特的审美品格独树一帜,成为散文领域一颗熠熠闪光的明珠。法国的蒙田、英国的培根和中国的鲁迅,都是享有世界声誉的明理散文大家。

明理散文有如下两个鲜明特征:

第一,明理散文虽然重在说理,却不像一般议论文那样采用概念、判断、推理的逻辑方法,论点、论据、论证的结构模式,而是经常将议论与叙述、描写、抒情有机结合,灵活运用联想、想象等艺术手法,将抽象的议论与形象的描画相结合,将深刻的哲理与审美的直觉相联系,在审美感性的流淌中闪烁着哲思的光华。

例如:雨果的《巴尔扎克葬词》可谓一篇激情洋溢、生动形象的明理散文。

> 现在被葬入坟墓的这个人,举国哀悼他。对我们来说,一切虚构都消失了。从今以后,众目仰望的将不是统治者,而是思想家。一位思想家不存在了,举国为之震惊。今天,人民哀悼一位天才之死,国家哀悼一位天才之死。
> ……
> 在最伟大的人物中间,巴尔扎克是名列前茅者;在最优秀的人物中间,巴尔扎克是佼佼者之一。他才华卓越,至善至美,但他的成就不是眼下说得尽的。他的所有作品仅仅形成了一部书,一部有生命的、光亮的、深刻的书。我们在这里看见,我们的整个现代文明的走向,带着我们说不清楚的、同现实打成一片的惊惶与恐怖。一部了不起的书,他题作"喜剧",其实就是题作"历史"也没有什么,这里有一切的形式和一切的风格,超过塔西陀,上溯到苏埃通,越过博马舍,直达拉伯雷;一部既是观察又是想象的书,这里有大量的真实、亲切、家常、琐碎、粗鄙。但是,有时通过突然撕破表面、充分揭示形形色色的现实,让人马上看到最阴沉和最悲壮的理想。
> 愿意也罢,不愿意也罢,同意也罢,不同意也罢,这部庞大而又奇特的作品的作者,不自觉地加入了革命作家的强大行列。巴尔扎克笔直地奔向目标,抓住了现代社会进行肉搏。他从各方面揪过来一些东西,有虚像,有希望,有呼喊,有假面具。他发掘内心,解剖激情。他探索人、灵魂、心、脏腑、头脑和各个人的深渊。巴尔扎克由于他自由的天赋和强壮的本性,由于他具有

我们时代的聪明才智,身经革命,更看出了什么是人类的末日,也更了解什么是无意。于是面带微笑,泰然自若,进行了令人生畏的研究,但仍然游刃有余。他的这种研究不像莫里哀那样陷入忧郁,也不像卢梭那样愤世嫉俗。

这段文字可谓深刻的哲理与审美感性和直觉的有机结合,其中"从今以后,众目仰望的将不是统治者,而是思想家"等断言振聋发聩,透露出可贵的人文精神光芒,而"巴尔扎克笔直地奔向目标,抓住了现代社会进行肉搏。他从各方面揪过来一些东西,有虚像,有希望,有呼喊,有假面具。他发掘内心,解剖激情。他探索人、灵魂、心、脏腑、头脑和各个人的深渊"的形象描述,则把巴尔扎克的创作目的、价值、意义等用形象的方式生动地展现出来,不仅开发了读者的想象,也使读者更好地理解和接受。

第二,明理散文虽然不脱离文学性的叙述、描写、抒情手法的运用,重视审美感性形象的刻画,但其表达的根本目的在于说理,因此,明理议论散文的写作并不拘泥于具体人事景物的叙述描写,以及抒发特定的体验、感受,而是让所明之理统摄全文,让笔触在感性与理性之间自由切换,涉笔成趣,让所明之理无所不在,在结尾处得到延伸或升华。

就实际情况而言,世界中的人、事、情、理本就难以绝对分开,叙事散文、抒情散文、明理散文的划分仅是相对而言。当作家观照世界的眼光更为全面、笔触更为恢弘时,往往尝试创作亦叙亦理亦情的更为复杂的散文。史铁生的散文《我与地坛》,把对母亲的爱的详细叙述、地坛景物的感人描绘、人生哲理的深层感悟熔于一炉,很难准确地将其归为哪一类。此外,韩少功的《草原长调》、张炜的《融入野地》、余秋雨的《道士塔》等散文亦属同类情形,显示了散文创作实践对散文写作理论的引领和超越。

第三节　散文的特征

从写作角度考察,散文的文体特征主要表现在如下几个方面:

一、浓郁的主观抒情色彩

散文是距离人类心灵最近的文体,最能反映作者自身的精神、性情和情感,具有浓郁的主体色彩。1921 年,周作人在其《美文》中提出"须用自己的文句与思想"作为现代散文的创作规范,准确地揭示了散文是一种主观性极强的文体,这一规范对散文必须以自我独特的语言显示自我情感是一种经典规范,直到今天,也很难有新的规范来逾越它。

真诚与独特是散文主观抒情的两个基本要求。千古文章传真不传伪,散文作者常常在文中坦呈自己的心灵世界,裸露自己的灵魂,真诚地表现自己真实的感受,这种真诚和坦率一方面使作者获得尽情抒发、忠实表达的快感,同时也有效缩短了与读者的心理距离;独特的人生体验,鲜明的个性感悟,则是作品的审美价值所在,能够给予读者别样的审美感受与心智启迪。

如钟敬文在其《试谈小品文》中所说:"我们仔细读一篇絮语散文,我们可以洞见作者是怎样一个人:他的人格的动静描画在里面,他的人格的声音歌奏在里面,他的人格的色彩渲染在里面,并且还是深刻的描写着,锐利的歌奏着,浓厚的渲染着。所以他的特质是个人的,一切都是从个人的主观发出来;和那些非个人的、客观的批评文、议论文、叙事文、写景文完全不同。"

散文的字里行间渗透着作者的人格魅力,显然,这就是为什么散文虽然不如情节曲折的小说那般吸引人,却仍然获得作者与读者的共同青睐,千百年来长盛不衰的根本原因,许多小说家、诗人兼职写散文,正是被散文的这种文体魅力所吸引。

写作风格是作者性灵与其所选择的文体基调的有机融合,是一个写作者创作趋于成熟的标志。从这个角度说,散文是种最易容纳和表现作者个性的文体,这种个性容纳成就了丰富多样的散文创作风格,如周作人的平淡、苦涩,冰心的纯真、秀丽,徐志摩的奔放、洒脱,郁达夫的忧郁、率真,朱自清的平和、细腻,俞平伯的淡雅、含蓄,林语堂的坦诚、幽默,梁实秋的宽厚、睿智等,繁花似锦,异彩纷呈,闪现着写作者独特的审美理想与写作追求。

二、取材广泛,贴近生活

与诗歌、小说、戏剧等相比较,散文在"写什么"上几乎是无所局限、相当自由的,写作对象可以囊括自然与社会、历史与现实、宇宙与人生,如晋代陆机在其《文赋》中所言,"笼天地于形内,挫万物于笔端"。具体说,散文的题材涉及客观世界和社会生活的各个层面,大到宇宙规律、人间历史、天下大事、社会巨变,小到个人悲欢、市井百态、鸟兽虫鱼、花木竹石,几乎无所不在、无所不包。

在所有的文学体裁中,散文是最贴近日常生活、最具亲和力的文体。作家余光中在《缪斯的左右手》中曾经对诗歌与散文进行比较,他说:"散文乃走路,诗乃跳舞;散文乃喝水,诗乃饮酒;散文乃说话,诗乃唱歌;散文乃对话,诗乃独白;散文乃国语,诗乃方言;散文乃门,诗乃窗。"形象地道出了散文与诗歌的不同。显然,散文可以像生活中的走路、喝水、说话一样平常,像与人谈话一样亲切、家常,像普通话一样明白易懂,读者可以像生活中一样随意推门而入,强调的都是散文特有的贴近生活的文体亲和力。

在写作时,散文常常选取富有意味的生活片段,一段难忘的经历,一次意外的邂逅,一个美丽的场景,一个奇异的梦境,一件有趣的往事,一个富有个性的人物,一点思想的火花,一种美的发现,一种独特的感受,一个深刻的启迪,等等,都可以机缘巧合地成为散文的写作题材。经过作者情感地浸润、精巧地构思、艺术地提炼和加工,都可以炼成富有情趣或理趣的散文,给读者带来美的享受和智慧启迪。就此而言,朱自清抒写亲情的散文《背影》堪称典范。作者独辟蹊径,选择父亲的背影作为描写的对象和结构全篇的线索,于白描的朴实之中传达出浓烈的亲情,出色地表现了当时社会中、下层知识分子家庭每况愈下的惨淡境遇,从而引起强烈共鸣,在现代散文中影响深远。

三、写法自由,形式灵活

"随心所欲不逾矩"。在所有的文学体裁中,散文是最为自由的一种文体。它无拘无束,自由自在,可以突破任何规范、程式和限制,根据表现内容的需要,随心所欲,有感而发,如流水之随物赋形。写法自由,形式灵活,正是散文文体特有的审美品性。

佘树森在《中国现当代散文研究》曾说:"散文的写法,确是没有成法,不拘一格的。作者构思、行文,完全是'以意役法',顺势而行。其形式的采用,完全是由文而定,因人而异,有充分的自由。"

作家们谈论散文创作时,也格外钟情散文写作的自由性。鲁迅在《怎么写》中说:"散文的体裁,其实大可以随便的,有破绽也不妨。"王蒙说:"散文就是渴望自由。自由的心灵,自由的表达,自由的形式,自由的来来去去"。当代作家周涛甚至说:"散文没有章法,我就是章法。"

散文写法的自由性,主要表现在如下三方面:

第一,篇法多元。散文的整体布局方法多样,可确立主脑,贯穿首尾;可饱览古今,勾连纵横,可汇通中外,穿插组合。

第二,章法多样。散文层次展开的方法多样,起的时候可气势恢宏或迂迟委蛇,行的时候可一泻千里或闪转腾挪,止的时候可清音有余或画龙点睛。

第三,技法丰富。白描之简约,工笔之细腻,通感之美妙,那辗之曲折,幻化之奇妙,象征之隐喻,映衬,点染,蒙太奇,意识流等,如果需要,都可拿来运用。

以萧红的散文《回忆鲁迅先生》为例,作者根据自己与鲁迅先生的交往,按照自己对鲁迅先生熟悉的情况,顺着自己的回忆和情感线索,尽情写来,从鲁迅的笑到他走路的姿态,从鲁迅的各种生活习惯到他待人接物的特点,从鲁迅的创作到他的思想等,前前后后写了近四十件事,可谓想到什么就写什么,写法上无拘无束,自由散漫,但这种自由的写法却成就了一篇极为难得的散文佳作,多侧面、多层次地为我们刻画了一个伟大而平凡的鲁迅形象,一个真实可敬的鲁迅。

宋代李涂在其《文章精义·十七》中,以水为喻,形象概括了唐宋四大散文家的写作风格:"韩如海,柳如泉,欧如澜,苏如潮。"强调的正是散文写作如水般随物赋形的自由写法。另外,古人所谓"散文无定体",以意役法,顺势而为,舒卷自如,不拘一格,指示的都是散文写法的自由灵活性。

四、语言优美流畅

散文素有"美文"之称,好的散文,总是饱含真挚、热烈的情感,以清新、凝练、优美的语言,创造出诗情画意般的艺术境界,以强烈的艺术魅力吸引读者,带给人优美的享受。

好的散文语言,总是优美而富有情韵。作者在记人叙事、写景状物的过程中,自然地透露出某种独特、深切的体验和感动,让读者在感受作品画面的同时,情绪上也受到深深的感染。

如柳宗元的散文《小石潭记》如此写道:

> 从小丘西行百二十步,隔篁竹,闻水声,如鸣佩环,心乐之。伐竹取道,下见小潭,水尤清冽。全石以为底,近岸,卷石底以出,为坻,为屿,为嵁,为岩。青树翠蔓,蒙络摇缀,参差披拂。潭中鱼可百许头,皆若空游无所依。日光下彻,影布石上,佁然不动;俶尔远逝,往来翕忽。似与游者相乐。西南而望,斗折蛇行,明灭可见。其岸势犬牙差互,不可知其源。坐潭上,四面竹树环合,寂寥无人,凄神寒骨,悄怆幽邃。以其境过清,不可久居,乃记之而去。

这种文笔描绘自然景物,形神兼肖,并且把作者个人闲适、超逸、空明的心境自然带出,景语情语,羚羊挂角,无迹可求。

朱自清散文的字里行间总是满贮诗意,读来让人心动情移,如《春》中的前几个段落:

盼望着,盼望着,东风来了,春天的脚步近了。

　　一切都像刚睡醒的样子,欣欣然张开了眼。山朗润起来了,水涨起来了,太阳的脸红起来了。

　　小草偷偷地从土里钻出来,嫩嫩的,绿绿的。园子里,田野里,瞧去,一大片一大片满是的。坐着,躺着,打两个滚,踢几脚球,赛几趟跑,捉几回迷藏。风轻悄悄的,草软绵绵的。

　　桃树,杏树,梨树,你不让我,我不让你,都开满了花赶趟儿。红的像火,粉的像霞,白的像雪。花里带着甜味。闭了眼,树上仿佛已经满是桃儿,杏儿,梨儿。花下成千成百的蜜蜂嗡嗡地闹着,大小的蝴蝶飞来飞去。野花遍地是,杂样儿,有名字的,没名字的,散在草丛里,像眼睛,像星星,还眨呀眨的。

读着这样的文字,读者会不由自主地被这种清新欢快、昂扬向上的情绪携裹着,走进作者用文字营造出的万物复苏、生机蓬勃的明媚春光里。

散文的语言风格因人而异,不拘一格,色彩斑斓。

另外,自然流畅也是散文语言的审美追求。作者在遣词造句时,常常顺着自己的语感、性情,顺其自然地调整句式的长短,声调的抑扬,节奏的快慢,使语言具有了既跌宕起伏、又自然流畅的音乐美感。

例:余光中的散文《听听那冷雨》就极好地利用了汉语言特有的声韵美感。

　　杏花春雨江南,那是他的少年时代了。再过半个月就是清明。安东尼奥尼的镜头摇过去,摇过去又摇过来。残山剩水犹如是,皇天后土犹如是。绎绎黔首、纷纷黎民从北到南犹如是。那里面是中国吗? 那里面当然还是中国永远是中国。只是杏花春雨已不再,牧童遥指已不再,剑门细雨渭城轻尘也都已不再。然则他日思夜梦的那片土地,究竟在哪里呢?

这段文字抒写了作者郁积了几十年的乡愁,其感情线索是回忆—追寻—惆怅。从句式看,长句与短句相间,错落有致,具有参差变化之美。从声调看,平仄交替,循环往复,形成抑扬回环之美。从节奏看,徐疾相称,高低起伏,造成波澜,有跌宕起伏之美,把汉语特有的语言技巧与语言之美发挥得淋漓尽致。

第四节　散文的写作

散文是一种易学难工的文体,对写作者的人格素养、情商素养、思想素养、语言素养等方面都有较高的要求。因此,要写好散文,作者在长期的生活和学习中所积累的文学素养特别重要。

散文家梁衡特别强调作家的个人积累,他说:"散文既然这样怪,学习掌握它也就比较难。难在没有一套固定的格律、程式可供你去照抄、照搬,唯一的方法就是长期进行艰苦的积累与锻炼。我觉得大概有这么四个方面:一要有对生活剔透的观察与最大限度的提炼;二要有对哲理,包括马克思主义哲学与文艺理论的深入研究;三要有语言文字的基本功,就是说手中已有使得很顺手的工具;四要有对其他文学形式、文艺形式了解,以便能随手借鉴。"

梁衡在这里所强调的,正是写作者经过长期的多方面的积累所形成的一种潜在的"文学能力",作者具备了这种积累和素养,便可厚积而薄发,左右逢源,为自己的题材找到恰当而灵性的表现方式。如朱自清写《荷塘月色》,有诗样的意境和悠远的意味,而《背影》却又谈心诉怨般的真切朴实。苏轼写《赤壁赋》,有长卷巨画般的挥洒,《记承天寺夜游》却又短诗小令般的精巧。他自评其文:"吾文如万斛泉源,不择地而出,在平地,滔滔汩汩,虽一日千里无难;及其与山石曲折,随物赋形,而不可知也。"

散文的写作虽说易学难工,但作为一种成熟的文体,还是有规律可循的,本节主要从选材、立意、结构、语言等方面探讨散文的写作路径。

一、选材:善于发现题材的"亮点"

散文作者要独具慧眼,善于在平常的人、事、物、景中,发现不同寻常的"亮点"。所谓"亮点",即题材所蕴含的新颖、深刻的价值,所透视和表现出的时代内涵,以及耐人寻味、发人深省的东西。

刘兴雨的人物散文《最后的试卷》就是一篇选材独特的散文,他从徐世昌、吴佩孚、段祺瑞、曹锟、张作霖几位在中国现代史上有些声名狼藉的人物身上发现共同的亮点:抗战期间,日本人曾经抱着"以华制华"的梦想,以高官厚禄拉拢这些曾经威名显赫的人为汉奸伪政权出力,但这些人无一例外地选择了严词拒绝,在日本人的权利诱惑和强权威逼面前,他们毫不犹豫地坚守了"不能卖国求荣"的人生

底线。散文写道:

> 这一代有血性的中国军人,就这样向国人和历史交上了最后的试卷,为自己书写了最后的光荣。
>
> 有人可能奇怪,从哪个角度看,他们都是最容易迈出那可耻一步的人,而他们却坚守了人生的底线。这是怎么回事呢?
>
> 人生有大是大非,他们在大是大非面前绝不含糊;人生有做人的底线,不当汉奸就是一个底线,谁当了汉奸就会留下千古骂名,而他们守住了这个底线。
>
> 我们由此知道,这世上还有比权利更重要的东西,那就是大是大非,那就是做人的底线。

张丽钧的散文《爱的盛宴》讲了一件平平常常的生活小事:好久未回家的儿子要在除夕夜赶回家过年,激动的母亲忙忙活活地做好了儿子爱吃的三鲜馅儿饺子,等待儿子回来下锅。可是,这时候,母亲发现自己犯了一个致命的错误——忘了放盐。母亲着急之下,竟然想出了一个绝妙的补救办法,她找来一个注射针管,调好盐水,一个个地给饺子"打针"。饺子们注射完毕,儿子正好回到家,如愿以偿地吃上了美妙的母亲包的三鲜馅饺子。得知母亲给饺子打针的故事后,儿子顿时泪流满面:"这些年,他一个人在外面打拼,也曾吃过很多饺子,那些饺子,咸的咸,淡的淡,他都咽下去了,有谁能像母亲这样在意他的口味?"从这个"饺子事件"中,作家发现了母爱的亮点,"我相信,铭记着这则故事的人会珍惜母亲做的每一餐饭,会在寡淡的饭菜中品出一种难得的真味与厚味。母亲摆出一场爱的盛宴,只等着她心爱的小鸟来啄。幸福的小鸟啊,你无须刷卡,只管用欢畅的啄食来尽情享用着人间的珍馐吧"。

宋代周敦颐的散文《爱莲说》是托物言志的佳篇。"水陆草木之花,可爱者甚蕃。晋陶渊明独爱菊。自李唐来,世人盛爱牡丹。"而作家与众不同,"予独爱莲之出淤泥而不染,濯清涟而不妖,中通外直,不蔓不枝,香远益清,亭亭净植,可远观而不可亵玩焉"。莲花的"亮点"是生长淤泥污浊中却能一尘不染,与作家在贪官污吏横行的污浊的官场保持清廉高阶的品质不谋而合,被作家取来寄托情志,成为千古名篇。

二、立意:善于提炼新颖、深刻的时代性主题

散文是人类的精神载体,深刻睿智的思想,健康积极情调,热烈深沉的情感

等,都是散文独具的文体魅力,因此,散文写作的立意,就显得特别重要。作家贾平凹谈散文创作时说道:"遇到了自私化的年代,关心个人的文章实在太多,现代汉语散文写作的现状应该需要更大的关怀和大的境界,尊重高贵,保护激情。否则,后人要看我们琐碎而卑微的笑话。"

"散文家应该有健康的人格,有勇气面对自身低俗化或贵族化的人格缺陷。追求崇高,抒写真我,对真善美有歌唱的激情,对假丑恶有批判的勇气,始终坚守为时代、为人民、为人生的写作立场,摒弃卑微的写作愿望和低俗的写作方式。当代散文作者应该是时代的良知,人类精神的代言人和守护神。他们应该热爱生活,理由十足,信心百倍。"(贾平凹《散文选刊》1999年第3期"卷首语")

散文的立意,具体说,应该做到如下几个方面:

(一)符合时代要求,贴近读者的关心与兴趣

写文章最大的忌讳是不合时宜。与诗歌、小说、戏剧等文学文体相比较,散文可谓最贴近当下生活,最具有人间烟火气的文体,因此,散文作者要关注当下生活,洞悉当下的时代主题及社会热点,了解最广大的社会群体所思所想,坚守为时代、为人民、为人生的写作立场,善于在个人兴趣与社会热点之间寻找交集,确立时代性主题,才会获得良好的社会效应。

优秀的散文作品无不是针对时代而写,镌刻着鲜明的印记,才会在当时和其后产生广泛的共鸣和深刻的影响。如前文所举张丽钧的散文《想念小石》所显示的"善良无价!尊严无价!"的主题,正是针对"金钱至上"观念泛滥的当下社会一份严肃的提醒;而刘兴雨的散文《最后的试卷》立意也极具当下意义,通过几个现代史上曾经声名狼藉的人物在国家民族大义面前的坚守,提示了这样一个道理:这世上还有比追名逐利更重要的东西,那就是大是大非,是做人的"血性"和"底线"。

(二)立意要深刻、新颖,善于以深沉的思索透视事物现象背后的本质

散文作者的"慧眼"就在于善于穿透纷繁复杂的事物表象,揭示出现象背后的本质。浅薄的市井散文只是一种消费,立意深刻新颖的散文才能给读者带来审美震惊,才有可能获得读者的广泛共鸣,产生良好的社会效应。

20世纪90年代风行的文化散文、学者散文大都以深刻、深沉见长。如:余秋雨的散文《上海人》,获得了众多上海人的共鸣,主要在于对上海文明本质的深刻揭示。当"精明"特质更多地表现在生活中的斤斤计较时,实则为一种智慧的浪费;"职员心态"的本质则是不敢为人先、不想冒险的保守心态,而"如果永远只是一个拥挤的职员市场,永远只是一个新一代华侨的培养地,那么,在未来的世界地

图上,这个城市将黯然隐退。历史,从来不给附庸以地位。"这些文化心态的负面影响显然束缚了上海这个国际大都市的创新和发展,最后作家殷殷寄语:"上海人人格结构的合理走向,应该是更自由、更强健、更热烈、更宏伟。它的依凭点是大海、世界、未来。"

作家冯骥才的散文《冰心百岁》深刻地指出了冰心老人存在的价值和意义:

> 我们为什么这样祈望冰心、巴金这几位老人健康长寿,长寿百岁?我想,这不仅处于对心爱的老人的一种敬意,对他们文学成就的尊重,更由于他们代表着文学的良心。而文学的良心就是时代的良心。由于这种良心存在,文学便充满正义、尊严、勇气和神圣感。也正为此,这位身材矮小的老太太常常表现得像一位巨人。她直言敢谏,并非由于比我们具有辈分和身份,而是比我们坦荡、磊落、勇敢和真实。她从不谈论文学中的自己,因而也从来不借用文学之外的任何东西——包括政治、文坛和媒体。她从不把张三李四当作敌人;她的敌人都很大,比如封建、专制、落后、庸俗等等。对手多大,自己就有多大。故此,她虽然没有写过上百万字的长篇巨制,但她很博大。

(三)寻求表现主题的最佳艺术视角

散文的题材常常并不起眼,可能是普通人物、寻常事件,要想化平凡为神奇,把平凡的人物事件熔铸成精彩的华章,发现题材的亮点、提炼深刻新颖的立意之后,选择一个独特的入题角度也极为重要。

如余光中的散文表现对女儿的爱,父女情深,却选择了一个反面角度入题,《我的四个假想敌》便是其中一篇。

三、谋篇:精心设计散文结构

散文的外形看似散漫,仿佛信手拈来,信笔挥洒,但却不是随意任性的散漫,优秀的散文都是作者精心构思的结果,也就是说,散文的"形散"中实乃贯穿着"意序","随意"中有着"文脉"的勾连。散文在取材上往往并不需要完整的故事情节,通常是截取几个生活片段或场景,以作者的情感体验为结构作品的纽带,串联各种具体的材料。

(一)连贯式

又称纵式结构,以一件事情、一个人物、一种情景为中心线索,随着时间的推移和地点的转换,展开有头有尾、次序井然的叙写,各种材料基本上互为连贯,比较完整地再现事物发展的大致过程。

朱自清的《荷塘月色》,以"我"在夏夜的月下荷塘边散步为线索,移步换景,将沿途的景色依次写来,开头的"妻在屋里拍着闰儿,迷迷糊糊地哼着眠歌。我悄悄地披了大衫,带上门出去",与结尾处的"猛一抬头,不觉已是自己的门前;轻轻地推门进去,什么声息也没有,妻已睡熟好久了"相互照应,结构有头有尾,叙写次序竟然,便是典型的连贯式结构。

(二)画面组合式

又称横式结构,它是将几种生活片段或情景按一定的方式组接起来,似断实连,脉络清晰。

画面组合式结构形象突出,借鉴了影视作品用画面叙事的方法,由于省略了一些不必要的叙述和交代,使得行文简洁、结构精当。

(三)蛛网式

又称辐射式结构,是以一种思想、一种情思、一种思索为中心,联想各种人、事、物、景,从各个方面或各个角度,去反射中心,反复表现中心。

秦牧的散文《土地》可谓蛛网式结构的典型范例。作家怀着深沉的情思,以"土地"为中心线索,在悠长的时间和广袤的空间里展开丰富的联想和想象,先以剥削阶级重视土地作反衬,接着正面叙述劳动者才真正热爱土地,从古到今的劳动人民一直为土地进行着英勇的斗争,再写土地来之不易,经过几千年流血奋战,才打碎土地的镣铐,使土地成为人民的财产。作家旁征博引,恰当地将各种相关材料组织到文章中,将知识、哲理、形象、感情和文采融合在一起,淋漓尽致地倾诉了对土地的思虑和深厚感情。

(四)意识流动式

是以作者流动着的意识为中心线索,展开主观意识与客观事物互为交融的描写,即由客观的事物或情景引起主观意识的"自由联想"和"抒情独白"。

余光中的散文《鬼雨》可谓蛛网式结构的典型范例。散文开头用医生的三个电话客观地交代了一个婴儿的诞生与夭折,一个中年父亲在得子的喜悦之后又不得不接受丧子的悲痛无形地隐在无情的电话里。然而,在其后的篇章中,悲伤与凄迷的死亡意识就笼罩了全文。在大学课堂上,作家为学生讲授莎士比亚戏剧时,被丧子的悲恸左右着,常常就不自觉地将话题引到莎翁的死亡意识上。清醒的现实与潜意识交替出现,构成了如梦似幻的凄美凄迷的散文艺术境界。

另外,谋划散文结构时还应注意:开头要精彩,独特,引人入胜,结尾则要简洁、含蓄,给人悠远的情思;情感的表现要有层次感,逐层递进,营造高潮,逐层淡出;材料要紧紧附贴于主题之上,听从结构的调度,不枝不蔓。

四、善于创设散文意境

抒情散文常常着意追求一种审美意境的创造。散文的意境是情和景的交融,是意和境的统一,是作者浸透了时代精神的主观感情、意志与自然环境和社会环境的有机融合。意是灵魂,境是血肉。意高则境深,意低则境浅。

散文的这种创设意境的追求带来了散文的"诗性气质",形成散文的独特魅力。

如朱自清的《荷塘月色》,全篇着力于"淡淡的情趣",顺着沿路走来、伫立凝想的线索,通过描绘使小路、荷塘、花姿、月色、树影、雾气、灯光等景物色彩斑斓,可见可感,而叶香、蛙鸣、蝉声,又可味可闻。更加上心情的抒写,巧妙的譬喻,创造出一种淡雅、闲静、情景交融的意境。借景抒情也好,托物言志也罢,都说明抒情散文的写作主要是由景物与情感两种因素构成;而所谓意境,正是由这两种因素相互交融而形成的一种审美效果。因此,可以说,借景抒情和托物言志是就创作手法而言,而对审美意境的追求则是就创作目的、创作效果而言。我们说抒情散文集中体现着一种诗性气质,从根本上说就在于抒情散文与诗歌一样追求情景交融的意境之美。

再如冰心的散文《笑》,依次展现出三幅"笑"的画面,三幅画面的场景虽不相同,但都暗含着一条"爱"的情感线索,并最终由这条线索将三幅画面融为一体:"这同样微妙的神情。好似游丝一般,飘飘漾漾地合拢来,绾在一起……眼前浮现的三个笑容,一时融化在爱的调和里看不分明了。"

延伸阅读

乌篷船

周作人

子荣君:

接到手书,知道你要到我的故乡去,叫我给你一点什么指导。老实说,我的故乡,真正觉得可怀恋的地方,并不是那里;但是因为在那里生长,住过十多年,究竟知道一点情形,所以写这一封信告诉你。

我所要告诉你的,并不是那里的风土人情,那是写不尽的,但是你到那里一看也就会明白的,不必啰嗦地多讲。我要说的是一种很有趣的东西,这便是船。你在家乡平常总坐人力车,电车,或是汽车,但在我的故乡那里这些都没有,除了在城内或山上是用轿子以外,普通代步都是用船。船有两种,普通坐的都是"乌篷船",白篷的大抵作航船用,坐夜航船到西陵去也有特别的风趣,但是你总不便坐,所以我也就可以不说了。乌篷船大的为"四明瓦"(Symenngoa),小的为脚划船(划读如 uoa)亦称小船。但是最适用的还是在这中间的"三道",亦即三明瓦。篷是半圆形的,用竹片编成,中央竹箬,上涂黑油;在两扇"定篷"之间放着一扇遮阳,也是半圆的,木作格子,嵌着一片片的小鱼鳞,径约一寸,颇有点透明,略似玻璃而坚韧耐用,这就称为明瓦。三明瓦者,谓其中舱有两道,后舱有一道明瓦也。船尾用橹,大抵两支,船首有竹篙,用以定船。船头着眉目,状如老虎,但似在微笑,颇滑稽而不可怕,唯白篷船则无之。三道船篷之高大约可以使你直立,舱宽可放下一顶方桌,四个人坐着打马将——这个恐怕你也已学会了吧?小船则真是一叶扁舟,你坐在船底席上,篷顶离你的头有两三寸,你的两手可以搁在左右的舷上,还把手都露出在外边。在这种船里仿佛是在水面上坐,靠近田岸去时泥土便和你的眼鼻接近,而且遇着风浪,或是坐得少不小心,就会船底朝天,发生危险,但是也颇有趣味,是水乡的一种特色。不过你总可以不必去坐,最好还是坐那三道船吧。

你如坐船出去,可是不能像坐电车的那样性急,立刻盼望走到。倘若出城,走三、四十里路(我们那里的里程是很短,一里才及英里三分之一),来回总要预备一天。你坐在船上,应该是游山的态度,看看四周物色,随处可见的山,岸旁的乌桕,河边的红蓼和白苹,渔舍,各式各样的桥,困倦的时候睡在舱中拿出随笔来看,或者冲一碗清茶喝喝。偏门外的鉴湖一带,贺家池,壶觞左近,我都是喜欢的,或者往娄公埠骑驴去游兰亭(但我劝你还是步行,骑驴或者于你不很相宜),到得暮色苍然的时候进城上都挂着薜荔的东门来,倒是颇有趣味的事。倘若路上不平静,你往杭州去时可下午开船,黄昏时候的景色正最好看,只可惜这一带地方的名字我都忘记了。夜间睡在舱中,听水声橹声,来往船只的招呼声,以及乡间的犬吠鸡鸣,也都很有意思。雇一只船到乡下去看庙戏,可以了解中国旧戏的真趣味,而且在船上行动自如,要看就看,要睡就睡,要喝酒就喝酒,我觉得也可以算是理想的行乐法。只可惜讲维新以来这些演剧与迎会都已禁止,中产阶级的低能人却在"布业会馆"等处建起"海式"的戏场来,请大家买票看上海的猫儿戏。这些地方你千万不要去。——你到我那故乡,恐怕没有一个人认得,我又因为在教书不能陪你去玩,坐夜船,谈闲天,实在抱歉而且惆怅。川岛君夫妇现在偶山下,本来可以给你介绍,但是你到那里的时候他们恐怕已经离开故乡了。初寒,善自珍重,不尽。

一九二六年一月十八日夜,于北京

思考与训练

一、阅读龙应台的散文《目送》,尝试从选材、立意、结构方法、情感表现等方面对文本进行评析。

二、诗歌改写散文训练:

苏轼《蝶恋花》

花褪残红青杏小。燕子飞时,绿水人家绕。枝上柳绵吹又少。天涯何处无芳草。

墙里秋千墙外道。墙外行人,墙里佳人笑。笑渐不闻声渐悄。多情却被无情恼。

尝试将上面诗歌改写成散文,要求体现出诗歌原有的意境美,字数不限。

三、请以《××花儿开》为题写一篇散文,要求情景交融,以景写情,在景物的细致描写中自然地透露情感,不少于1200字。

四、听流行歌曲《荷塘月色》,然后以自己对歌曲和音乐的理解、感悟,写一篇散文,字数不限。

第六章

诗 歌

第一节 诗歌的含义

诗歌是文学史上最早产生的文学体裁,它的起源可以追溯到上古时期,虞舜时期就有相关文献记载。诗歌最初起源于原始时代结合着简单语言的劳动呼号,后来作为劳动的伴唱及庆祝丰收时的祝祷,与音乐、舞蹈一同得到发展。《毛诗序》中说:"诗者,志之所之也。在心为志,发言为诗。情动于中,而形于言;言之不足,故嗟叹之;嗟叹之不足,故咏歌之;咏歌之不足,不知手之舞之足之蹈之也。"这段话解释了诗歌、音乐、舞蹈三位一体的原始状况。进入文明时代以后,艺术逐步分化,诗歌日益成为一种独立的文学体裁。

古代习惯把不合乐的诗称为诗,合乐的叫作歌,现代一般都统称为诗歌。三千年的诗歌史包容了无数诗人,也造就了人们对诗歌的不同理解。《毛诗序》说:"诗者,志之所之也。在心为志,发言为诗。"唐代诗人白居易《与元九书》:"诗者,根情,苗言,华声,实义。"现代诗人何其芳认为:"诗是一种最集中地反映社会生活的文学样式,它饱和着丰富的想象和感情,常常以直接抒情的方式来表现,而且在精炼与和谐的程度上,特别是在节奏的鲜明上,它的语言有别于散文的语言。"朱光潜则说:"我认为诗的要素有三种,就骨子里说,它要有一种情趣;就表面说,它有意象,有声音。我们可以说,诗以情趣为主,情趣见于声音,富于意象……"

尽管对于诗歌的具体诠释不同,但人们大都认为,诗歌是抒情言志的文学体裁,它借助比喻和意象,用超常化的语言组合来表情达意。故此,可以如此界定:诗歌是一种用丰富新奇的想象和富有节奏、韵律的语言,高度概括歌唱生活、抒发感情的文学体裁。

第二节 诗歌的分类

按照不同的角度与标准,诗歌有不同的分类方法。

一、按诗歌内容划分

诗歌按内容和性质划分,可分为叙事诗和抒情诗。

(一)叙事诗

叙事诗有较完整的故事情节和较鲜明的人物形象,是一种以叙述者的口吻来刻画人物、叙述事件的诗体。古典诗如《木兰辞》《孔雀东南飞》、白居易的《琵琶行》《长恨歌》;现代诗如李季的《王贵与李香香》、闻捷的《复仇的火焰》等都是很有影响的叙事诗。不过,中国的叙事诗,没有西方那样深厚的传统。中国的古典诗人和现代新诗人并不像歌德、拜伦、雪莱、普希金那样把主要精力耗费在叙事诗的巨著上。中国传统的诗歌,大都是注重抒情和言志。

叙事诗与小说、戏剧、影视文学相比,它的情节比较单纯,不枝不蔓,跳跃性较大,人物较少,人物性格也比较单一。可以说,叙事并不是诗歌的长处,它不能像小说那样将情节铺展开来,不能有详尽的客观叙事和细节描写。但它可以比小说更概括、集中,更凝练、富有激情,更具有激动人心的诗意美。它不是在用韵文形式讲述故事,而是饱含情思地在歌唱一个故事,抒写作者对人物和事件的情感倾向以及对生活的评价。叙事诗的叙事,应当是事与情的一种交融。

(二)抒情诗

抒情诗一般没有完整的故事情节和人物形象,不对外部世界做直接描摹,而是直接抒发作者对社会生活的思想感情。它有时会勾勒式地描绘典型事物,有时会跳跃式地速写人物或情节,目的在于寄情于物或托物言志,以深厚炽烈的感情或深刻的寓意去感染、启迪读者。作者往往把社会生活做了"主观化"和"心象化"的艺术处理,所有的诗歌意象往往不是现实的直接显现,而是通过诗人的心灵过滤和加工后所构成的变形的艺术图景。

从题材角度而言,抒情诗又可分为哲理诗、咏物诗、乡土诗、都市诗、爱情诗等类别。与叙事诗相比,抒情诗一般篇幅短小,常常借助主观抒情的艺术手法创造情感强烈的自我形象。如艾青的《大堰河,我的保姆》,舒婷的《祖国啊,我亲爱的祖国》,戴望舒的《雨巷》等都是抒情诗中的名篇。

抒情诗和叙事诗并不是截然分开的,抒情诗也可以有许多叙事因素,叙事诗因其是抒情的叙事也离不开抒情的成分。二者的划分,主要是就其主导倾向而言的。

二、按诗歌表现形式划分

诗歌按表现形式可分为格律诗和自由诗,民歌和散文诗。

(一)格律诗和自由诗

根据句式、节奏和音韵等安排上的不同,诗歌可以分为格律诗和自由诗两种类型。格律诗是指依照固定的格式和严密的节奏与韵脚而创作出的诗体。它要求相当严,篇有定句,句有定字,讲究对仗、平仄、押韵,行、节、字数、声调、用韵都有严格规定。我国古代的绝句、律诗、词、曲,欧洲的十四行诗等,都属于格律诗。

自由诗是指表达形式活泼自由、不拘一格,在语词和诗句结构中不受格律的影响和制约的诗歌。它没有固定的格式,诗节的划分、篇幅的长短、诗行的字数以及节奏、韵律都没有严格的规定。诗句、诗节的长度随诗意的变化而变化,韵律灵活,靠短语、句子、段落的参差变化来形成诗歌的韵律和节奏。自由诗是现代广为流传的一种诗体。

中国现代诗歌是在胡适"话怎么说,诗怎么写"的诗学观点指导下发展起来的,因而自由诗是其主要的诗歌形式。现代许多优秀诗人如郭沫若、李金发、艾青、臧克家、穆旦、舒婷等,写作的诗歌一般都是自由诗。

(二)民歌和散文诗

民歌亦称歌谣,是劳动人民口头创造的诗歌,它包括山歌、渔歌、牧歌、夯歌、纤歌、地方小调等多种形式。它体现了集体的智慧和感情,具有浓郁的地方色彩,积淀了丰富的民俗民情,具有独特的审美意味。民歌词句简练,朴实自然,大多整齐押韵,常用比兴、夸张和谐音、双关等手法,生动风趣,真挚质朴,易记易唱,洋溢着浓郁的地方生活气息。民歌是各民族文化的一个重要的组成部分,孕育了各个时代的优秀诗人,为他们的创作提供了丰富的养分。历代都有诗人采用民歌体进行创作,如阮章竞的《漳河水》、贺敬之的《回延安》,都是有名的成功之作。

散文诗兼有诗和散文的特点,有诗的激情和意境,又采用不分行的散文形式,不受韵律约束,可押韵,可不押韵,也可韵、散相间。尽管没有诗歌分行排列这一显著的外在标志,但它依然是诗而不是散文。艾青称:"作为散文诗,更侧重于诗。"它具有浓郁的情感,深邃的意境,内在的跳跃节律。散文诗常采用托物言志、借景抒情及象征等手法,将诗情、画意、哲理有机地融为一体,篇幅短小而意味隽永。

散文诗的历史并不很长,这种文体于19世纪初从法国作家波德莱尔手中诞生,随后世界各国都相继涌现出了优秀的散文诗作家和作品。屠格涅夫的《散文诗》、泰戈尔的《新月集》、鲁迅的《野草》等都是世界散文诗史上的名篇。

第三节 诗歌的特征

一、强烈的抒情性

《汉书·艺文志》中说:"诗言志,歌咏言。"袁枚在《随园诗话》中解释"诗言志"为"言诗之必本乎性情也";"歌咏言"即"言歌之不离乎本旨也"。也就是说,吟咏性情,是诗歌本质的艺术特征,是诗歌区别于其他文学样式的根本所在。唐代诗人白居易也说:"诗者:根情,苗言,华声,实义。"到现当代,作家诗人们仍持相同见解,鲁迅说:"诗歌是本以抒发自己的感情的。"当代诗人郭小川认为"没有感情,就没有诗歌"。诗的抒情性在西方同样受到重视,如英国诗人华兹华斯说:"诗是强烈感情的流露。"总之,诗歌不像小说或戏剧那样注重情节曲折、细节的刻画,或典型人物的塑造,它主要靠情的力量来感染人、打动人,在强烈的抒情中蕴含思想的启迪。美丽的诗歌之花都是因诗人"心"泉的滋润而萌生、而盛开。

当然,强调诗歌的抒情本质,并不是说其他文学就没有或不需要抒情,一切文学作品在反映社会生活时都渗透着作者的感情色彩,但是它们都不像诗歌那样把感情作为自己主要的表现对象,并且在情感的强烈、集中和表达方面表现得那么突出。诗歌作者在长期的社会生活中产生了独特而强烈的感受体验,积淀为白热化的情志,不吐不快,便借用诗的形式得到不可遏止的喷发,以自我心灵的震撼去引起读者的共鸣。

诗歌以情感人,但并不是说一切情感的流露都能成为好诗。情感有真伪、高下、美丑、强弱之分。真正的诗,首先具有真情实感,它来自生活,出自肺腑。那些浮泛的矫饰,无病的呻吟,假大空的豪言壮语,不可能成为诗。其次,诗的情感还要求健康、高尚。罗斯金说:"一个少女可以歌唱她失去的爱情,但是一个守财奴却不能歌唱他所失去的钱财。"因为前者感情高尚,可以感动善良的人们,而后者感情卑下,不能引起人们的共鸣。人类的一切情感,特别是与人民、与生活、与时代息息相关血肉相通的情感,都是诗情的源泉,而一切病态的、格调低下的、颓废粗俗的情感,都不是诗歌的对象。

二、高度的凝练性

诗歌重在传情,但囿于字数行数的限制,不能像小说、戏剧那样铺展开来,而要用精炼、准确的语言,高度概括、集中地反映生活,表情达意,在有限的诗句内,容纳包含尽可能丰富深广的社会生活和思想感情内容。英国诗人勃莱克在《天真的预言》中写道:"一颗沙里看出一个世界,一朵野花里一个天堂,把无限放在你的手掌上,永恒在一刹那里收藏。"形象地诠释了诗歌的高度凝练性。

旧诗中的许多作品,均能以少胜多,做到"字少而意丰""以片言明百义"。如温庭筠的《商山早行》:"鸡声茅店月,人迹板桥霜。"通过寥寥数字,便将凄清冷落的意境和游子在旅途中的辛劳、孤寂抒写得淋漓尽致。蒋捷《虞美人·听雨》:"少年听雨歌楼上,红烛昏罗帐。壮年听雨客舟中,江阔云低,断雁叫西风。而今听雨僧庐下,鬓已星星也。悲欢离合总无情,一任阶前点滴到天明。"此词从"听雨"这一独特视角,表现了少年、壮年、晚年三个人生阶段的不同境遇、不同感受。作者通过时空的跳跃,依次推出了三幅"听雨"的画面,三幅画面前后衔接而又相互映照,艺术地概括了作者由少到老的人生道路。其中,既有个性烙印,又有时代折光:由作者的少年风流、壮年飘零、晚年孤冷,分明可以透见一个历史时代由兴到衰、由衰到亡的嬗变轨迹。

新诗用白话来表现现实生活,不像旧诗那样对字句有严格限制,篇幅可长可短,每行的字数可多可少,但对生活的反映同样是高度集中的。诗人臧克家认为:"以经济的字句去表现容量较大的内容,这是诗歌的一个重要特点。"他在自己的诗歌创作中也是这么做的,如《三代》:"孩子/在土里洗澡;//爸爸/在土里流汗;//爷爷/在土里葬埋。"这首小诗语言平白,内涵却很阔大。谈及这首小诗,诗人自己曾说:"想一想几千年来,千千万万农民生活的情景吧。活了一生,辛苦寂寞了一生,死后,一口小土坟,凄凉的,寂寞的在几株萧萧作响的杨树下躺着。"可见他对旧社会农民的不幸生活充满了同情,然而他对农民悲惨生活的历史概括却只用了六行诗,真可谓惜墨如金。这首诗从横的方面看,先是玩耍的孩子,似不足悲;次是流汗的爸爸,忧患之情透出诗行;最后是汗已流尽而被埋葬的爷爷,悲凉之状触目惊心。从纵的方面看,三个形象展现的并不是静止的三代,而是三代的循环,是一代又一代乃至无数代,是对旧中国整个农民生活道路的高度概括。诗中词语平白简单,透明如水,但是诗人巧妙的构思却使这些平常的词语丰富了内涵,拓展了意境,焕发出极具魅力的艺术光彩。再如徐志摩《沙扬娜拉——赠日本女郎》原诗十八节,再版时删去了前十七节,只选取了一个最难忘的最柔美的镜头,即"一低头的温柔",把女子内心说不出的情意、别离的忧愁、莫名的委屈等都表现出来了。

三、神奇的想象性

一切文学创作都离不开想象,诗歌创作尤其需要想象,想象是诗歌的基本方式。艾青说:"没有想象就没有诗。"赫兹利特说:"诗歌是幻想和感情的白热化。"波德莱尔也说:"只有想象里才有诗。"想象对于文学艺术,特别是诗歌,是一个具有决定意义的内在因素。因为想象本身,就是诗人感情的升华,认识的扩展和深化,是新形象的涌现和意境的开拓。所以,诗歌的创作过程只有通过想象才能最后完成。

想象是形象思维的过程,诗人凭借想象捕捉和提炼艺术形象,进行艺术构思。我们知道诗歌传达的情感是概括的、典型的,但是在艺术表现上则必须是具体的、形象的。诗的想象,就在于能够通过想象力的帮助,创造出最能体现理性概念的感性形象,即给不具形的思想、情感以生动具体的形象。诗歌创造形象有其特殊性,一般情况下,它不会对事物做详细、具体的描写,也不会对事物过程做一一铺叙。它只是抓住最便于抒情的事物,以抒发自己的感情。它对事物的描写,往往是写意性的,它通过"意象"的创造来构筑自己的形象体系和艺术世界。

所谓"意象"它是诗人主观情态作用于客观物象并在融合转化中生成的具有特定情感内容的艺术形象,它是"客观物象"与"主观情感"的有机统一。"意象",是诗歌创作构思的核心,是诗的思维过程中的主要符号元素,只有通过意象才能生动、艺术地表现自己的情感。一首诗可以有一个单一的意象,也可以有多个意象组成的复合意象。

诗人创造意象有两种类型:一是以心写物,二是缘心造物。所谓"以心写物",它直接缘于作者的感官印象,是对生活场景的诗意刻画。如杜甫的《绝句》:"迟日江山丽,春风花草香。泥融飞燕子,沙暖睡鸳鸯。"这首诗一句一个意象,四个意象组成了初春美丽的图画,表现了诗人面对一派春光的喜悦之情,其意象与客观事物有着某种对应。所谓"缘心造物",其意象不是来自现实的生活场景,而是来自诗人的主观想象。如舒婷的《祖国啊,我亲爱的祖国》中的句子:"我是你簇新的理想,/刚从神话的蛛网里挣脱;/我是你雪被下古莲的胚芽;/我是你挂着眼泪的笑涡;/我是新刷出的雪白的起跑线;/是绯红的黎明正在喷薄!/——祖国啊!//"这些诗句的意象,是诗人根据情感抒发的需要,在平日积淀的感官印象基础上,通过大胆地创造性想象,将其整合为新颖独到的"意象"。这些"意象"虽然离生活实景较远,但却是诗人主观情感的真实表达。

正是由于诗歌形象的独特性,使得诗歌的意象创造和情感表现特别需要奇特而丰富的想象。诗歌创作,必须不为客观事物所围,在情感的驱动下展开想象的翅膀,去捕捉、开拓、创造奇特而新颖的意象。为了达到这一美学要求,诗人常常运用夸张、比喻、变形、通感、拟人等艺术手法。如马雅可夫斯基的长诗《列宁》,当列宁逝世的消息传出后,诗人沉浸在巨大的悲痛中,在情感的驱动下展开了丰富的想象:天花板变成了乌鸦向人们压来;惊恐从钢铁里榨出了呻吟;欢乐像蜗牛似地爬;悲痛像脱缰野马;没有了太阳,没有晶莹的火,只有黑色的雪花透过报纸的筛子,撒遍天上地下……在诗人的笔下,几乎所有事物都发生了移位、变形,都服从于诗人情感的表达。奇特的想象、夸张的形象,能使读者惊叹并难以忘怀,所以,诗歌中的想象之词、奇特之象,不必求其真,不必求其准,更不必求其有。诗人并不关心他的诗句是否符合生活常识和现实逻辑,他关心的是这些诗句是否表达出了自己的思想感情,是否构成了自己独特的艺术形象。诗中那些"不真实"的形象,强化了诗人感情的真;那些"反常"的现象,强化了诗人感情的正常。

别林斯基说:"在诗中,想象是主要的活动力量,创作过程只有通过想象才能够得到完成。"在诗歌创作中,诗人只有展开想象的翅膀,摆脱现实的拘泥,才能充分调动形象思维,营造新颖独创的意象,创造优美蕴藉的意境。如果缺乏想象力,诗歌的感情表达、作品的审美价值就会大打折扣,就会写得太直太露,如白开水一般,无滋无味。即使不是太直太露,单靠技术上的刻板操作,也只能使诗歌"意""象"脱节,"意""境"混乱。

四、和谐的音乐性

在所有的文学样式中,诗与音乐最为同源,所谓"在辞为诗,在乐为歌"。诗歌之所以具有音乐性,与它的抒情性紧密相关。感情的起伏跌宕、波动流走,构成了诗歌内在的音乐美,将诗歌内在的音乐美传达出来,也就构成了诗歌语言上的音乐美。诗歌的音乐性是指语言的节奏感和韵律感。诗歌的语言讲究节奏,这要求音节的体现大致整齐,音调的轻重抑扬按一定韵律交替使用,读起来铿锵悦耳。这样吟诵起来,就会造成一种流畅、和谐的美感。鲜明的节奏,和谐的音韵是诗歌区别于其他文学样式的一个基本特征。

所谓节奏,是指诗歌语言轻重、缓急、强弱、高低、长短等有规律地运动所带给人的一种张弛交错的特殊美感。郭沫若在《论节奏》中认为:"节奏之于诗是它的外形,也是它的生命。我们可以说没有诗是没有节奏的,没有节奏的便不是诗。"

中国诗歌语言上的节奏,主要是通过"平仄"和"顿"来完成的。在古代汉语里,汉字有平、上、去、入四声,平声除外,其他都是仄声(在现代汉语中,平声分为阴平和阳平,入声则归入阴平、阳平、去声)。平声音长而平稳,仄声音短而有升降,古代诗人运用平仄的对立,在长期的诗歌创作实践中形成了一些稳定的平仄格式,如王之涣的《登鹳雀楼》:

白日依山尽,
(平仄平平仄)
黄河入海流。
(平平仄仄平)
欲穷千里目,
(平平平仄仄)
更上一层楼。
(仄仄仄平平)

这首诗,每句平仄相间,单句与双句之间相同位置的字音,特别是二、四两字,上句用平声字,下句一定用仄声字,这种平仄有规律地组合,也就造成了语音上的错落有致、变化和谐,也就形成了诗歌语言的节奏。

所谓"顿",是指读一行诗时可以略为停顿一下的音节上的基本单位。如徐志摩《再别康桥》中的第一节:

我/轻轻地/走了,
正如我/轻轻地/来,
我/轻轻地/挥一挥手
作别/西天的/云彩。

诗中长短不一、相互交错的"顿",也就构成了诗歌语言上的节奏。中国古代的七言诗,一般每句分四顿,五言诗每句分三顿。现在的新诗,虽然音节停顿和格律上没有古诗那样整齐划一,但多数诗作的音节还是大致相等,有规律可循的。如讲究诗节之间的对称,或是采用反复、排比、连珠等修辞手法来加强节奏。如舒婷《致橡树》中的诗句:"你有你的铜枝铁干,/像刀,像剑,/也像戟,/我有我红硕的花朵,/像沉重的叹息,/又像英勇的火炬,/我们分担寒潮、风雷、霹雳;/我们共享雾霭、流岚、虹霓。"

此外,诗歌的节奏不单纯是语言声音的节奏,还是它所反映的生活,流露出的思想感情的节奏。因此,诗歌的节奏是随着生活节奏、感情节奏的变化而变化的。如轻松欢快的心情,往往表现为明快的节奏;紧张昂扬的情绪,往往表现为急促的节奏;悲哀深沉的感情则表现为舒缓低沉的节奏。

除了鲜明的节奏,诗歌还要求韵律和谐。韵律是指语音上的旋律,即押韵的规律。押韵又作压韵,是指在韵文的创作中,在某些句子的最后一个字,都使用韵母相同或相近的字,使朗诵或咏唱时,产生铿锵和谐感。音韵在诗中的作用表现为:通过韵的串联,关上粘下,有助于把跳跃式的各诗行连成一个整体,加强结构和形象的完整性;因情赋声,以声传情,加强抒情的强烈性;使诗歌具有抑扬顿挫、流畅回环的韵律美,易记易诵。中国古代的格律诗对押韵要求相当严,不仅规定了韵的位置,还规定了韵的平仄。而现代诗的押韵,就比较灵活、自由,可疏可密,可一韵到底,也可中途换韵。戴望舒的《雨巷》全诗共七节。第一节和最后一节除"逢着"改为"飘过"之外,其他语句完全一样。这样起结复见,首尾呼应,同一主调在诗中重复出现,加强了全诗的音乐感,也加重了诗人彷徨和幻灭心境的表现力。整首诗每节六行,每行字数长短不一,参差不齐,而又大体在相隔不远的行里重复一次脚韵。每节押韵两次到三次,从头至尾没有换韵。而有些同样的字在韵脚中多次出现,如"雨巷""姑娘""芬芳""惆怅""眼光",有意地使一个音响在人们的听觉中反复,这样就造成了一种回荡的旋律和流畅的节奏,读起来,像一首轻柔而沉思的小夜曲。

第四节　诗歌的写作

作诗有法,但无定法。诗歌创作的过程可划分为"发现——构思——表达"三个步骤。我们只有深入生活,用心观察和体味,才能在平凡的世界里发现诗意。发现诗意只是诗歌创作最初的阶段,接下来我们要仔细谋划和构思诗歌的篇章结构,将散漫的诗情集中起来。诗歌创作的最后阶段是表达,也就是将诗情语言化的过程。

一、诗的发现

发现是创造的第一步。诗歌创作也是从诗意的发现、诗情的点燃开始的。在诗的发现问题上有两种极端化的观点,一种认为诗是天才的专利,是神的赐予,非一般人所能为;另一种认为生活无处不是诗,诗歌写作完全不需要特殊的技巧和艰苦的寻求。这两种看法都失之片面,前者导向神秘论,后者抹杀了诗和日常表达的界限,从而也就否定了诗。发现是审美创造的里程碑,是诗人创造能力的表征,它固然与遗传素质相关甚大,但后天的训练习得更加重要。虽然发现是不容易的,而且有一定的偶然性存在,但是并不神秘,诗意就蕴藏在平凡生活之中。正所谓"机遇偏爱有准备的头脑",只要有所准备,肯下苦功,我们就能发现诗意、发现哲理、发现意象、发现语言……发现美。那么,如何在生活中发现诗意、点燃诗情?

(一)培养对生活的敏锐感受力

"生活是多么广阔,/生活是海洋。/凡是有生活的地方就有快乐和宝藏。"这是诗人何其芳在《生活是多么广阔》里写下的诗句。可以说,是生活的宽广博大和诗人对生活的真切体验与细致观察触发了何其芳蓬勃的创作灵感。如海洋般广阔的生活不仅处处有快乐和宝藏,而且处处充满了诗情和诗意。不过,这诗情诗意只有善于观察生活的眼睛才能发现,只有异常敏锐的心灵才能捕捉,所以要做一个大千世界的敏悟者。其实,诗意无处不在,生活中并非缺少诗意,缺少的只是发现诗意的眼睛。比如,一朵小花、一片红叶、一根夹在书中的羽毛、一句天真的童言、一个寂寞又热烈的眼神……这些看似平凡简单的事物,在一个敏思善感者的心中却都能激起美的涟漪,都藏有诗意。

当然,对于诗歌创作来说,"生活"的含义应该是广义上的,不仅包括社会实践,而且包括内心生活,二者的配合才构成了诗人的全部生活内容。在生活中,我们必须注意敏锐地捕捉瞬间的感受和体验,及时将它积淀在思维的信息库中,以备日后的诗歌构思和诗歌创作之用。臧克家《歇午工》写道:"睡着了,/铺一面大地,/盖一身太阳,/头枕着一条疏淡的树荫",可以说,没有对生活的细致观察和深厚积累,是写不出这样的诗句的。

(二)及时捕捉稍纵即逝的灵感

说到诗,不可避免地要涉及一个词:灵感。可以说,几乎每一首好诗,其艺术构思都与灵感有关。构思是诗歌创作中的最重要阶段,而构思是什么引起的?是因为创作的冲动——灵感的爆发。在西方,柏拉图最早注意到了诗人的这种特殊的精神状态:"诗人是一种轻飘的长着羽翼的神明的东西,不得到灵感,不失去理智而陷入迷狂,就没有能力创作,就不能作诗或代神说话。"这些语句都说明了灵感对于诗人有着多么神奇而重要的作用。什么是灵感?艾青在《诗人必须说真话》中说:"所谓灵感,无非是诗人对事物发生新的激动,突然感到兴奋,瞬即消逝的心灵的闪耀。所谓灵感,是诗人的主观世界和客观世界最愉快的邂逅。"对于一首诗来说,灵感是因,对于客观世界而言,灵感是果。由客观世界获得灵感,由灵感开始创作。普希金在抒情诗《秋》中就以传神之笔描述过灵感附体时的状态:

"我常常忘记世界——/在甜蜜的静谧中/幻想使我安眠,/这时诗歌开始苏醒。/灵魂洋溢着抒情的激动,/它颤抖,响动,探索,像在梦中,/最终倾泻出自由的表现来——/一群无形的客人朝我奔来,/是往日的相识,是我幻想的果实。/于是,思想在脑中奔腾,澎湃,/轻妙的音律迎面涌来。/于是手指忙着抓笔,笔忙着找纸,/刹那间——诗句就源源不断的涌出……"其实许多人都有过这样"愉快的邂逅"的内心体验,但往往因为疏于捕捉而与灵感失之交臂。

灵感尽管很重要,但它并不能轻易获得,只有长期积累才可以偶尔得之。所以,诗歌创作要注意灵感的培育,注意在日常生活中留心观察,锤炼诗思,集聚生活感受和生命体验,只有做到了这些,诗歌灵感才会在我们的创作活动中不期而至。

二、诗的构思

构思是思考酝酿的过程,也是诗歌写作的关键环节。在这一过程中,通过理性的进一步深思和想象的进一步展开,作为零星存在的"发现"得以丰富、完整,立意、结构、意象都得以定形,只待下一步以恰当的语言形式传达出来。

(一)提炼诗意,选取角度

1. 提炼诗意

诗歌是情志所托,故构思以炼意为主,要"意在笔先"。有了意,诗就有了灵性,有了精神;没有意,诗就死气沉沉,苍白失色。

诗歌的立意有几个标准:

一是要真诚。诗在本质上是主观心灵的表现,所以要忠实于诗人的内心情感。只有发自肺腑的,才易于动人;而"为赋新词强说愁"式的虚假、卖弄、粉饰、做作,都令人望而生厌。

二是要深刻。作者要站在时代制高点上,对素材做深度勘探,把诗思引向深入。

三是要新鲜。要放弃同类素材常见的立意,开拓出新的天地。

其中,深刻和新鲜常常是相辅相成的。深刻的立意必然有新意,而新鲜的立意,只要合理,一定因发前人所未发而呈现出一定的深刻性。例如爱情是诗歌的永恒题材,舒婷的很多爱情诗就能够立足新的时代高度、新的人文价值,开拓出深刻、新鲜的立意。如《致橡树》,"我必须是你近旁的一株木棉/作为树的形象和你站在一起",《赠别》,"要是没有离别和重逢/要是不敢承担欢愉与悲痛/灵魂有什么意义/还叫什么人生",这些诗句都明显高过她的《春夜》的立意,后者的立意归宿较为普通——"我愿是那顺帆的风,伴你浪迹四方"。

总之,对于诗人来说,要在短小的篇幅内表达自己的认知、看法,更需要独具慧眼,对于司空见惯的事物也要比别人看得更透彻些深刻些,有自己独到感受。诗人非马的《鸟笼》很有意味:"打开/鸟笼的/门/让鸟飞/走/把自由/还给鸟/笼。"诗人在寻常的鸟和笼的关系上,悟出非寻常的关系,把鸟关起来,不自由的是鸟,也是笼。由此表现一个哲理:不给别人自由,自己也就不得自由。再如海南三亚海滩边著名的石雕"鹿回头",缘于一个动人的黎族爱情故事。高深《鹿回头》却悟出自己独特感受:"生与死转化为恩爱/猎人与猎物结成夫妻/这美丽动人的传说/美化了弱者的屈服。"猎物向猎人求爱,弱者的屈服在传说中美化了,奴性的爱一直被人们赞美歌颂。诗人反弹琵琶,却是道出了本质。

2. 选取角度

"横看成岭侧成峰,远近高低各不同。"因为观察角度不同,所见大抵也各不相同。同一种景物,从不同角度看可呈现不同形貌;同一类情思,用不同方式来表现,可产生不同效果。构思时的另一重要环节在于寻求一种最能传达主观情思的、新颖巧妙的、常人易忽视的切入点或角度来表现主题。

所谓诗的角度,就是指作者观察生活、捕捉形象和确立主题时所取的方位。选取角度的目的,是为了最恰当最艺术地表现作者的诗情。如匈牙利诗人裴多菲著名的诗《自由,爱情》,诗里写道:"自由,爱情。/我要的就是这两样。/为了爱情,/我牺牲了我的生命,/为了自由,/我将爱情牺牲。"自由和爱情都是生命中最宝贵的。诗人用强烈而真挚的感情,表现了自己对自由的渴望与热爱,获得了哲学的深刻性与全面性。在这里,诗人就是找准了感情的最佳切入点,以自由、爱情、生命为情感的契机,把自由跟爱情、生命放在一对矛盾中去强调,更加把自己对自由的热爱看得高于一切。再如鲁黎的《泥土》这样写道:"老是把自己当作珍珠,/就有被埋没的痛苦。/把自己当成泥土吧,/让众人把你踩成一条道路。"这首诗用"珍珠""泥土"做比喻,又把它们放在一种对比中强调,从而表现了一种高尚的牺牲、奉献精神。诗人的这种精神正好以"泥土"做契机,让情感升华到极致。从以上几首诗可以看出,选择最佳立足点和最富于表现力的创作视角,对于凝聚纷乱的思绪,引发强烈的诗情,表达作者生活的独特感受有着重要的作用。

诗歌角度的选择要注意新颖性、独创性,要能够跳出传统的思维定势和模仿重复的阴影,从新的角度去发掘事物的本质美,从而获得新的发现。

(二)组织意象,创造意境

1. 组织意象

意象,在古代最初是哲学范畴的概念,后来逐步用于对诗歌和其他文学样式的评论及美学研究中。诗歌的创作过程,总是从诗人对生活中的某种现象引起了特别动人的感觉,出现了异样情思,进而获得第一个意象开始的。意象,是诗歌的基本元素,一首诗就是一个有机组合的意象系统。

诗歌创作中,诗人的抒情往往不是情感的直接流露,也不是思想的直接表达,而是多采用言在此意在彼。写景则借景抒情,咏物则托物言志,这里的所写之"景"、所咏之"物",即为客观之"象",借景所抒的"情",咏物所言的"志",即为主观的"意";"象"与"意"的完美结合,就是"意象",即作者的主观之意和客观之象融为一体的艺术形象。古诗词中如马致远《天净沙·秋思》中的藤、树、鸦、桥、道、风、马,除鸦有特定意象外,其他看不出情感倾向,但分别用枯、老、昏、小、古、西、瘦等一系列带有倾向色彩的词修饰后,藤是干枯的、毫无生气,树是衰朽残败,鸦是傍晚暮鸦,桥是狭小少人经过,道是荒凉古道。这首词通过描写富有特征而又互有联系的景物,物象变为有倾向的意象,整个融入萧条荒寂之中,意境顿生,以概括而巧妙的艺术构思勾勒出一幅弥漫着阴冷气氛和灰暗色彩的秋郊夕阳图。

在诗歌的艺术表现中,诗人常常需要采用多种方式,将采摘来的意象进行精心的组合,以达到最佳的表达效果。诗歌组合意象时采取的方法主要有下面几种:

一是并置式组合,也叫并列式组合。所谓的并置式意象组合,指的是两个以上(含两个)意象以并列的方式有机组合在一起,它们之间没有时空的限定和关系的承接,而是以作者的思想情感作为联结它们的主要纽带。这种手法关键在于"语不接而意接",在一系列表面上似乎全然无关的并置意象或由意象组接的画面之间,以情意作为线索一以贯之,使意象与意象之间,画面与画面之间似断而实连。温庭筠《商山早行》中的"鸡声茅店月,人迹板桥霜","鸡声""茅店""月""人迹""板桥""霜"6个早行的典型物象被"道路辛苦,羁旅愁思"的情意贯穿始终,引发读者强烈的美感与不尽的遐思。邹荻帆一首题为《蕾》的诗歌这样写道:"一个年轻的笑/一股蕴藏的爱/一坛原封的酒/一个未完成的理想/一颗正待燃烧的心。"诗人一口气并列排出5个意象来描绘花蕾的风姿。诗人把花蕾感觉为"笑""爱""酒""理想""心",这是非常独特的审美体验,当诗人将它们全部并列为一个意象系统时,具象的花蕾与一些抽象的情绪情感连接起来,5种意象的并列,把一种对青春的礼赞做了突出的渲染。

并置式组合方式是从意象开始又终于意象,读者几乎直接读不到诗人隐藏很深的情感,需要读者透过这些并置的意象系统来细心咀嚼它的深意。这是现代朦胧诗、意象诗比较常用的组合方法。

二是交错式组合。这种方法是指诗歌作者有意把完全相反、互相矛盾的意象组合在一起,构成一正一反、一平一奇的意象系统,造成一种出人意料、发人深省的审美效果。这种意象组合方式在中国古诗中十分常见,"朱门酒肉臭,路有冻死骨"(杜甫),"战士军前半死生,美人帐下犹歌舞"(高适)都是典型诗例。在新诗写作中,这种组合方法也很常见。何宜陵的《变迁》这样写道:"田野上的花/被爱她的人/关进珐琅瓶蓝色的围墙/急流中的船/被嬉戏的浪/搁置在金色的沙滩/在一部人间的喜剧里/在一部人间的悲剧里/"花长在田野与关进花瓶,船的前进与搁浅,这些矛盾的意象交错组合,给人的启迪比一般的陈述更为显豁与深刻。再如史蒂文斯的《观察黑鸟的十三种方式》之第一节:

周围,二十座雪山
唯一动弹的
是黑鸟的眼睛

肃穆、庄严的二十座雪山中间,唯一动弹的是黑鸟的眼睛,周围一片明亮、寒冷的寂静,整个世界仿佛已被冻结。恰恰在这一片凛然的寂静中,唯一动弹的那双黑鸟的眼睛,让我们强烈地感到了生命或者某种富有生命力的事物的珍贵和美丽。气势磅礴的二十座雪山和小小的黑鸟眼睛的对比是惊心动魄的:如此的巨大与微小、纯白与深黑、静与动的强烈对比,不能不造成某种艺术的震撼力,将我们的灵魂紧紧抓住。

三是突反式组合。所谓突反,就是诗歌首先围绕一个核心的意象,使用若干相近的意象将诗意层层展开、步步深入,等到核心意象的烘托和诗意的渲染到达一定程度后,再拈出一个与之相对或相反的意象,"卒章显意",从而将前面的诗意全面颠覆。突反的使用强化了诗歌语言的"出其不意"特征,也增强了其陌生化的表达效果。如艾青的《礁石》:"一个浪,一个浪/无休止地扑过来/每一个浪都在它脚下/被打成碎末,散开……它的脸上和身上/像刀砍过一样/但它依然站在那里/含着微笑,看着海洋……"前面极力铺写汹涌海浪对礁石的扑打与摧折,最后两句写礁石对待海浪摧折的泰然处之,一个勇敢面对逆境、敢于克服重重苦难的英雄形象蓦然出现在我们面前。再如台湾诗人郑愁予的《错误》,先放笔写了一个可爱少女在等"我"重温旧梦的3个意象,但最后一个意象,"我"只是打江南走过的

"过客",这一意外把"美丽的错误"引起的哀怨情绪传染给了读者。

总之,这种组合意象的方法相当于小说中所谓"情节的逆转",在大量某一类意象罗列到一定程度后,突然出现一两个极为相反的意象类型,以求得情绪的突转与心灵的冲击等艺术效果。

2. 创造意境

几个意象综合在一起所流露出的意蕴就是意境。意即思想感情,境指自然景物或社会生活图景。意境合称指作者的思想感情和外界事物相结合产生的一种境界,即诗人把自己的主观感受和客观景象融为一体,通过艺术手段描绘出来,构成一种情景交融、形神兼备的艺术境界,具有强烈的感染力和启示力,含有言外之意、弦外之音,使读者可以从有限感知无限,得到一种韵味无穷的美感。在古典诗词中,意境一般表现为一种如诗如画的艺术境界或给人以强烈感染内的艺术氛围,是诗人的思想感情和作品中描绘的生活图景和谐统一的结果。如杜甫的《登高》:"风急天高猿啸哀,渚清沙白鸟飞回。无边落木萧萧下,不尽长江滚滚来。万里悲秋常作客,百年多病独登台。艰难苦恨繁霜鬓,潦倒新停浊酒杯。"其中所选意象不作为单纯的自然物而出现,它们有机地构成一个特殊环境,将全诗笼罩在沉郁悲壮的气氛之中,但又透出深邃的情感追求,具有了一种悲剧情怀和超越意识。在这里,外在的自然景物和人内在的深沉体验完全融为一体,构成了一个悲壮的抒情氛围,引起了许多人的共鸣,达到了很高的艺术境界,令人回味无穷。

按照王国维《人间词话》中的分法,意境分为"有我之境"和"无我之境"。所谓"有我之境",是指那种感情比较直露、倾向比较鲜明的意境。如杜甫的《春望》:"国破山河在,城春草木深。感时花溅泪,恨别鸟惊心。烽火连三月,家书抵万金。白头搔更短,浑欲不胜簪。"此诗道出了作者经历战乱,特别是目睹安史之乱后京城破败景象的痛苦心情。花草本不含泪,鸟儿也不会因人的别离惊飞,是因为诗人痛苦不堪,所以都有了人的情感色彩,这就是"有我之境"。所谓"无我之境",则是指那种感情比较含蓄、不露声色的意境画面。王国维认为,陶渊明的"采菊东篱下,悠然见南山"就是"无我之境",作者自己虽出现在画面中,但他的感情却藏而不露,与大自然融为一体,诗所表现的情感让读者自己从画面中去体会。杜甫的七绝"两个黄鹂鸣翠柳,一行白鹭上青天。窗含西岭千秋雪,门泊东吴万里船",也是"无我之境"。作者描绘了景色,但没有评价景色,没有显露情感,但人们可以从画面开拓的意境里,间接地领略到诗人欢欣的情绪和开朗的心怀。因此"无我之境",只是情感不外露,并不是没有情感和倾向。

由此,在诗歌创作中,营造意境的方法就主要有移情入境、情随景生和情景反衬三种。

移情入境，即作者在现实生活中先有所感，然后根据作者的情与意，去寻求得以表达的"境"，即将情意"移"到外在客观事物上加以表现，从而使意境交融，西方美学界多把这称为"移情"。中国古诗中如"问君能有几多愁，恰似一江春水向东流"（李煜《虞美人·春花秋月何时了》），"试问闲愁都几许？一川烟草，满城风絮，梅子黄时雨"（贺铸《青玉案》）。新诗中如"我的寂寞是一条蛇，寂静地没有言语"（冯至《蛇》），"我的翅膀是这样沉重，像是尘土，又像有什么悲恸，"（何其芳《回答》），都是移情于境的运用。这类型诗歌阅读之后，某种情理给人以鲜明印象，其中的景物也带有这样的情感色彩，强化了这种情感的作用。这种意境类似于王国维所说"有我之境"，作者意显情浓，作品富有情感的或理性的色彩。

情随景生，即作品以写景为主，尽情地描绘景物，不轻易表露作者的情感意念，把读者带进某种实境中，某种景明而情幽的意境中。某些景物给人留下鲜明的感觉，其中的情意则淡而远，需要慢慢体会，细细琢磨。这种意境类似于王国维所说"无我之境"，作者情意不直接表露，全赋予对景致的描写之中。

情景反衬，即有意使所描绘之景与所表达之情相互矛盾，情景性质相反而又融洽一致，读者感受其中的情景差异，意料之外，情理之中，感觉新鲜，耐人寻味。如元稹《行宫》一诗所要表现的是凄凉哀怨的心境，但却着意描绘红艳的宫花。红花一般是表现热闹场面，烘托欢乐情绪的，但在这里却起了很重要的反衬作用：盛开的红花和寥落的行宫相映衬，加强了时移世迁的盛衰之感；春天的红花和宫女的白发相映衬，表现了红颜易老的人生感慨；红花美景与凄寂心境相映衬，突出了宫女被禁闭的哀怨情绪。这都是利用良辰美景的气氛与忧思愁苦的心情之间的矛盾，来突出中心思想，即王夫之《姜斋诗话》所谓"以乐景写哀"，一倍增其哀。

三、诗的表达

诗的表达主要是指要以超常化的语言构造来呈现意象。诗歌是一种最精美的语言艺术，是最富美感的文学语言。与其他文学样式相比，诗的语言应该是更形象化，更富有音乐性的，高度凝练精简的语言。同普通语言的中规中矩相比，新奇精美，超越语法和逻辑规范是诗歌语言的显著标志。圣·琼佩斯称"诗人是扯断习惯这根线的人"。诗的语言之所以是超越语法和逻辑的创造性语言，是因为普通语言只是一种传达信息的实用语言，具有自动化的性质，实用语言经常使用那些司空见惯、呆板僵化的话语方式，它对人们已失去了新鲜感，不能激活我们对生活的真切感受。俄国形式主义评论家什克洛夫斯基说:"艺术之所以存在,就是为使人恢复对生活的感觉,就是为了使人感受事物……艺术的目的是要人感觉到事物,而不是仅仅知道事物。艺术技巧就是使对象陌生,使形式变得困难,增加感觉的难度和时间长度。因为感觉过程本身就是审美目的,必须设法延长。"这个著名的诗歌语言陌生化概念,是作为日常语言"自动化"的对立面提出来的。陌生化的目的在于使"感觉摆脱自动性""增加感觉的难度和时间的长度"。所以诗歌这种艺术无法以日常实用语言为媒介,而应该对其进行破坏、改造,如艾略特所说"扭断语法的脖子",才能使之成为新的语言。

一般来说,呈现意象的语言方式包括下列几种情形:

(一) 动词精选

对于诗意呈现来说,动态的意象比静态意象作用更大,它能使诗歌更显得意蕴生动,充满饱满的内在张力。巧用动词,将静态的美写成动态的美,更能凝聚读者的审美注意,引发他们丰富的审美联想与想象。一个恰切的动词会让诗歌意象变得灵动鲜活,从而使整首诗歌的艺术水准跃升到更高层次。如陈敬容的《哲人与猫》:"雨锁住了黄昏的窗,/让白日静静凋残吧","锁"这个动词形象地点化了大雨的滂沱和给人的心灵造成的阴影,白日因这雨的紧"锁"而静静"凋残";臧克家的《难民》:"日头坠到鸟巢里,/黄昏还没溶尽归鸦的翅膀。""溶"字准确而生动地写出了夜幕慢慢降临,归鸦逐渐没入夜色的情形,极为传神,富有表现力。

(二) 词类活用

词类活用在诗歌作品中也是相当常见的现象。诗歌中的词类活用一般是名词、动词和形容词之间相互的词性转换,通过活用,扩大了汉语词汇的意义空间,充分挖掘了词语的表达潜能,同时也增强了诗歌的审美表现力。如古诗词中的"春风又绿江南岸","绿"字形容词活用为动词,形象生动地表现出江南绿意盎然的春景,极富动态感。现代诗歌如"日光的草地上/开满了羞红","羞红"形容词活用作名词;诗句"左边的鞋印才下午/右边的鞋印已黄昏了"中,"下午"名词用作动词。通过改变诗句中词语的性质,使诗歌意象出现新奇陌生的形态,增强表现力。

(三) 一词多义

一词多义,一语双关,这也是诗歌创作中常用的表现手法。诗歌写作中有意创造一词多义的诗句,营造丰富的内涵。古诗如刘禹锡《竹枝词》中的"东边日出西边雨,道是无晴却有晴",《西洲曲》中的"低头弄莲子,莲子清如水"。新诗中的一词多义现象也不少,如吴晓的《给奏琴的少女》中有这样的诗句:"笼罩我的琴面的/是月光一样轻柔地洒落的/你的凝视/我的弦因幸福而绷得紧紧/一颗渴望歌唱阳光、花朵、溪流的心/在你芳香的呼吸的抚摸下明朗地开放",诗句表层上写"琴"和"弦",深层的意思是指"情"和"心弦"。

(四)省略与跳跃

诗歌写作通常要做到言简意赅,讲究简约之美。诗歌中因而常常充满了意义省略和情绪跳跃,这些意义省略和情感跳跃为读者预留了发挥想象的巨大空间,也使诗歌的意蕴无限,经得起多次阅读与阐释。如曾卓《我遥望》:"当我年轻的时候/在生活的海洋里,偶尔抬头/遥望六十岁,像遥望/一个远在异国的港口//经历了狂风暴雨、惊涛骇浪/而今我到达了,有时回头/遥望我年轻的时候,像遥望/迷失在烟雾中的故乡",以短短的八行诗将年轻到年老的几十年岁月组接在一起,中间用"经历了狂风暴雨、惊涛骇浪"来上下贯通。那么这几十年如何过来的,经历了怎样的狂风暴雨、惊涛骇浪?诗人又如何来抵抗这些狂风暴雨、惊涛骇浪的呢?诗中没有交代,一笔带过,省略后所造成的意义空白,由读者自己去填充。

小说、散文的语言因为侧重再现意象,它的语言形态比较平实细密,讲究句与句之间清晰的纹路。诗歌语言要侧重于表现主观心灵,再加上它的篇幅限制,它必须借助跳跃和省略,跨越一些过程性的叙述,省约一些小说、散文语言中必不可少的连接语和转折语,创造一种"语不接而意接"的诗歌语言,以此来引发诗歌读者丰富的自由联想。贺敬之《放声歌唱》中的几句"五月——/麦浪,/八月——/海浪,/桃花——/南方,/雪花——/北方",这几句诗仅由几个名词构成,没有任何字面的联系,时间从"五月"跳到"八月",空间从"南方"跳到"北方",连同物象的跳动,表明小麦丰收刚过渔业又已增产,在南方是桃花盛开而北国却是漫天风雪。词语是蹦跳的,形象是兔起鹘落式的开展。正是这种时空蒙太奇,使我们看到了祖国大地的辽阔、壮美和富饶,字里行间跳荡着诗人热爱祖国的激情,时间、空间跨度极大,概括而集中地赞美了祖国的辽阔和美丽。

诗歌语言符号的跳跃性,不仅是诗歌表现技巧的要求,也有它更深层的内在依据,这就是诗人创作的思维特点。正像黑格尔所说:"这是一种抒情的飞跃,从一个观念不经过中介就跳到相距很远的另一个观念上去。这时诗人就像一个断了线的风筝,违反清醒的按部就班的知解力,趁着沉醉状态的灵感在高空飞转,仿佛被一种力量控制住,不由自主地被它的一股热风卷着走。这种热情的动荡和搏斗是某些抒情诗中的一种特色。"可见诗歌的跳跃性,是由诗歌的生命内质决定的。

(五)超常组合

超常组合是故意违反一般的语言常规,利用汉语词语多变的词性和组合关系,机智地把一些互不相关的词语嵌连成一个诗句。这种嵌连,可以是具象动词与抽象概念相接,可以是不同感官的感觉词语交错,以这种陌生的变形的诗句使诗歌意象传达出诗歌作者微妙的情感体验。我国古典诗词中就有不少超常锤炼的佳句,如岑参的"孤灯燃客梦,寒杵捣乡愁",杜甫的"晨钟云外湿,胜地石堂烟"等。现代诗歌中,如亚微《故乡的雨》中"我啊曾凝神在这儿/看那样多的风荷/在长长地朗读/朗读一盏一盏/故乡五月的灯火",将风吹雨打荷叶的声音与灯光下翻卷的湿漉漉的荷叶糅合为一体,运用嫁接手法,以动词"朗读"将"风荷"与"灯火"暂时组接成超常结构,韵味浓郁神采飞扬;费嘉《狩猎》中"又一滴夜色/从树枝间漏下/淋灭了他手中的烟头",将视觉、听觉、触觉相沟通,运用虚量手法,将本用于液体的量词"滴"虚化,借以修饰"夜色",组成超常搭配,让人读出一种夜色浓重的感受。有时整首诗都采用这种超常组合,造成语言的新奇陌生化。例如王小泥《初春的家园》:

当雀鸟啼亮木格格小窗
母亲已从窗外菜园里
掐来一筲箕湿漉漉的黎明
石磨吟唱出两桶清香小曲
姐姐把它凝成一锅乳白的晨曦
我举起筷子,母亲瞪我一眼
她怕我夹碎了
姐姐水嫩嫩的叫卖声……
苍老的父亲,牵着水牛走向田间
牛鞭,抽醒几声蛙鸣
一曲山歌,在群山间回荡往复
于最高的尖尖山上
化为一只啸天的老鹰……

此诗运用了许多修辞手法(拟人、比喻、通感、错觉、象征等)加以"变形",词语组合搭配超越常规,使语言"陌生化",实中有虚、虚中有实,给人以既明白可解又新鲜别致的感觉,增强了艺术魅力。

从以上分析来看,这些貌似搭配不当的语言形式,恰恰是最精致的优化组合,它们简练含蓄又自然流畅,活泼新颖又巧妙熨帖,获得了常规语言不可企及的美学效果。

延伸阅读

断　章

卞之琳

你站在桥上看风景,
看风景的人在楼上看你。
明月装饰了你的窗子,
你装饰了别人的梦。

鱼化石

卞之琳

(一条鱼或一个女子说)
我要有你的怀抱的形状,
我往往溶化于水的线条。
你真像镜子一样的爱我呢,
你我都远了乃有了鱼化石。

寂　寞

卞之琳

乡下孩子怕寂寞,
枕头边养一只蝈蝈;
长大了在城里操劳,
他买了一个夜明表。

小时候他常常羡艳
墓草做蝈蝈的家园;

如今他死了三小时,
夜明表还不曾休止。

雨同我

卞之琳

"天天下雨,自从你走了。"
"自从你来了,天天下雨。"
两地友人雨,我乐意负责。
第三处没消息,送一把伞去?

我的忧愁随草绿天涯:
鸟安于巢吗?人安于客枕?
想在天井里盛一只玻璃杯,
明朝看天下雨今夜落几寸。

思考与训练

一、结合自己的写作经历,谈谈如何从生活中发现诗意。

二、从"土地、向日葵、桥、窗、太阳、雨"中任选一个为主要表现对象,发挥想象的作用,寻找独特的构思,写一首诗。

三、认真阅读郑愁予的诗歌《错误》,分析下列问题:

1. 诗歌主题是什么?
2. 诗歌的主要意象有哪些,采用何种方法来组合诗歌意象的?
3. 这首诗营造意境的方法是什么?

错 误

郑愁予

我打江南走过
那等在季节里的容颜如莲花的开落

东风不来,三月的柳絮不飞
你的心如小小的寂寞的城
恰若青石的街道向晚

跫音不响，三月的春帷不揭
你的心是小小的窗扉紧掩

我达达的马蹄是美丽的错误
我不是归人，是个过客……

第七章

小　说

小说是一种叙事性的语言艺术，是对人类社会生活的一种虚构性描写，与人类的现实生活既相联系又有超越。小说能够最大限度地唤起读者的想象，引领读者进入一种类似于真实生活的幻觉世界，具有独特的文体魅力，可以说是现代社会生活的审美文化中最为重要、最富创新性的文学样式。

第一节　小说的含义

小说是一种以塑造人物为中心，通过描述完整的故事情节和具体的生活环境，形象、深刻、多方位地反映社会生活的叙事性文学体裁。构成小说的三要素是：人物、情节、环境。

小说是一个发展的概念，在不同的历史阶段有其不同的内涵。遥远的上古神话，可谓中国小说的源头。盘古开天辟地、女娲造人、女娲补天、夸父逐日、大禹治水等神话大多具有传奇性，人物个性鲜明，故事情节完整，已经初步奠定了小说的文体基础。东汉时期，有了正式标明为"小说"的作品。班固在其《汉书·艺文志》里，把小说列为独立的一家并说："小说家者流，街头巷语，道听途说者之所造也。"一个"小"字限定了这种文体的品位，当时主要指杂传野史、神话传说、街谈巷语等，市井气味浓，被列为"九流十家"之末。魏晋南北朝时期，出现了志怪小说、志人小说，唐代传奇标志着我国古代小说的成熟，宋元时期的话本和拟话本以及明清时期出现的白话小说，则标志着我国古代小说的繁荣。

在封建社会，在整个中国古典文学史中，小说文体是难登大雅之堂的，但是它的娱乐性、传奇性却深为百姓喜爱，有着深厚的民间基础，比如，《三国演义》《水浒传》等小说在民间流传极广，对于中国人的文化人格的形成影响深远。

在近代,梁启超等出于思想革命的需要,推崇小说的娱乐性与深广的传播效果,力倡"小说界革命",希望借助小说这种容易为广大百姓接受的文学形式来传播新思想。同样,五四时期,由于思想启蒙的需要,文学先驱们亦非常重视小说,从内容到形式上对这种文体进行了彻底的改造,创造了现代小说。

自此以后,小说文体倍受推崇与接受,成为20世纪中国文学的主体,被称为"文学的长子"。在文学诸体中,与诗歌、散文相比,小说的分量最重,反应面广泛、深刻,影响也更大。

第二节 小说的分类

小说的分类方法有多种,从不同角度,有多种不同分法。

例如:以内容题材划分,可分为历史小说、现代小说、科幻小说、推理小说、武侠小说、言情小说等。以流派风格来划分,可分为表现主义小说、存在主义小说、新新闻主义小说、"垮掉的一代"小说等。以表现方法来划分,可分为散文体小说、诗休小说、意识流小说、纪实体小说等。就雅俗来说,可分为通俗小说、严肃小说等。

比较通行的分法,是依据作品的篇幅长短、容量大小、情节繁简、人物多寡等,将小说分为长篇小说、中篇小说、短篇小说、微型小说四类。

一、长篇小说

长篇小说的容量较大,篇幅较长,字数一般在10—15万字以上。长篇小说多以重大事件为题材,在广阔的背景和复杂的社会矛盾中,描绘众多的人物以及他们之间的复杂关系,反映某一个历史时期的社会风貌。

长篇小说具有史诗性特点,作家创作时常常怀有史诗性追求,如作家陈忠实在其小说《白鹿原》的扉页上就引用了巴尔扎克的"小说被认为是一个民族的秘史",宣示了作品的总体艺术追求。小说经由白鹿村族长白嘉轩的家族演变史以及白鹿原上演的权力争斗史,展示的正是一部头绪纷繁、画面广阔的渭河平原50年间的历史变迁,具有史诗性品格。

一般而言,长篇小说具有如下特点:

(一)多主题

长篇小说因为反映的社会生活比较丰富,容量大,有些作品除了有一个正主题外,往往还会涉及若干副主题,故事情节曲折复杂。

例如,美国女作家玛格丽泰·米歇尔的小说《飘》,就包含了反战主题、爱情主题等。

(二)多线索

长篇小说的故事情节完整,情节的发展,常以一条主线为主,同时伴有几条副线索。

例如,美国女作家玛格丽泰·米歇尔的小说《飘》,以斯嘉丽与白瑞德、艾希礼的爱情纠葛为主线,同时交织着美国南方与北方的明争(南北战争)与暗斗(三k党的兴起)等副线索。

(三)多人物

由反映生活的广阔性、复杂性所决定,长篇小说的人物众多,除了主要人物,常常会设置若干次要人物,人物多至十几个、几十个、甚至数百个。

例如,曹雪芹的小说《红楼梦》,据统计,全书重要的次要的人物总共写了900多个,有名有姓的就有700多人。俄国作家托尔斯泰的小说《战争与和平》,涉及的人物从上层的沙俄贵族到下层的士兵农民,共约500多个。

因此,长篇小说中的优秀作品,由于所反映的历史的深度和广度,常被视为历史的巨幅画卷,被称为"史诗",起着帮助人们认识历史、促动社会发展进步的作用。要了解某一个阶段的历史,可以把历史事实与文艺作品结合起来看,小说是生动、形象的历史。

二、中篇小说

中篇小说的字数在2万—15万之间,通常撷取主人公某一个时期或某一个阶段生活中的典型事件来塑造人物形象,反映社会生活的某些方面,故事情节完整,线索比较单一,一般有1—2个或2—3个主要人物。

例如,美国作家海明威的《老人与海》、中国女作家谌容的《人到中年》等,都可谓优秀的中篇小说。

三、短篇小说

短篇小说的字数在2万字以内,常选取生活中富有典型性的某一个侧面或某一个片断加以集中描绘,以揭示其社会意义。

短篇小说是作家在需要迅速反映生活中的矛盾斗争时普遍采用的文学样式,它的人物比较集中,情节相对单纯,结构紧凑,叙事精炼。

明代冯梦龙与凌濛初编著的"三言二拍"、清代蒲松龄创作的《聊斋志异》都是我国古代短篇小说的优秀代表作。

法国的莫泊桑、俄国的契诃夫、美国的欧·亨利是世界公认的短篇小说大师,他们的代表性作品《羊脂球》《一个小公务员之死》《麦琪的礼物》都可谓短篇小说创作的典范。

四、微型小说

微型小说的篇幅一般在千字左右。

微型小说的兴起与社会发展密切相关,它可以说是现代社会快节奏生活的产物,是适应现代生活节奏而产生的小说形式,适应忙碌的人们的精神消费需求。它较早产生于资本主义发达的西方社会,20 世纪 80 年代初传入中国。

微型小说又叫"小小说""袖珍小说",在台港文学中又称"极短篇小说"。

与长篇小说、中篇小说、短篇小说相比,微型小说有自己独特的写作要求,具体如下:

(一)选材讲究精粹

微型小说是"点"的艺术,选材的角度细小,常常选择某个细节、某个时刻、某个瞬间,善于以小见大,以点折射全面。

(二)构思讲究巧妙

微型小说的构思讲究尺水兴波,常常运用偶然、巧合、错位等笔法,使情节发展一波三折。

(三)转折式结尾

微型小说注重结尾的艺术,结尾常常陡转直下,既出人意料,又合情合理,意味无穷。

(四)语言简练,内容集中

微型小说虽然篇幅短小,却追求容量和内涵,语言要求简约凝练,微言大义,用最经济的语言,来表现最精彩、最生动、最感人的生活片断。

第三节 小说的特征

一、广泛、多面、完整、细致地再现生活

迄今为止,还没有哪一种文学样式能像小说那样,能够为读者提供如此广泛的、多面的、完整的、细致的人生画卷。小说能把各种复杂的社会斗争、历史事件演绎得生龙活虎、头头是道、清清楚楚,也能把成千上万人的活动场面表现得有粗有细、有情有致、有声有色。世界上一切有形的、无形的、具体的、抽象的事物,只要人的思维能够达到,小说都可以表现,并加以生动地描述。在各种艺术形式中,语言艺术是最万能的;而在语言艺术中,最万能的乃是小说。

总之,这个世界是如此的丰富纷繁,想要完整、深刻地表现它,小说是最好的选择。

二、内容的高度生活化

一切文学作品,都追求艺术的本质的真实,但在生活事理、生活细节的真实上,标准则各不相同。

小说虽然是虚构的艺术,但是它所描述、呈现出的虚构的文学世界,则追求最大限度的生活真实,在处理生活事理和生活细节时,要求它越像生活本身越好。与诗歌等艺术形式相比,小说对生活进行提炼而尽量不使生活变形。

衡量小说艺术真实的标准是生活真实,小说中所写的人物、事件虽然是虚构的,但要符合生活情理,是生活中发生过或可能发生的事。

例如:

1. 就描写愁绪而言,诗歌与小说有显著的不同。

唐代诗人李白的《秋浦歌》曰:"白发三千丈,缘愁似个长。"运用浪漫主义手法,对愁绪的描写可谓极尽夸张;而小说若写到类似情形却不可任意夸张,如果把历史上"伍子胥过昭关一夜愁白头"的故事写成小说,就必须顾及到生理、心理、时间、氛围等方面的因素,使其真实可信。

2. 就人物语言来说,诗歌与小说也有显著的不同。

诗歌要求人物语言的诗化,因此,在杜甫的《石壕吏》中,老妇人的哭诉便是一首五言诗:"三男邺城戍。一男附书至,二男新战死。存者且偷生,死者长已矣。

室中更无人,惟有乳下孙。有孙母未去,出入无完裙。老妪力虽衰,请从吏夜归。急应河阳役,犹得备晨炊。"

显然,就实际生活情形而言,一个目不识丁的山村妇人,张口便是一首五言诗,是不可能的,诗歌是对于生活真实的一种变形处理。

小说则不同,小说与世界、与现实生活的关系基本上是相应的,它追求再现生活真实,模仿真实生活情形。所以,《石壕吏》中的情形若换用小说手法写作,就得换用老妇人的实际口语了:"哎呀,差役大哥,我的命苦呀!我有三个儿子,都去守邺城了。一个儿子才捎信来,说我那两个儿子刚刚战死在沙场……"

小说这个"内容高度生活化"的特点,要求小说作者在设计小说情节和细节时,要顾及生活真实,情节和细节都要符合生活真实,合乎生活情理。这就涉及小说家的才能问题。小说作者必须尽可能地熟悉他所要表现的生活,必须对生活的深度、广度,有细致而准确地把握。

三、表现形式的自由性与综合性

与其他文体比较,小说表现手法的综合性突出。

它可以自由灵活地借鉴其他种类的艺术手法,比如在情节设计上,就经常采用戏剧所推重的矛盾冲突手法,在尖锐的矛盾冲突中表现人物形象;再如电影的蒙太奇手法,也常被用来做小说的结构手法;心理学中的"潜意识"、意识流动也被借鉴到小说创作中,并形成了一个重要的文学流派:意识流派。

就表达方式而言,小说本质上就是一种叙事的艺术,叙述是其基本手法。但是显然的,要表现繁复的社会生活,仅有叙事是不够的,描写、抒情、议论和说明也是小说常常借用的表达方式。另外,中国古代小说的一些表达技巧,如悬念与那辗,巧合与误会等以及西方现代派的反讽、象征、变形等手法,也是小说常用的写作技巧。

作为一个小说作者,必须掌握多种艺术表现手段,而且要融会贯通,灵活大胆地创新、运用。

第四节 小说的写作

小说的写作是一种创作,具体的创作方法与技巧因人而异。但是,作为一种成熟的文体,还是有些创作规律可循的,也就是一些所谓的"门道"。

在此,我们主要就小说三要素,即人物、情节、环境三个方面谈谈。

一、塑造鲜明、灵动而深刻的人物形象

文学是人学,小说的主要任务就是塑造富有个性特点、镌刻着时代印记、具有较高认识价值和审美价值的人物形象。小说的人物形象是否鲜活生动精彩,是衡量一部小说作品是否成功的关键性评价尺度,也是小说吸引读者、感动读者的最重要因素。被公认为经典的世界小说名著如《悲惨世界》《巴黎圣母院》《红与黑》《安娜·卡列尼娜》《静静的顿河》等,都为读者贡献了精彩的文学形象;而中国古典名著如《三国演义》《水浒传》《儒林外史》《红楼梦》等,同样塑造了众多栩栩如生、脍炙人口的文学形象,赢得了无数读者的喜爱。

(一)鲜明的人物个性和曲折的人物命运是小说传递思想的重要途径

在小说中,作家往往把想要表达的思想、意蕴寄托在人物形象上,通过鲜明生动的人物性格和曲折起伏的人物命运来传达深刻的思想,以及对生活的感悟和理解。

在小说《红楼梦》中,作家通过一对充满叛逆的主人公——贾宝玉和林黛玉以及他们的悲剧命运,来表达对于落后腐败的封建制度的否定。贾宝玉不爱仕途,不想为仕途而读书,被父亲毒打;想与自己喜欢的林妹妹一起过活,却不被允许。林黛玉不同流俗,不想掩盖自己的个性而讨好别人,不被人喜欢,最终失去了爱情,不愿苟活。贾宝玉与林黛玉的爱情人生悲剧形象地显示了封建制度不尊重人的个性,不尊重自我,对社会生命力的压制、迫害,见出了它的陈腐和落后,传递出作家对封建制度的批判和否定。

在小说《飘》中,主人公斯嘉丽的爱情经历了懵懂—盲目的执着—豁然明白的精神历程。作家透过斯嘉丽这个形象,向读者展示了一个"真实"的人的成长过程。同时,小说对于叛逆的野性力量的肯定,对于陈腐的封建礼制的否定,对于完美人性的追求,对于战争的批判,都是通过斯嘉丽的经历及其形象来传达的。

(二)塑造个性鲜明的人物形象

小说的人物塑造,主要是人物性格塑造,要写出与众不同的"这一个"来,要出色地刻画出不同人物形象的独特鲜明的性格。如金圣叹评点《水浒传》的人物刻画所说:"《水浒》所叙,叙一百八人,人有其性情,人有其气质,人有其形状,人有其声口……写一百八人性格,真是一百八样。"人物有个性才有审美价值,才能给人留下鲜明、深刻的印象,有持久、鲜活的生命力。

在小说所虚构的艺术世界里,人物性格是重要因素,与小说的情节、人物命运

关系密切,甚至可以说"性格就是命运"。

例如:小说《飘》中,主人公斯嘉丽的人生坎坷便源于她的性格。因为要强,在命运面前不肯屈服——才会坚信艾希利爱的是她而非梅兰妮——才会在艾希利的订婚宴后,要求艾希利与她私奔,被白瑞德偷听偷窥——才会为了让艾希利心痛而赌气嫁给她不爱的查尔斯——才会为了保住塔拉庄园,不惜抢走妹妹的未婚夫弗兰克——才会因为吃够了贫穷的苦头,发誓挣钱,不顾众人的非议办木材厂,不择手段赚钱……正是斯嘉丽要强不服输的个性,推动着情节一步步发展,绘制出她跌宕起伏的命运曲线。

(三)着眼于人物精神世界的丰富、复杂性

围绕小说人物性格的塑造问题,小说创作曾经历了由推重"扁平人物"向推重"圆形人物"的演变。

所谓"扁平人物",也称"类型人物",指性格比较单一、突出、鲜明的人物形象。在早期和传统的小说中,类型化人物塑造比较流行。这种方式着重表现人物身上占统治地位的最明显的特征,其他性格侧面则往往被有意忽略或遮蔽。这种方法可以使人物的主导性格得到很好的强调和突出,使人物成为某种品格的象征,在较高的层次上实现了对某种生活内容的深刻把握,使得人物形象格外鲜明,成为某一类人物的典型性代表,如俄国评论家别林斯基所言"从一个挑水夫能看出所有挑水夫的特征"。这种塑造方法虽然使得人物形象鲜明、典型,但也抹杀了人本身的丰富性,使得人物的真实性打了折扣。在小说人物塑造的类型化时期之后,小说创作界和理论界逐渐意识到扁平人物的不足,开始注重塑造具有多重性格和复杂性格的"圆形人物"。

所谓"圆形人物",指具有多重性格的人物形象。圆形人物的性格比较丰满、复杂,立体感强。这种人物往往有一个比较稳定的性格轴心,同时又呈现出不同的性格侧面及性格层次,这些不同的性格侧面和性格层次相互交错融合,构成一个独立自足、气象万千的世界。相对于扁平人物,圆形人物更具有生活真实性,更能揭示现实生活中人物的真实情形,也更具有艺术审美价值。如鲁迅笔下的阿Q、塞万提斯笔下的堂·吉诃德等,都是典型的圆形人物,性格层次丰满,性格内涵丰富,极其富有艺术魅力。

《飘》中的女主人公斯嘉丽也是一个性格丰满、真实复杂的艺术形象,很难用好或坏来评价她。她娇贵自私,但责任感极强,在战后塔拉庄园的困顿中,亲自下地干活,想尽办法养活庄园里的人;她聪明绝伦又愚蠢透顶,弄不清楚谁爱她,她爱谁;她多情又无情,对艾希礼无限多情,对白瑞德尤其无情;喜欢享乐又勇于吃苦;胆小如鼠,却又勇敢无畏,"我是斯嘉丽,我不怕,我总能想出办法来的……"如此复杂的斯嘉丽的更接近于真实的人性,更具审美价值和艺术魅力。

二、精心设计情节,展示人物性格及命运

情节是叙事性文学作品中用以体现矛盾冲突、展示人物性格、表现人物与人物、人物与环境之间关系的一系列生活事件。这些事件一般按照因果逻辑关系组织起来,以开端、发展、高潮、结局等环节依次展开,成为小说内容的基本结构框架。

(一)情节的重要作用

在小说创作中,情节的重要作用主要体现在如下两个方面:

1. 情节能够推动小说所描绘的社会生活画卷逐步展开,吸引读者进入作品所描绘的生活情境中。

如中国古典名著《水浒传》的情节安排,小说并不是一开始就写农民起义,而是先写了高俅的发家史,显示了乱自上作,奸臣当道,民不聊生,揭示了农民起义的根源及必然性,逐步按照生活的内在规律推动情节发展,展示出以宋朝末年农民起义的发生、发展、高潮、失败为基本线索的宏大多彩的社会生活画卷。

2. 情节能够展现出人物性格的具体特征及其形成的原因和过程,使人物形象在读者心中逐步立体和鲜活起来。

仍以《水浒传》为例,其中豹子头林冲的形象正是在一系列事件的磨砺中逐步鲜明起来的。林冲原是京都八十万禁军教头,有一定的社会地位,有一个和睦幸福的小家庭,这时的林冲是一个封建制度的既得利益者和自觉的维护者。但是,奸臣作乱,这位统领京城八十万禁军的教头也不能幸免。太尉高俅的儿子高衙内看上了美貌的林娘子,当街调戏、哄骗诱奸未成,便恼羞成怒,设计陷害林冲,于是有了豹子头误入白虎堂—林教头刺配沧州道—林冲棒打洪教头等情节。这时的林冲虽然遭高俅陷害,但仍然未生反意,野猪林被鲁智深救命之后不肯随其一走了之,到沧州之后仍然设想有朝一日能够回去与家人团聚,直到"林教头风雪山神庙,陆虞侯火烧草料场"的事件发生,林冲实在是忍无可忍了,大喝一声"泼贼哪里去!",杀了高俅的走狗,与他一直效忠的封建朝廷决裂,顺理成章地接上了下一个事件——"林冲雪夜上梁山"。这一系列事件所构成的情节,不仅完成了林冲的人物形象塑造,也把"官逼民反""逼上梁山"的小说主题形象地揭示出来。

(二)小说情节的基本要求

小说对情节的基本要求有两点:完整和生动。

1. 情节应当完整

所谓情节的完整,是指构成小说情节的各个组成部分之间,应当有某种或明或暗的结构线索贯穿首尾而使其能够连成一个整体。

一般而言,传统的现实主义小说情节的完整性体现在它的情节安排包含了构成一个客观事件(作品的中心事件)的开端、发展、高潮、结局这样的完整过程。《水浒传》是个典型范例,以一众好汉因为各种原因无法在社会生活中生存而被逼上梁山、起义军不断地发展壮大、数次打败朝廷派来镇压的大军、失败等环节,完整地叙述了起义军由兴而盛、盛极而衰亡的过程。这种遵循开端、发展、高潮、结局顺序安排情节的写法,使情节有头有尾、层次分明、线索清晰,便于读者把握。

在具体的操作过程中,这种以客观事件的自然流程作为情节安排基本线索的传统模式可以根据表现主题的需要灵活处理。概括而言,可以有两种处理方式:一种是采用倒叙方式,将情节中某个重要的环节或是结局提到开头先写,造成读者的阅读期待,或是为作品预设某种意蕴氛围。如托尔斯泰的《复活》、鲁迅的《祝福》都是这种类型的范例。再一种是采用省略方式,即有意识地省略情节中的某个环节,有意造成内容表达上的不确定性,从而为读者的积极参与提供想象的空间。如莫泊桑的《项链》,先写了主人公马蒂尔德借项链、丢项链、赔项链,然后跳过十年,写她再遇旧友得知当初所借的不过是条假项链。这十年的省略看似漫不经心,却是作者的匠心所在,使得小说结尾的陡转极其耐人寻味。

2. 情节应当生动

所谓情节的生动,是指情节的安排应当具有一种或隐或潜的力量,使作品能够吸引人、感染人,让人乐意阅读。

小说情节的生动性大致有两种表现形式:

一种表现为情节安排的外在形式,即要求情节的安排尽可能地曲折变化,富有传奇色彩,在一波未平一波又起的紧张刺激中始终让读者扣紧心弦,欲罢不能。如余华的小说《活着》在情节安排上就相当生动。小说紧紧围绕着主人公福贵的坎坷一生展开,透视了20世纪40—80年代中国历史的风云变幻,反映了人生的悲剧处境,以及人类对苦难的恒久忍耐。小说开篇写江南地主的不孝儿子福贵不学无术,吃喝嫖赌,不久就把偌大的家产输个精光,老父被气死,家人无以为生,沦为佃农;正当福贵准备安心务农,一家人有可能俭朴和睦地度日时,他又被国民党军队抓伕送到淮海战役前线;从死人堆里逃出来,侥幸捡得一条小命,返回故乡,老母却已去世,女儿凤霞因病变哑;幸运的是,因为他当初输光了家产,解放后才没被划为地主;其后的人生中,福贵的磨难不断,儿子有庆不幸被抽血过多死去,女儿凤霞难产而死,老婆家珍接踵病死,女婿二喜在工地上死于意外,就连相依为命的小外孙苦根也因为饥饿中吃了太多豆子被意外胀死。不断的死亡事件让富贵的人生命运跌宕起伏。这种曲折变化的情节安排催人泪下,引人入胜。

另一种则表现为情节安排的内在张力。作品情节的外在形式或许并非大起大落扣人心弦,但作者善于将一种澎湃的生命激情灌注于表面看来十分平静甚至沉闷的情节叙述中,从而让读者体会到一种内在的同样扣人心弦的力量。如杰克·伦敦的《热爱生命》,故事发生在冰天雪地的北极圈,主人公只有一位因受伤而被同伴抛弃,到后来只能艰难爬行的淘金者。小说没有紧张刺激的情节,但是,在近乎沉闷的叙说中,贯穿了一种追求生命的执着坚毅,正是这种内在的生气灌注使作品极其富有感染力,同样让读者欲罢不能。

三、精心设计环境

(一)环境:自然环境、社会环境

环境:即小说的艺术空间,具体、典型的环境,是人物赖以生存、性格得以凸显的空间,也是故事情节赖以发展的基础。因此,设计好有利于人物性格显现和情节发展的环境,是写好小说的重要一着。

环境又分为自然环境和社会环境。

自然环境是指人物生存周围的自然条件,它对生活于其中的人物的性格和生活行为方式起着重要的界定作用。所谓一方水土养一方人,生活中的每个人都与他所生长的环境、与他脚下的土地有着生命休戚的关联。如中国南方人和北方人的文化差异,与他们所生长的不同的自然环境有直接关联。中国南方的气候宜人、物产丰裕,是鱼米之乡,生长于其中的人的性情就相对柔和些;中国北方尤其是东北自然条件比较严酷,零下几十度的寒冷,相应造就了人的坚强和刚烈。

社会环境指小说中人物生活的一定的历史时期,这时期人物周围的政治、经济、文化的社会条件,也即通常所说的社会背景。社会环境是特定时代的特色氛围,是小说中人物活动和事件发展的社会根据,是人与人之间错综复杂的社会关系,是人物性格形成的基础,人物形象在其中得到烘托,并显示出小说的时代性、真实性。如小说《飘》的社会背景是美国南北战争,时值美国的农业经济向工业社会的过渡时期,围绕着解放黑奴、解放劳动力而展开一幅时代画卷。

(二)环境是小说的艺术空间,是小说为各色人物进行充分表演而提供的一个舞台

小说常为人物设计一个典型的活动环境,常用巧合等手法将诸多人物集中于这一空间,让各色人物、各种复杂的矛盾得到充分表现,同时便于集中笔墨,使小说结构紧凑。

如小说《飘》的故事开端所叙写的在艾希礼家的十二橡树庄园所进行的烤肉野餐,就巧妙地集中了各色人物,展示了棉花、黑奴、贵族、小姐等典型的南方贵族生活要素,呈现了南方庄园主们富足、快乐、安逸的生活。同时,小说的主要人物大都在此亮相,未亮相的也埋下了伏笔,主人公斯嘉丽与白瑞德首次遭遇。就战争的输赢问题,白瑞德与骄傲的南方庄园主们发生争执,在歌舞升平中,战争已经登场。

(三)拓展艺术空间

为了更加全面地展现社会生活,加大作品的容量,许多小说作者致力于追求艺术空间的拓展,往往设计数个典型环境,通过人物的活动而转换场景,延伸小说的艺术空间,借此展示更加广阔的社会生活。

如《红楼梦》中刘姥姥进大观园这一情节,就是转换视点,拓展空间,突破了大观园的封闭环境,用贫穷的农村老太婆的眼睛(视角)看取贾家的生活,如茄鲞:茄子去皮,切丁,用鸡油炸了,用鸡脯肉、香菌、新笋、蘑菇、五香豆腐干、各色干果子,鸡汤煨干,加香油,盛在磁罐子里封严,吃时拿出来,用炒好的鸡爪拌好吃,有效凸显其贵族生活的奢靡。

再如小说《飘》的环境就是以斯嘉丽的活动踪迹在塔拉庄园和亚特兰大城两个典型的场景之间转换完成的。战前的塔拉庄园,展现的是典型的南方农场及南方贵族的生活面貌,斯嘉丽在其中生活得富足快乐。可是,战争来了,斯嘉丽的丈夫在战争中病死,她被夫家人邀请到亚特兰大城居住。战争中的亚特兰大城是南北交通要道,战争的进展、战事的胜与败,都与这个城市密切相关。伤兵众多,退兵过境,南军与北军在这个城市的拉锯战,都在这个城市的生活中典型地显现出来。在亚特兰大城沦陷时,斯嘉丽逃了出来,再次回到她的塔拉庄园。而战后的塔拉庄园,昔日的繁华富足已经不再,一派被战争毁灭、劫掠的凄凉景象。南方人对战争结果的无奈与承受,饥饿,贫穷,丧失亲人,姑娘难嫁,被北方人欺侮等无不倾诉着战争的罪恶,而南方人振作起来,重建家园、重新创业的可贵努力,也具有典型意义。战后的亚特兰大城也是一个典型场景,战后的南方人北方人都在这个城市云集,战后各方的矛盾也在此得以集中表现。北方人对南方人的压制,北方人的优越,南方人的仇恨,白人与黑人的矛盾,三K党的兴起等,都得到了集中充分的展现。塔拉庄园与亚特兰大城结合在一起,就是整个南方的城市和乡村在南北战争中的经历和遭遇。

第五节　小说写作方法举隅

一、"意料之外,情理之中"法

电影艺术大师卓别林在谈其创作时曾说:"我总是力图以新的方法来创造意想不到的东西。假如我相信观众预料我会在街上走,那我便跳上一辆马车去。"如卓别林所言,小说创作的结构要巧妙,首先要"出其不意",引发读者的好奇和追问。同时,更重要的是接下来所编织的故事情节发展,必须在情理之中。所谓情理之中,是指这种"出其不意",与小说中人物性格的发展合拍,是合乎客观规律、合乎生活逻辑的。如此,使得小说的故事情节既曲折离奇,又理所当然。美国作家欧·亨利的小说《麦琪的礼物》,可谓"意料之外,情理之中"方法的范例。小说叙述美国圣诞节这一天,一对恩爱夫妇打算互赠礼物,并都想买件对方最需要最喜爱的东西。妻子想到丈夫有个祖传的金表,但没有表链,就剪掉自己最珍爱的金色长发,用卖金发的钱买了一个精美的白金表链。丈夫呢?想到妻子有一头美丽的金发,但缺少一套适用的梳子,就卖掉自己祖传的、一直伴随在身边的、格外珍爱的金表,为妻子买了一套美丽华贵的梳子。结果两人一碰面,丈夫拿着妻子送的新表链,自己的金表已没有了;妻子拿着丈夫送的新梳子,长长的金发也没有了!夫妻俩凄然地相对而笑。在这里,虽然妻子与丈夫对对方的礼物都"出其不意",但统统在情理之中。因为他们夫妻深深相爱,愿意为了对方高兴而牺牲自己最珍贵的东西,他们的恩爱超过了对"金发"与"金表"的感情。透过这对真诚相爱的贫穷小夫妻令人心酸的圣诞故事,作者对于资本主义世界的谴责与批判可谓力透纸背。

二、"淡化情节,形散神聚"法

这种创作法,从表面看,没有出其不意的情节,没有激烈的矛盾冲突,而且平铺直叙,一直是淡淡的气氛。但是,在平铺直叙中有涌袭心灵的感情,淡淡的凄凉中有说不出的人生韵味,常常是无情更有情,无声胜有声。如张洁的小说《拾麦穗》,讲农村的一个小姑娘,家里很穷,每年夏天割麦时,她总是挽个篮子,到打过麦的麦地里拾麦穗。这个时候,一个卖麦芽糖的老汉来了。别的孩子用拾的麦穗与老汉换糖吃,而这个小女孩舍不得。老汉便常常免费敲糖给她吃。别人就笑她,说嫁给这个老汉算了。小女孩对此并不怎么懂,老汉也觉得没什么,大家也只是开开玩笑。可她——这个小小的姑娘,当老汉没再来卖糖时,却在村头等着,等着……她在等什么呢?仅仅是为了吃老汉的糖吗?似乎不是。小说看起来没什么曲折动人的情节,但传递出一种淡淡的哀愁,一种说不清的人生况味,令读者沉思、回味。这种写法可谓"形散神聚",是用一种用内在精神编织的情节所支撑的故事。

三、"一箭双雕,一点两面"法

作者在写小说时,可以像导戏的导演,常常给予舞台上的角色这样或那样的道具。好导演会充分利用这个精心设计的道具,让许多角色与这个道具发生关系,甚至让矛盾冲突的各方都与这个道具纠缠不清。如此,就可以从这个道具身上挖掘人物心灵世界,揭露生活本质,推动故事情节发展,完成作者想要表达的深刻思想。当代英国作家斯丹·巴斯托的短篇《二十先令的银币》就是如此。可以看到,在小说中,"20先令的银币"就是作者的一个道具。作者就利用这个道具,首先让有钱的马斯顿太太故意把它放进一套衣服里,然后让她的仆人弗斯戴克太太送这套衣服到洗衣店去洗,但交代了一句,送洗之前,得把衣服口袋掏一掏。弗斯戴克是个穷人,丈夫瘫痪了,急需钱用。当她发现了这留在口袋里的二十先令的银币,立刻陷入了剧烈的思想斗争中:这些钱能帮她解决多少问题啊,可以给可怜的丈夫买水果、买烟,加上一瓶酒;还可以去买几件必须添置的衣服……而另一方面,有钱的马斯顿太太就希望弗斯戴克悄悄地瞒下这枚银币,偷偷花掉,然后她再勒令弗斯戴克交上这笔钱。若弗斯戴克交不出,她的目的就达到了,证明穷人穷得卑劣,而她自己才是高尚的。在此,作家利用这枚银币,自然而然地"一箭双雕",既展现了穷人物质上的贫穷,又暴露了富人精神上的卑劣,深刻地揭示了资本主义社会人与人之间的残酷关系!这篇小说的结尾是:弗斯戴克太太经过一番艰苦的思想斗争后,总算没用这个作为圈套的钱,当马斯顿太太一过问,她就颤悠悠地交还了。穷人的尊严和底线,夫人的无聊和无耻,都被这枚二十先令的银币折射出来,在读者脑海里打下了深刻的烙印。

四、"偶然中必然,必然中偶然"法

小说作者要善于在生活中发现偶然中隐藏着的必然性,并且学习在写小说时充分运用这种偶然性和必然性。它常常能揭示生活中不易发现的本质意义,能吸引读者寻根盘底、津津有味地追读下去。如法国作家莫泊桑的小说《项链》,对此

技巧就运用得非常漂亮。故事是这样的:小职员的妻子路瓦裁夫人收到邀请,准备参加一个上流社会的晚会。为了得人欢心,被人艳羡,向她的女友借了串价格昂贵的项链佩戴。当晚,这串项链加上她的美貌,让她出尽了风头,满足了她小小的虚荣心。不料乐极生悲,她竟然不小心丢失了项链。为了赔偿这项链,她和丈夫付出了十年的艰苦努力,才还清了因买项链所欠的债。谁知待她刚还完债,便发现她原来借的项链是假的。真是一夜风头得到的是十年辛酸,片刻虚荣换来的是半生痛苦。这"借项链""失项链""赔项链""还项链债务""发现项链是假玩意"的一系列情节,节节都隐蔽着"偶然中的必然,必然中的偶然",读来引人入胜,又发人深省。

五、"银丝串珠,数点一线"法

这是一些西方现代派作家常用的手法。从表面看,小说里的人和事似乎是分离的、意识流的、不易理解的,但仔细研读,会发现它们却有着互为联系、相辅相成、彼此烘托,以致合成一体的内在关联,可称之为"银丝串珠,数点一线"。如美国作家亨利·斯莱萨的短篇小说《……以后》,反映了世界进行核大战以后的恐怖状况。小说共分四段叙述:"博士""律师""商人""酋长"。"博士"段讲的是:他原来教《记忆学》,训练学生养成完美的记忆,已出版了六本这方面的专著。可核战争后,他失业了,核战惨状令人不敢回忆,人们再也不想要记忆了!所以,他只好改教"速成课程"——"如何忘记"。"律师"段讲的是:过去的杀人犯是要判极刑的,但核战后,人口减少了百分之九十,女人与男人的比例是800:1。因此,这位男性杀人犯现在的极刑是:与18个女人结婚,使他妻子的总数达到31个。"商人"段讲的是:原来他以为核战后,人死的多,服饰用品销售量会直线下降,但一个优生学教授对他说,由于原子辐射,变种生育——一个孩子有两个头的情况,已经接近生育总数的65%,所以,包括帽子的服饰用品会逐渐畅销,供不应求。商人也就放心了。"酋长"段讲的是:几个文明的白种人跑到一个很远的孤零小岛上去躲避原子辐射毒。他们随身带了个仪器——一个开着小口的金属物。凡是有原子辐射毒的人,只要一瞄它,它会发出声响。这些白人与岛上的土著酋长见面后,就用这仪器试验:当时,岛上的土人瞄仪器,仪器不声不响;而白人看仪器,仪器狂呼乱叫。白人大喜,请求留下。可白人进村后,酋长下令把他们杀掉,并与部下吃了他们的肉,结果染上了原子辐射毒,再瞄仪器,仪器便响起来。从此,原子辐射毒在哪儿也不能幸免了。在小说中,博士、律师、商人、酋长彼此之间毫无联系,这四段故事看起来也毫不连贯,但是,小说以这四个不同的故事和侧面,反映了核战争后世界的荒诞和混乱，堪称"笔断意不断"。

六、"明线暗线——双环连套"法

这种小说技巧是运用两个一明一暗的线索，平行交叉，双环连套，从一个人物引出另一个人物，从一个故事引出另一个故事，不仅使两个人物、两个故事发生密切的关系，而且能不断丰富人物性格，推动主题思想深化，如鲁迅的小说《药》就用了这种技法。小说的明线是：清末年间，华老栓的儿子小栓得了痨病，人们说此病吃了人血馒头就可医好，所以老栓等到衙门杀人，拿着洋钱找刽子手买了用囚犯血蘸过的馒头，拿回家给儿子小栓治病。暗线是：华老栓去取血馒头那天清早，革命者夏瑜被斩杀，小栓吃的就是蘸了他的鲜血的馒头。但这剂"药"并没把小栓治好，小栓还是被痨病夺去了生命。作者就将这明暗两线交叉，结成双环连套，让这明暗两条线索在小说的结尾处聚合。在坟场上，两位同样失去儿子的悲哀的母亲都来给儿子上坟、烧纸，小栓的墓和夏瑜的墓错落地挨在一起，《药》的主题："愚昧的群众享用革命者的鲜血，不是医治病苦的良药；资产阶级脱离群众的革命，不是疗救中国社会的良药。"就自然而然地从故事里奔涌出来了。

七、"欲扬先抑"和"欲抑先扬"法

这种创作技巧是，对于作品准备着力表现的人物，不妨先压一压，就如伸出去打人的拳头，先缩一缩，这样，在适当的时机击出去，会更有力度；而那些准备贬低的人物，则不妨先让他"威风威风"，然后，让他从高处上掉下来，会摔得更惨更重。如张继的抗战小说《三八年日本人占领俺以县城》中的《糊涂》篇，就采用了"欲扬先抑"的手法来塑造主人公朱三合这位平民英雄。小说先是叙说朱三合的弱小："朱三合是个鸡蛋贩子，在街头上是个最最受人欺负的角色，平常也只能三分五分地挣些小钱，原因一是他的性子弱，二是他的个子太小，只有一米五的样子，并且力气也太小，用县城人的一句话说，'连个女人也按不住'"。并且朱三合出场的时候，在日本人的刺刀枪弹的淫威下，他的表现也是胆小怯懦的，"果然小胡子的枪还没指到他的额头时，朱三合就把身子一缩，显得更矮了"，"朱三合瞪着一双绿豆眼睛看看小胡子的枪管，再看看众人"，嗫嗫嚅嚅地答应下来替日本人做糊涂送糊涂，看起来他是活脱脱一个屈服于鬼子淫威的汉奸形象。然而，随着故事的逐步深入，朱三合的形象发生了质的变化，他利用自己的柔弱麻痹了日本人，机智巧妙地除掉了汉奸于会长和数个鬼子兵，最后被鬼子发现真相后，英勇牺牲。这个表面弱小的中国人实际内心里蕴含着巨大的勇气和力量，在民族大义面前毫不含

糊,尽一己之力践行了保家卫国的民族责任,是真正的民族英雄。作品开端对朱三合弱小的渲染,有力地烘托了他的英勇和高大。而"欲抑先扬"的手法,在许多小说中常用,比如,《水浒》中的"武松醉打蒋门神"一节,作品先把蒋门神描绘得如何厉害,如何了不得,很多武艺高强的人都不是他的对手,可武松一出场,只几个回合,就把蒋门神打趴下了。对蒋门神的这种"先扬",一方面很好地衬托了武松的威武,另一方面也把蒋门神欺软怕硬的虚弱本质揭露无遗。在小说写作中,"欲扬先抑"和"欲抑先扬"两种写法常常交叉使用,互辅互补。

八、"余音绕梁,三日不绝"法

这是小说收尾的技巧。结尾是小说的结束,应该延续故事的开端和发展,精心设计。可以画龙点睛,收尾呼应;可以戛然而止,含蓄隽永;也可以出人意料,扣人心弦。总之,要想办法把最精粹的东西展现出来延宕开来,让读者兴犹未尽,魂牵梦萦。所谓"欧·亨利式结尾",就常常利用巧合、错位等手法,结尾处出人意料的转折,总能给读者深刻的震撼。如《警察与赞美诗》,小说写流浪汉苏比为了在冬天有个温暖的吃喝不愁的去处,看中了监狱这个地方,一心想要犯点小罪,让警察把他抓进监狱。可是,他精心设计的一系列预谋犯罪都没有引起警察的注意,偏偏在他听了教堂的赞美诗为之感动,内心涌起想要自食其力、做个好人的冲动时,警察来到,不分青皂白,把他抓进了监狱。小说的整个布局为结尾服务,步步深入,情节在结尾处突然陡转直下,对资本主义社会弊端的批判就有了极强的力度。这种结尾,打破了情节发展惯用的结构手法,给人以新奇感,深化了小说主题,增加了作品容量。

延伸阅读

阿拉比

[爱尔兰]詹姆斯·乔伊斯

北理奇蒙德街的一头是不通的,除了基督兄弟学校的学童们放学回家那段时间外,平时很寂静。在街尽头有一幢无人住的两层楼房,跟一块方地上比邻的房子隔开着。街上其他房屋仿佛自以为有像样的住户,而沉下褐色的脸,互相凝视。

我们从前的房客,一个教士,死在这屋子的后客厅里。由于长期关闭,所有的房间散发出一股霉味。厨房后面的废物间里,满地都是乱七八糟的废纸。我在其中翻到几本书页卷起而潮湿的平装书:瓦尔特·司各特作的《修道院长》,还有《虔诚的圣餐者》和《维道克回忆录》。我最喜欢最后一本,因为那些书页是黄的。屋子后面有个荒芜的花园,中间一株苹果树,四周零零落落的几株灌木;在一棵灌木下面,我发现死去的房客留下的一个生锈的自行车打气筒。那教士是个心肠很好的人,他在遗嘱中把全部存款捐给了各种慈善机构,又把家具赠给他的妹妹。

到了日短夜长的冬天,晚饭还没吃完,夜幕就降落了。当我们在街上玩耍时,一幢幢房屋变得阴森森的。头上的夜空显出一片变幻的紫罗兰色,同街灯的微光遥遥相映。寒气刺骨,我们不停地玩着,直到浑身暖和。我们的喊叫声在僻静的街心回响。我们窜到屋子后面黑暗、泥泞的巷子里,遭到棚屋里那一伙野孩子的夹道鞭打;我们就跑到一家家幽暗阴湿的花园后门口,那里一个个灰坑发出难闻的气味。随后再到黑黝黝的满是马粪味的马厩去。马夫在那儿梳马,或敲着扣上的马具,发出铿锵的声音。当我们折回街道时,灯光已经从一家家厨房的窗子里透出来,把这一带照亮了。这时,假如我叔叔正拐过街角,我们便藏在暗处,直到他走进家门。如果曼根的姐姐在门口石阶上呼唤弟弟回家吃茶点,我们就在暗中瞧着她对街道东张西望。我们等着看她呆住不走呢,还是进屋去。要是她一直不进去,我们就从暗处走出来,没奈何地走到曼根家台阶前。她在等我们,灯光从半掩的门里射出来,映现出她的身影。她弟弟在顺从她之前,总要先嘲弄她一番,我则靠着栅栏望她。她一移动身子,衣服便摇摆起来,柔软的辫子左右挥动。

每天早晨,我躺在前客厅的地板上,望着她家的门。我总是把百叶窗拉下来,只留一英寸不到的缝隙,那样别人就看不见我了。她一出门走到台阶上,我的心就怦怦跳。我冲到过道里,抓起书就奔,跟在她后面。我紧紧盯住她穿着棕色衣服的身影。走到岔路口,我便加快步子赶过她。每天早晨都是如此。除了随便招呼一声,我从未同她讲过话。可是,她的名字总是使我蠢头蠢脑地激动。

甚至在最不适宜浪漫的想象的场合,她的形象也陪伴着我。每逢周末傍晚,我都得跟姑妈上街买东西,替她拎一些包。我们穿行在五光十色的大街上,被醉鬼和讨价还价的婆娘们挤来挤去,周围一片喧嚣:劳工们在诅咒,站在一桶桶猪颊肉旁守望的伙计们尖声叫嚷,街头卖艺人用浓重的鼻音哼着赞美奥唐纳万·罗沙的《大伙儿都来》,或一支感叹祖国动乱的歌谣。这些噪声汇合成一片众生相,使我对生活的感受集中到一点:仿佛感到自己捧着圣餐杯,在一群仇敌中间安然穿过。有时，在莫名其妙地做祷告或唱赞美诗时，她的名字会从我嘴里脱口而出，我时常热泪盈眶（自己也说不清为什么）。有时，一股沸腾的激情从心底涌起，流入胸中。我很少想到前途。我不知道自己究竟会不会同她说话，要是说了，怎么向她倾诉我迷惘的爱慕。这时，我的身子好似一架竖琴，她的音容笑貌宛如拨弄琴弦的纤指。

有一天，薄暮时分，我踅到教士在里面死去的后客厅内。那是一个漆黑的雨夜，屋子里一片沉寂。透过破碎的玻璃窗，我听到雨密密麻麻泻在土地上，针尖似的细雨在湿透了的花坛上不断跳跃。远处，有一盏街灯或谁家窗口透出的光在下面闪烁。我庆幸自己不能看清一切。我的全部感官似乎想隐蔽起来，我觉得自己快要失去知觉了，于是把双手紧紧合在一起，以致手颤抖了，一面喃喃自语："啊，爱情！啊，爱情！"

她终于跟我说话了。她一开口，我就慌乱不堪，呆在那儿，不知道说什么好。她问我去不去阿拉比。我记不起怎么回答。她说那儿的集市一定丰富多彩，她很想去呐。

"为啥不去呢？"我问。

她不断转动着手腕上的银镯子说，她不能去，因为这一礼拜女修道院里要做静修。那时，她弟弟正和两个男孩抢帽子。我独自站在栅栏前。她搭着一根栏杆的尖端，低下头，凑近我。门对面，街灯的光照着她白嫩的脖子的曲线，照亮了披垂的头发，也照亮了搁在栏杆上的手。她稍微叉开腿，从容地站着，灯光使她衣服的一边清晰可见，正好映出衬裙的白色镶边。

"你真该去看看，"她说。

"我要是去，"我说，"一定给你捎点什么的。"

从那一晚起，数不清的愚蠢的怪念头充塞在我白天的幻想和夜半的梦中！但愿出发前那段乏味的日子一下子过去。学校里的功课使我烦躁。每当夜晚在寝室里或白天在教室中读书时，她的形象便闪现在我和啃不进的书页之间。Araby（阿拉比）这个词的音节在静谧中隐隐然回响，我的心灵沉溺在寂静中，四周弥漫着魅人的东方气息。我要求让我星期六晚上到阿拉比集市去。姑妈听了吃一惊，疑心我跟共济会有什么勾搭。在课堂里，我难得回答出问题。我瞧着老师的脸从和蔼变成严峻。他说："希望你不要变懒了。"我成天神思恍惚。生活中的正经事叫我厌烦，它们使我的愿望不能尽快实现，所以在我看来，都像儿戏，单调而讨厌的儿戏。

星期六早晨，我对姑父说，晚上我要到集市去。他正在衣帽架边手忙脚乱地找帽刷子，便漫不经心地说：

"行，孩子，我知道了。"

他呆在过道里，我就没法去前厅，趴在窗口眺望了。我悻悻地离开家门，缓缓地走向学校。空气透骨地阴冷，我心里一阵阵忐忑不安。

回家吃饭时，姑父还没回来。时光还早呢。我坐着望了一会儿钟，滴答滴答的钟声叫我心烦意乱，便走出屋子，登上楼梯，走到楼上。那些高敞的空房间，寒冷而阴郁，却使我无拘无束。我唱起歌来，从一个房间跑到另一个房间。透过正面的玻璃窗，我看见伙伴们在街上玩耍。他们的喊声隐隐约约传到耳边。我把前额贴住冰冷的玻璃窗，望着她住的那栋昏暗的屋子。约莫一个小时过去了，我还站在那儿，什么都没看见，只在幻想中瞧见她穿着棕色衣服的身形，街灯的光朦胧地照亮曲线的脖子、搁在栏杆上的手，以及裙子下摆的镶边。

我再下楼时，看见当铺老板的遗孀默塞尔太太坐在火炉边。这个长舌妇，为了某种虔诚的目的，专爱收集用过的邮票。我只好陪着吃茶点，耐着性子听她嚼舌。开晚饭的时间早已过了一小时，姑父还没回来。默塞尔太太站起身来说："对不起。"不能久等，八点过了，她不愿在外面待得太晚，夜里的风她受不了。她走后，我在屋里踱来踱去，紧攥着拳头。姑妈说：

"上帝啊，兴许今晚去不成了，改天再去看集市吧。"

九点，我忽然听见姑父用弹簧锁钥匙在开过道门。接着听见他自言自语，听到衣架被他挂上去的大衣压得直晃荡。我能猜出这些声音意味着什么。晚饭吃到一半，我向他要钱到集市去。他已把这件事给忘得一干二净了。

"人们早已上床，睡过一阵了，"他说。

我没笑。姑妈大声说：

"还不给钱让他去?! 他已经等得够长啦！"

他说非常抱歉，忘了这件事。尔后又说，他很欣赏那句老话："只工作不玩耍，任何孩子都变傻。"他又问我去哪儿，于是我再讲一遍。他便问我知不知道《阿拉伯人向骏马告别》。我走出厨房时，他正要给姑妈背诵那故事的开场白哩。

我紧紧攥着一枚两先令银币，沿着白金汉大街，向火车站迈开大步走去。街上熙熙攘攘，尽是买东西的人，煤气灯照耀得如同白昼，这景象提醒我快到集市去。我在一列空荡荡的火车的三等车厢找了个座位。火车迟迟不开，叫人等得恼火，过了好久才慢慢地驶出车站，爬行在沿途倾圮的房屋中间，驶过一条闪闪发亮的河流。在威斯兰罗车站,来了一大群乘客,往车厢门直拥。列车员说,这是直达集市的专车,这才把他们挡回去。我独自坐在空车厢里。几分钟后,火车停在一个临时用木头搭起的月台旁。我下车走到街上。有一只钟被亮光照着,我瞅了一眼:九点五十分。我的面前矗立着一座大建筑物,上面闪亮着那魅人的名字。

我怎么也找不到花六便士就能进去的入口。我生怕集市关门,便三脚两步穿过一个旋转门,把一个先令付给一位神情疲惫的看门人。我发现走进了一所大厅,周围环绕着只有它一半高的游廊。几乎所有的棚摊都打烊了。大半个厅堂黑沉沉的。我有一种阒寂之感,犹如置身于做完礼拜后的教堂中。我怯生生地走到商场中间。那儿还有些人围着仍在营业的摊子;一块布帘上用彩灯拼成"乐声咖啡馆"几个字。两个男子正在一只托盘上数钱。我倾听着铜币落盘时的叮当声。

我搜索枯肠,才想起为什么到这儿来,便随意走到一个搭棚的摊子前,端详陈列在那里的瓷花瓶和印花茶具。棚摊门口有个女郎,正同两位年轻的先生说笑,我听出他们的英国口音,模模糊糊听着他们交谈。

"噢,我从没说过那种事。"

"哎,你肯定说过。"

"不,肯定没有!"

"难道她没说过?"

"说过的,我听见她说的。"

"啊,这简直是……胡说。"

那位女郎看见我,便走过来问要买什么。她的声音冷冰冰的,好像出于责任感。我诚惶诚恐地瞧着两排大坛子,它们竖在摊子门口两侧,恰似东方卫士;我低声说:

"不买,谢谢。"

那女郎把一只花瓶挪了一下,然后回到两个年轻人身边去了。他们又谈起同一个话题。那女人回头瞟了我一两次。

我逗留在她的棚摊前,仿佛真的对那些货物恋恋不舍一般,尽管心里明白,这样呆着毫无意思。最后,我慢吞吞地离开那儿,沿着集市中间的小道走去。我把两个便士丢进口袋,跟里面一枚六便士的硬币碰响。接着,我听见长廊尽头传来熄灯的喊声。顿时,大厅上方漆黑一片。

我抬头凝视着黑暗,感到自己是一个被虚荣心驱使和拨弄的可怜虫,于是眼睛里燃烧着痛苦和愤怒。

思考与训练

一、阅读张继的小说《三八年日本人占领俺峄县城》之《糊涂》篇,尝试分析朱三合这个人物形象,以及人物塑造与情节进展的关系。

二、自主选材、命题,写一篇短篇小说。要求人物个性鲜明,故事情节完整,有1—2个转折,有适合人物成长和故事发展的环境,不少于3000字。

第八章

影视文学

第一节　影视文学的含义

影视文学,包括电影文学和电视文学,指作家所创作的供电影、电视拍摄用的文学剧本。传统的文体分类的方法是将文学划分为诗歌、小说、散文、戏剧四大类,影视文学是随着现代科技的发展而逐步发展起来的集传播媒介、娱乐方式和艺术样式为一体的艺术形式,确切地说,影视文学是影视艺术的文学部分。

电影、电视均是年轻的综合性艺术,苏联蒙太奇电影美学大师爱森斯坦曾经讲过:电影就是"把绘画与戏剧、音乐与雕刻、建筑艺术与舞蹈、风景与人物、视觉形象与发声的语言联结成为统一的综合体"。这一结论同样也适用于电影艺术的姊妹——电视艺术,它们常合称影视。广义的影视艺术包括电影中的故事片、艺术片、戏曲片、音乐片等艺术类影片,以及电视中的电视剧及其他电视艺术类节目。狭义的影视艺术则专指电影故事片和电视剧。

1895 年,法国卢米埃尔兄弟发明电影并首次用活动电影机放映《水浇园丁》等影片,标志电影正式诞生。《水浇园丁》剧情简单却诙谐有趣,它拍摄一个调皮的孩子踩住了胶皮水管,园丁误以为水龙头出现故障,提起龙头来检查。这时,小孩松开了脚,水突然喷出来,溅了园丁一脸。这是世界上最早的一部带有喜剧因素的影片,为以后的故事片的创作开了先河。世界电影从它的幼年时期(1895—1912)发展到无声电影时期(1913—927),出现了像大卫·格里菲斯(美国)、查理·卓别林(英国)、谢尔盖·爱森斯坦(苏联)这样卓越的电影艺术家,及《一个国家的诞生》《淘金记》《战舰波将金号》等具有经典意义的无声片。有声电影时期(1927—1945),涌现了《百万法郎》《魂断蓝桥》《夏伯阳》等名作。1945 年以后,世界电影迈向成熟期。中国放映电影的历史始于1896年,这一年,在上海徐园"又一村"放映了被称为"新奇玩意"的"西洋影戏"。1905年,北京丰泰照相馆拍摄的戏曲纪录片《定军山》,是我国摄制的第一部影片。1913年,亚细亚影戏公司拍摄了我国第一部故事短片《难夫难妻》。经过一个世纪的发展,我国电影艺术由无到有,由幼稚走向成熟,涌现出了夏衍、谢晋、张艺谋等著名电影艺术家和《林家铺子》《牧马人》《老井》《红高粱》等名作。

电视更是后起之秀。1930年,英国广播公司(简称BBC)第一次播出电视独幕剧《嘴里叼花的人》,揭开了电视剧的历史。1936年,该公司在伦敦建立了电视台,并进行了世界上第一次正规的电视播放。我国电视事业起步更晚,从1958年北京电视台(中央电视台的前身)建立并播出第一部电视剧《一口菜饼子》,至今不过几十年的历史。我国电视和世界电视一样,经历过黑白电视时期、彩色电视时期和多路播放时期。由于它在艺术表现手段方面比戏剧、电影、广播有着更多的优越性,它的发展相当迅速。

电影与电视这对姊妹艺术,在其生产和传播方面,有着各自不同的特点。

第一,传播工具不同。电影使用摄影机和胶片,电视使用摄像机和磁带、磁盘。电视录制与传播过程要简便迅速很多,它在满足观众不断更新的需求上比电影有更多的便利。

第二,传播的媒体不同。电影传播媒体是银幕,它具有画面宽、高清晰度等长处,因而适宜表现壮美宏大的场面。而电视借助现行的电视机荧光屏来传播,清晰度低,视觉效果不如电影,但由于观众是近距离观看,给人一种促膝谈心的亲近感,更宜于着力刻画人物。

第三,传播场合不同。电影一般在电影院放映,电影院秩序井然,灯火熄灭。为观众提供了一种艺术氛围。电视通常是在谈笑风生的家庭氛围中观看,观众的年龄差异较大,文化层次、审美爱好等不尽相同,因此,电视更注重"雅俗共赏"这一点。

第四,电影在传播容量上远比电视小。一部电影一般为2—3小时甚至更短,而电视动辄几十集,有的电视剧长达几百集,这是电影无法比拟的。

此外,电影以视觉为主、听觉为辅,电视则视听兼重。

尽管电影电视有着种种区别,但其共同点也是很明显的。它们都必须以运动着的画面和声音来表现社会生活。因此,我们在这一章里,电影电视并提,总论电影电视文学的创作。

第二节 影视文学的分类

根据不同标准,可把影视文学分为不同的类别。就样式而言,有悲剧、喜剧和正剧等;就风格而言,有戏剧风格、小说风格、诗歌风格、散文风格、哲理风格和纪实风格等;就类型而言,有故事片、纪录片、科教片和美术片等;就其容量大小的不同,可分为单本剧和多本剧剧本;就题材范围来说,可以把它分为工业题材、农村题材和军事题材等影视剧本;就题材所反映的时间不同,可分为历史片剧本和现代片剧本等。这些并不是依据着统一严谨的标准来划分的,各种类别之间又多有交叉。

一、按照文本形式划分

就影视剧本的文本形式而言,通常分为小说式剧本、镜头式剧本、对话式剧本和分镜头剧本。

(一)小说式剧本

小说式剧本在形式上与小说有共同之处,如生动的人物刻画、细致的环境描写、逼真的细节描写等,都带有鲜明的视觉形象,具有很强的可视性,极容易转化为影视画面。剧本语言形象、准确,具有抒情性和音乐性,同时也隐含着有关影视拍摄的技巧。

(二)镜头式剧本

镜头式剧本具有鲜明的视觉形象,但是文学性不强,不具可读性。剧本创作以影视艺术技巧和场面转换作为划分段落的依据,往往一个镜头或一个场景就是一个段落,每段的开头都标有场景、镜头号、地点、时间等内容,明确规定了拍摄方法、景别、画面构图、人物造型等技术要求。此外,剧本中对动作和画面的描述也主要以白描手法为主。

(三)对话式剧本

对话式剧本是以人物对话为主,强调用个性化语言表达人物内心世界,含有丰富的潜台词和文学性。具有口语化特点,简洁、明了,通俗易懂,这一点在电视剧本中表现更突出。另外,对于时间、地点的提示以"某时、某地"等字样呈现,非常简洁,对环境、场面也不做细致描绘。对话式剧本对影视拍摄技巧有具体的规定,有助于导演的再度创作。

(四)分镜头剧本

又被称为影视脚本,是导演根据影视文学剧本对影片内容进行的再创作。它以镜头为基本单位,对于场景选择、拍摄技巧、镜头组接、音乐、效果等都有明确详细的规定,代表着导演的总体构思,专业性很强,不具有可读性,但可以直接供各方面创作人员拍摄使用,是真正意义上的"施工图",所以还可以称之为"导演剧本"。

分镜头剧本一般包括以下几个部分。

1.镜号。一部影视作品是由几十、几百甚至几千个镜头组成,导演要对所有的镜头按顺序进行编号,以利于现场拍摄和后期制作。

2.镜位。主要依景别而定,既要考虑主体表现情况,又要符合人的视觉规律。常见的景别有全景、中景、近景和特写,这些都在镜位一栏注明;若同一个镜头中有景别的变化,也要标明。

3.摄法。拍摄技巧有拍摄角度(水平拍摄、仰拍、俯拍)、运动镜头方式(推、拉、摇、移、跟)、画面的转换技巧(淡入、淡出、化、划、切、叠化、叠印)等,这些技巧都要在摄法一栏注明。

4.内容。内容包括环境、人物、动作和对白的描述,导演对选景、色彩和灯光等的注解要求。

5.效果。效果即效果声,包括自然声响、动作声响、背景声响、机械声响和特殊声响等。剧本中要注明效果声的种类,如"风声""雨声""吃饭声"等的明确规定。

以上四种类型的剧本,从文学可读性看,小说式剧本最强,对话式剧本次之,镜头式剧本和分镜头剧本最弱;从影视技巧性看,分镜头剧本最强,镜头式剧本次之,对话式剧本和小说式剧本最弱。

二、按照创作方式划分

从影视文学创作方式看,有原创剧本和改编剧本两种。

(一)原创剧本

原创剧本是编辑从现实生活中取材,通过虚构进行创作的影视文学剧本。大多数情况下,剧本中的人物和事件不受真人真事的局限,与原型相距甚远,难以从剧本中辨别出来。即使是虚构性作品,有时为了追求真实感,也常常通过手提摄影机拍摄、插入纪录片画面、即兴台词等处理办法,形成纪实视听效果。

（二）改编剧本

改编剧本是编剧将小说、戏剧、散文、报告文学、民间传说、寓言、童话乃至诗歌、小品等文艺形式的作品进行改编创作的影视剧本。近年来较为常见的重拍片、改拍片都属于改编范畴。

改编方法主要有以下几种。

1. 节选式改编。从整部原著中节选相对完整的内容单元加以改编，被称为"节选式改编"。如动画片《大闹天宫》，就是根据我国古典名著《西游记》中有关情节改编创作的。

2. 创造性改编。从大量相近的文学或戏剧作品中，将主题、人物、情节等主要内容移植过来的称为"创造性改编"。如苏联影片《这里的黎明静悄悄》、中国电视剧《围城》等，就是根据同名中篇小说改编的。与原著相比，这种改编在形态上有显著变化。

3. 浓缩式改编。将头绪纷繁、篇幅浩大的文学作品加以浓缩，创作出影视剧本，称为"浓缩式改编"。如中国电视剧《水浒》、美国影片《乱世佳人》等。

4. 取材式改编。从原著中得到启发，在内容上重新创作从而写出剧本，称为"取材式改编"。如中国影片《黑骏马》、美国动画片《花木兰》等。

无论用什么方式改编，对原作都会有取舍、挖掘、创新。改编的难点在于如何处理同原作的关系，尤其是对名著的改编，一般要求在忠实于原作的基础上进行再创作。

第三节 影视文学的特征

影视艺术与文学最为接近的莫过于小说和戏剧，它们充分汲取小说、戏剧的文学养分，形成了独立的艺术品格。然而，在影视与文学之间既有诸多相似之处，也有本质上的不同。从常规形态上来看，它们都是叙事的艺术，有情节、有冲突，通过人物的戏剧动作来塑造人物形象。但影视与文学在表现形式上又各不相同，影视以镜头作为基本语言，小说以文字作为主要载体，戏剧的核心是观演关系，因而在叙述故事的手段与方法上也呈现出较大的差异性。与小说相比，影视与戏剧艺术不具有其描写人物内心冲突的优势，但也具有明显的直观形象的特点；与戏剧艺术相比，影视艺术缺乏观演关系的直接互动，但却获取了更为广阔的时空优势，可以将虚拟与现实、过去与现在进行随意的组接，呈现更为波澜壮阔的大场面,还原更为逼真的故事场景。

影视艺术作为一门叙事艺术,离不开人物、事件、环境等构成的故事。然而,这些故事并不是仅仅靠一段文字、一个镜头、一个场面构成的,而是由较多不同时空的镜头、场面、声音等元素构成,具有鲜明的形象性、直观的视觉性。比如影片《红高粱》改编自莫言的小说,在其结尾处,天空、高粱、"我爷爷""我父亲"在日食的背景之下,置身于血一样的火红海洋中,这样的画面处理,体现出一种壮烈与崇高感,这是文学、戏剧难以表现出来的。

影视文学是影视与文学的联姻,具有影视艺术与文学艺术的双重特性,作者在创作影视文学作品时,必须考虑到影视艺术的特点,用"影视思维"去创作剧本。综合影视艺术与文学艺术的特点,可将影视文学的审美特征概括如下:

一、影像符号的可视性

影视艺术是通过屏幕映现连续不断的活动画面供观众观看的。尽管也有语言和音响作用于观众的听觉,但语言和音响毕竟只处于从属的地位,它们主要是"视觉艺术"。所以影视文学创作首先要考虑视觉造型性,即影视剧作者所写的东西必须是可见的、能够被表现在银幕上的实人、实景或实物造型。正如苏联著名导演普多夫金所说:"编剧必须记住这一事实,即他所写的每一句话都要以某种可见的视觉造型的形式出现在银幕上,因此重要的不是所写的字句本身,而是他写的这些字句能在外形上表现出来,成为造型的对象。"画面影像往往具有表情达意的作用,具有丰富的内涵。它不仅是导演对现实物象的简单纪录,而是通过这种再现表达对世界、人生等的潜在感悟。比如,电影《黄土地》中变换的黄土地造型不断出现在画面中,人在其中显得极其渺小,这样的画面既有苍凉浑厚之美,又给人无限压抑之感,不禁感叹人的力量在大自然或社会环境中的微不足道。黄土地的影像被赋予了人格化的魅力。

影视文学创作的基本任务,就是用语言描写具体、鲜明、生动的视觉形象,给摄影机提供镜头的画面内容。影视剧本中故事情节的发展,矛盾冲突的过程,人物的外貌和性格特征,心理感情的活动变化,社会环境的习俗风貌等等,都要用可见的画面形象来显示,以便使观众将来能够从银幕上亲眼看见这些艺术形象与生活状态。与文学作品可实可虚的视觉造型性相比,影视剧本中不能出现小说家挺身而出对人物的评价,也不能出现散文家及诗人自由抒发的主观情感。如"我从乡下跑进京城里,一转眼已经六年了"这样的叙述性的语言,没有强烈的造型感,就不能直接转化为影视剧本中的造型形象。文学创作中的人物形象是在读者的脑海中间接生成的,而影视剧本的人物形象最终是以视觉方式直观形成的。例如,小说《红高粱》中"九儿出嫁"的情节只是一句极其平淡的交代,而放在电影中,则是一场长达十分钟的"颠轿"。轿夫们强健的身躯,动感极强的"颠步",幽默诙谐的"嚎歌",粗犷豪放的气质,这些生动的动态造型比起小说平淡的表现方式,更加活脱脱地表现出黄土地的祖辈们"敢生、敢死、敢爱、敢恨""活得痛快、死得干脆"的性格。

影视故事中也常有人物对话、独白和画外语言,但都要服从塑造视觉形象的需要。这类语言过多,就会损害视觉形象的生动性,削弱其艺术感染力。

总之,在创作的具体阶段,影视剧作者应该运用视觉造型性的画面语言来创作,也就是要考虑到色彩、构图、景别、光影、镜头剪辑等方面因素,即通常所说的把"摄影机纳入剧作构思"。

二、蒙太奇思维的独特性

影视艺术的基础是蒙太奇。蒙太奇(montage)是译音,来自法文,原意是建筑学上的装配、安装,后被影视创作和理论所借用,有组接、构成之意。狭义的蒙太奇是专指对镜头的编排组合。影视创作者按照事先酝酿好的一定顺序,把许多镜头连接起来,达到叙述情节,或产生某种预期意义的目的。广义的蒙太奇不仅指镜头画面的连接,还指影视工作者的独特的艺术思维方式。运用这种方式,将使影视作品产生各种各样的艺术效果,增强影片的艺术表现力。

一部影视作品的创作往往是这样一个过程:影视作者先写出完整的影视文学剧本,然后导演据此写出分镜头剧本,接着按分镜头剧本拍成一个个的、长短不一的、先后无序的镜头。最后把这些先后无序的镜头按照原来的创作构思有机组合起来,镜头与镜头之间产生连贯、呼应、悬念、对比、暗示等作用,形成各有组织的片断、情节直至一部完整作品,这就是影视制作中的蒙太奇方式。电影电视的"蒙太奇",除画面与画面的组合关系外,还包括画面与音响、音响与音响之间的组合关系。这些组合关系都是根据表现作品内容的需要,由作者和导演的艺术构思确定的,是为影片内容服务的。蒙太奇是影视艺术得以生存、发展的特殊、神奇的艺术方式。

影视蒙太奇在具体组合镜头时有多种多样的方法。当上个镜头说到什么人或物时,下个镜头就出现这个人或物,这是"叫板式蒙太奇";当上个镜头某个人物的对话,巧妙自然地连在下个镜头的另一个人的对话上,使相隔一定时空的两处剧情紧密联结,这是"对话式蒙太奇";将上下两个镜头的相似点加以连接,使镜头组接流畅,甚至赋予一定的寓意,这是"相似式蒙太奇";将上下两个镜头的对立点加以连接,使观众比较两个镜头的情景,镜头产生互相衬托、互相强调的效果,这是"对比式蒙太奇";将同时发生的几件事情分别叙述,第一个镜头交代这件事,第二个镜头交代那件事,然后轮流叙述同时描写,这是"平行式蒙太奇"。

"蒙太奇"不仅是影片镜头组接的技术工作,更重要的还是影片内容的艺术表现手段。运用蒙太奇结构方法处理镜头的连接和段落的转换,不仅可使全片达到结构严整、有机统一、形象生动、节奏鲜明的要求,而且能够充分显示画面的内在含义,产生强烈的艺术效果。苏联电影艺术家普多夫金和库里肖夫做过一个试验。他们分别拍了四个不同画面的镜头:第一是一位演员毫无表情的面部特写;第二是一盘汤;第三是一口棺材,里面躺着一女尸;第四是一个小女孩正在玩玩具狗熊。他们把第一个镜头与其他镜头分别进行组接,当即产生三种不同心理情感的艺术效果。当第一、二个镜头连接时,就如演员在对着盘子沉思;当第一和第三个镜头连接时,演员对着女尸显出沉重悲伤的神情;当第一和第四个镜头连接时,演员看着小女孩露出的是喜悦的神色。他们的这种试验证明,不同画面的镜头组接,对于表现影片内容,造成各种艺术效果,具有非常重要的作用。镜头与镜头之间的剪辑与组合确实能够带来"1+1>2"的特殊艺术效果。因此,电影电视编剧,都应该熟悉和掌握"蒙太奇"的规律,在剧本中运用"蒙太奇"的结构表现方法,组织镜头的生活画面,创造丰富多样的艺术形象,表现复杂深刻的思想内容。

运用蒙太奇,也可以打破时空的限制,使影视中时间和空间压缩或延伸,创造出新的影视时空。如巴基斯坦影片《叛逆》中,阿克巴的妹妹从小被迫学跳舞,接下来是一个舞裙和脚的特写。镜头从旋转的舞裙拉开,这时阿克巴的妹妹已经长成大姑娘了。这样漫长的时间通过几个镜头就得以表现。有时为了强调某一事件也可以利用蒙太奇把几秒钟、几分钟的事情拉得很长,如苏联影片《战舰波将金号》沙俄军队屠杀手无寸铁的老百姓这一场景本来是一瞬间发生的,影片却以多个短镜头详细地表现了这场屠杀的情景和细节,收到不同凡响的效果。在空间的转换上,蒙太奇也使影视享有极大的自由。例如,上一个镜头是一位旅客走进火车站,接着是汽笛声和飞转的车轮,下一个镜头映出另一火车站站景,即可表示旅客已经过千里的路途从一地来到另一地。时空转换的灵活性赋予影视作家们极大的创作自由。

此外,运用蒙太奇,可以表现平行剧情、平行动作,形成强烈的悬念,创造出其他艺术难以具有的非凡的艺术效果。如影片《铁道游击队》,将要遭到敌人枪杀的芳林嫂、飞奔的火车、骑在马上赶到火车前去救援的刘洪这三组镜头交叉进行,使影片产生强烈的悬念。

总之,蒙太奇是影视反映现实的独特结构方法,是影视艺术的基本表现手段和修辞法,是影视美学的重要元素。有人认为掌握蒙太奇方法是影视导演的事情,与影视文学的创作者无关。这是不对的。蒙太奇是一种思维方法,贯穿在影视创作的各个环节。影视文学的创作过程中要把蒙太奇思维融进构思和表达中,一方面可以使影视剧作者懂得如何从无限的、丰富的生活素材中选择和提炼出形象化的画面,从而组接成能够生动自然地表现剧作者创作意图的形式和动作;另一方面,可以使剧作突出主干,剔除枝蔓,从而达到简洁明快的效果。同时,观众也可以在观赏的时候充分发挥自己的想象力,补充创作省略的枝节,为有所发现而获得一种审美的愉悦。

三、视觉形象的运动性

影视作品以视觉形象的艺术力量直接作用于观众的视觉,而这种视觉形象是不停地变化着的。在影视作品的表现对象中,以表现动态的生活为第一内容,而且所要表现的内容不受时间、空间的限制,以随心所欲的运动方式呈现。场景在不断地变换,人物在不断地活动,事件在不断地发展,一切都在运动中,从而带给人真实、直观的感觉。影视文学必须在运动中塑造人物形象,在流动画面中表现社会生活过程。如在《魂断蓝桥》的剧本中,对主人公玛拉最后在滑铁卢桥上自杀的情景是这样描写的:

玛拉转过头去、望着驶来的军用卡车。

车队从远处驶近。

玛拉迎着车队走去。

车队在行驶,黄色车灯在浓雾中闪烁。

车队飞速行进。

玛拉迎面走去。

车队轰鸣,越来越近。

玛拉迎着车队走,越来越近。

玛拉向前移动,汽车灯光在她脸上照耀。

玛拉的脸,平静无表情的眼神。

巨大的刹车闸轮声,金属相磨的尖厉声。

这段描写文字极富运动性,在车队和玛拉的连续动作中表达绝望的心情。

影视作品中创造形象运动性的一个重要方式就是镜头运动。摄影机不受时空的限制,以镜头运动为基础的动态构图大大丰富了影视作品的表现手段,通过推、拉、摇、移、跟、升、降等镜头的运动方式,可以使运动和静止的主体富有运动感。创造影视形象的连续运动另一个重要方式是剪辑。通过对镜头画面的更新组接,可以创造出运动和节奏。希区柯克的影片《精神病患者》中的凶杀过程,没有一个完整的动作,都是一些动作瞬间的短镜头:高举尖刀的女人,恐怖的表情,挥下的刀,女人遮挡的双手,溅血的身体,等等,一直到最后女人放大瞳孔的双眼,这些短镜头快速地组接起来,就呈现了一个激烈、恐怖、血腥的凶杀过程。

影视剧本必须充分考虑到这些运动性特点,讲究动态地叙事,使影视文学区别于其他文学形式,给予读者以特殊的审美享受。

四、多种元素的综合性

影视艺术综合了戏剧、文学、绘画、雕塑、音乐、舞蹈等各门艺术中的多种元素,对其进行了具有质变意义的化合改造,使得这些艺术元素进入电影和电视之后相互融合,形成电影和电视自身新的特性,并且使得电影和电视最终成为两门崭新的、独立的姊妹艺术。在一部影视作品中,既有小说与戏剧的故事情节,人物形象塑造;又有音乐的音响节奏、韵律;还有绘画的构图;雕塑的造型,等等。影视作品是综合艺术,把"静"的艺术和"动"的艺术,"时间"艺术和"空间"艺术,"造型"艺术和"节奏"艺术等有机地融汇在一起,创造出一种动态的,具有高度立体感和逼真性的视听结合的艺术样式。

影视文学作品的综合性具体体现在以下几个方面:

一是时间空间自由综合。影视既是在空间中展开的时间艺术,也是在时间上延续的空间艺术,它把时间艺术的表现性与空间艺术的造型性有机地结合了起来,而成为拥有时空自由的一门崭新的艺术。由于影视艺术的这种特性,它在时空结构上具有了极大的自由性。比如,受众对一个时空统一的镜头的感受并不是纯粹用钟表来计算的,它还受到镜头中所包含的信息量的多少以及它的节奏的影响。信息量大,时间感就短,信息量少,时间感就长;节奏变化强烈,时间感就短,节奏变化缓慢,时间感就长。这里还涉及一个艺术时空的交错的问题。所谓时空交错指的是打破现实时间的自然顺序,将过去、现在和未来的时空场面进行交叉衔接,将联想、回忆、幻觉、梦境同现实融为一体,使时空呈现出跳跃性并获得多层次的展示。与其他艺术相比,影视艺术更能摆脱时空的客观规定性,从而获得更大的自由。

二是视听综合。绘画艺术是用画面来塑造形象,但是缺少了音响效果;音乐艺术是用声音来塑造形象,但又缺少了画面,也就缺少了形象感。而影视艺术的出现,使艺术具有了音响与画面的高度融合。影视艺术不仅善于汲取绘画的特点,关注画面美,同时还善于通过各种音响来构成节奏感与和谐美。音响和画面的高度融合性,使得形象更为真实,更为丰满,更具立体感。比如:《满城尽带黄金甲》中菊花台的画面外传来令人荡气回肠的《菊花台》的音乐,构成音响与画面渗透、情景交融的意境。影视艺术中,声音在表现情感、心绪和意念方面有着独特的功效。在《祝福》的片尾,当祥林嫂步履艰难地行走在风雪中,最后慢慢倒下去的时候,观众听到了财主家欢天喜地的爆竹声,声音画面对比所形成的强烈反差,使人们在同情之余,更悟出了其中的深意。影视中的声音包括人声、音响和音乐三个方面。人声主要是指人物语言,它是影视声音的第一要素,包括对话、独白、旁白和解说等。音响在整个电影声音中是占比重最大的一个,约占声音总和的三分之二。音乐是最擅于表现节奏和人的内心世界的。声音和画面的结合一般有声画合一、声画分立和声画对位三种方式。影视艺术中的声音必须附之于视觉形象,一旦离开了视觉形象,声音就毫无意义了。所以,一个影视剧作者的艺术能力,在一定程度上就表现为他能够巧妙地处理好声音与画面的关系,将听觉因素和视觉因素融合成一个有机的整体。

三是动静结合。静态的场景以及画面造型、构图是伴随着情节发展以及节奏、旋律等,以动态形式表现出来的。影片《大河恋》在对蒙大拿风景的描绘中,摇动镜头的主线始终是那条时而宁静、时而汹涌的大河,大河构成了小镇风景中的生命源泉,而故事便在这条大河畔展开。阳光透过树顶的缝隙一线线地撒在宽阔的特律河上,河面上一闪一闪地跃动着细碎的金光,抛出的渔线在空中划出一道漂亮的弧线,慢慢坠入河里,更显山河水的清澈。周围环境的无声,衬托出滨海河水的流动声,动静结合营造出一种艺术的氛围。

影视艺术综合性并不是各类艺术的简单相加,而是有机的融合。影视艺术广泛吸收了各类艺术的优点,丰富并充实自己的艺术表现力,在构思和创作影视文学剧本时,必须考虑各种艺术的综合运用,来设计银幕、荧屏形象。

第四节　影视文学的写作

影视文学既可以成为导演工作的蓝本,具有很强的实用性,又可以成为独立的能阅读的文本,具有较强的可读性。这就要求影视剧作者在创作构思过程中,既要注重影视剧本的文学性,更要注重它的影视性,始终以创造逼真的银幕、荧屏形象为中心。

一、影视文学人物类型的设置和形象塑造

塑造人物形象,是叙事文学创造形象的核心。一般的叙事文学通过文字将人物形象"传达"给读者,让读者充分发挥个人想象。影视文学创造的则是视像化的形象,它通过具体的画面,把人物形象直接立体地展示在观众的眼前。往往一个动人的银幕形象,能够影响感染亿万观众。如电视剧《康熙大帝》中运筹帷幄、力挽狂澜的康熙,《后宫甄嬛传》中集美貌、才学、痴情、谋略等于一身的甄嬛,电影《红高粱》中敢爱敢恨、充满野性和叛逆精神的九儿,《阿甘正传》中憨厚、正直、可爱的阿甘等。

(一)人物类型的设置

根据推动故事情节和表现作品思想内涵的作用,影视剧中的人物可以分为主要人物,次要人物和辅助性人物。

主要人物是影视剧本着重刻画的中心人物,处在描写的各种矛盾和斗争的焦点上,是艺术提炼生活的结晶,也是观众的看点所在。一般而言,故事情节基本是围绕主要人物展开的,主要人物引导着整个创作的基本方向,是表达影片思想内涵的重要载体,主要人物塑造成功与否,直接影响着影视作品思想的深度。由于主题的明确化需要,影视剧作中人物不宜过多,主要人物一般有一两个,很少超过三个,且必须有鲜明丰富的个性。电视剧《亮剑》中李云龙形象的塑造就是一个成功的例子。李云龙是位顶天立地的抗日英雄,他有着传奇般的战斗经历,屡建奇功,有无坚不摧的战斗意志,从不言败;但他也是一个地道的农民、粗人,喜欢吹牛,脏话连篇,精于算计,从来不吃亏。他就是这样一个食人间烟火的从农民中成长起来的英雄形象,也成了深入人心的经典银幕形象。

次要人物是指对主要人物的塑造起着对比、陪衬、铺垫作用,或者作为矛盾的对立面而存在的角色。次要人物虽然没有主要人物地位那么突出,但他们是整部作品严密完整,结构不可或缺的部分。次要人物的设置是否合理、塑造是否成功,直接关系着主要人物形象塑造的成败以及剧情能否多线索合理展开,甚至还关系到主题是否能够进一步深化和拔高。值得注意的是,次要人物并不是消极地作为主要人物的点缀,而是积极地参与到主人公形象塑造以及故事情节的运动中去。在塑造次要人物时,要让每个次要人物具有自己的特征,与他人区分开来,并且成为整个剧本不可取代的一部分。次要人物在剧作中所占篇幅有限,往往要借助于细节的提炼,通过几笔勾勒神形毕现地显示自身性格的完整性和独立的审美价值。因此,对次要人物形象的刻画,常常更严格地考验着剧作家的生活根底和艺术功力。

辅助性人物,在影片中所占篇幅最少,所处位置最不起眼,招之即来、挥之即去。如中国很多影视作品中出现的仆人、丫环、媒婆、路人等;西方影视作品中的醉汉、流浪汉、赌徒等。辅助人物的作用,主要是为了烘托气氛,构成时代环境。如影片《黄土地》里有两个象征性场景,一个场景是蓝天下,无数腰鼓龙腾虎跃,上下舞动,搅起滚滚黄沙;另一个场景是炎炎的烈日下,无数光脊背的庄稼汉排列成行跪在一起,虔诚地唱着"海龙王救万民"的求雨歌,祈求老天下雨。两个场景形成强烈对比,一个表现出农民掌握自己命运后生气勃勃的潜在力量;一个表现出农民听天由命的盲目和愚昧。

影视文学中的人物设置没有僵化的规定,但有一个核心原则是必须遵循的,即确保作品中每个出场人物及他们之间的关系都要为整部戏出力,都是"有用"的。多余的人物及多余的人物关系,不管本身多么有个性、多么有趣,都应一概删去。

(二)人物形象的塑造

小说是用文字叙事的艺术,它可以用抽象概括的语言表达,读者在所提供的文字描述的基础上,借助联想和想象进行形象的再创造。而电影电视是视听的艺术,作为未来电影电视文字描述蓝本的影视文学,所描述的一切都应该是直观而具象,要为将来在银幕或屏幕上表现出来奠定基础。因此,影视文学创作者在刻画人物时,也必须遵循影视艺术的这一特性。

1. 通过动作塑造人物

影视文学具有视觉的造型性和运动性的特征,它们体现在人物塑造上,就是可以通过动作刻画人物,塑造人物性格。黑格尔认为,"能把个人的性格、思想和目的最清楚地表现出来的是动作,人的最深刻方面只有通过动作才见诸现实"。行为动作着重于外部可见动作,它是刻画人物性格最主要的方面。影视剧可以通过画面来直接呈现人物的一言一行、一举一动、一颦一笑,不仅具有真实感,而且通过人物的外部动作表现出人物的内心世界,展示人物微妙复杂的感情变化,使人物形象更丰满、更逼真。如美国影片《巴顿将军》一开头,只见全副戎装,胸前挂满勋章的巴顿趾高气扬地对即将开赴前线的士兵训话。他眯起的眼神,挥动的手势,高亢的声音和毫不掩饰的对美国的颂扬,一下就给巴顿的性格定下了基调:这是个性格刚强,有着狂热的爱国热情同时又有点刚愎自用的家伙。

影视文学中往往在矛盾冲突处于紧张尖锐,尤其是事件发展到高潮时刻,通过剧中人物关键性的举止动作,展现强烈鲜明的个性特征。在日本影片《人证》中,女主人公八杉恭子为了维护自己"高贵"的社会形象,竟然趁从万里之遥的美国寻她而来的儿子没有防备时,变态而残忍地用刀刺进他的腹部。只此一个动作,就鲜明地体现了她迥异常人的性格面目。而与此同时,被自己亲生母亲要置之死地的儿子,并没因母亲要杀自己而愤怒、反抗,而是悲哀、绝望地成全了母亲的意愿,用自己的双手把刺入腹中的刀更深地插了进去。这样一个动作,有血有肉地表现了儿子悲愤而哀绝的心境及其性格特征。正是通过这一系列相关的动作,把两个人物的性格加以充分地展示。

写好人物的动作,是写好人物形象的关键。编剧必须发现和选择那些能通过造型,来清楚、鲜活、生动地表现人物的细微动作,来完成人物形象塑造乃至剧情的表现。

2. 通过人物的对话和内心独白塑造人物

影视中的语言包括人物的对话(对白)和画外音(旁白、独白)。

对话是指剧作中两个或两个以上角色之间用于交流的话语,它是影视有声语言的主体。相对于独白、旁白,对话是人物语言中最重要的部分。它既能传达谈话双方的心理、情绪、思想,体现谈话双方各自的性格特点,又能把故事的信息或事实传达给观众,还能引发、激化人物之间的矛盾冲突,推动故事向前发展。所以,对话也被称为"言语动作"。电视剧《士兵突击》中的许三多与战友的经典对话模式——"……没意义。""那你说什么有意义?""有意义就是好好活着。""那怎么算好好活?""好好活着就是做有意义的事。"许三多憨厚、老实、淳朴、善良、乐观,却又笨嘴拙舌、反应迟钝、不晓人情世故。这种翻来覆去的话,正是许三多这些性格的精当注脚。创作中人物的对话要朴实自然,日常口语化,还要能最大限度地符合人物性格。

人物的内心独白,即人物内心直接表白。这种独白能准确呈现观众看不到的人物内心世界,让观众细察人物最隐秘,最细微的内心活动。电影《安娜·卡列妮娜》中,安娜在社会的重压之下,走投无路,决定自杀,有一段内心独白:"我苦恼万分,赋予我理智就是为了使我能够摆脱,因此我一定要摆脱!如果再也没什么可看的,而且一切看起来让人生厌的话,那么为什么不把蜡烛熄灭了呢?但是怎么办呢?为什么下面那辆车厢里的那些年轻人在大声喊叫,为什么他们又说又笑呢?这全是虚伪,全是谎言,全是欺骗,全是罪恶……"这一段内心独白使观众清楚地体会到了安娜绝望、痛苦的心理状态。电视剧本《今夜有暴风雪》中,被人遗忘在白桦林哨所的裴晓芸内心活动十分丰富，在画面表现之外，剧作者又安排了她的一段内心独白，以此传递出隐藏在女主人公内心深处的真实声音。独白是把人物的内心感情和思想直接倾诉给观众的一种艺术手段，往往用于表现人物最剧烈、最复杂的内心活动。

旁白是指以画外音形式出现的解说性语言。如《红高粱》中从头到尾都贯穿着一个叙事者——"我"。"我爷爷""我奶奶"的故事由"我"的旁白向观众娓娓道来。旁白在影视剧本中的运用主要体现在四个方面：一是在剧情展开之前对故事发生的时间、地点以及社会时代背景作简要的说明；二是在剧情作大幅度时空跳跃的时候，对删除的事件过程作简短的叙述说明，起过渡性连接作用；三是将出场人物的相关背景资料以简洁的方式介绍给读者；四是对剧情和人物发表点评。旁白是电影展现内容的一种辅助手段，恰当运用能起到"黏合剂"的作用。

3. 将人物的心理活动视像化

小说在传达人物隐秘而微妙的心理方面具有独特的优势，影视在这一点上确实无法与小说比高低，但是影视镜头却能另辟蹊径，用它特有的艺术手段表达出小说很难产生的艺术效果，如画外音、内心独白、闪回或叠化、人物特定的举止和表情等，用借代、隐喻、象征等方式展示人物心理。这就是影视镜头中的人物心理视像化。美国影片《公民凯恩》中有4个这样的镜头：A. 凯恩和他妻子穿着春天服装在饭厅里进早餐，一边吃一边亲昵地注视对方，相对莞尔。B. 凯恩和他妻子穿着夏天服装在饭厅里进早餐，妻子还是边吃边看凯恩，可是凯恩在一边看报，未予理睬。C. 凯恩和他妻子穿着秋天服装在饭厅里进早餐，他们都埋头吃饭，谁也不看谁，急于吃好离开。D. 凯恩和他妻子穿着冬天服装在饭厅里，两人都吃不下饭，怒目而视。这4个镜头曾被称为是世界电影史上的经典性镜头，它们没有一句人物语言，完全用具体的画面来表达人物内心的情感活动。在一年之中，凯恩对他妻子的情感由热到冷、由冷到厌，这种无法看见的内心深处的情感活动，自然地通过镜头的画面视像化了。

还有不少影视片，直接将看不见的人物的梦境、幻想、联想、回忆等心理活动内容，用生动的画面形式展现出来，在西方现代主义电影中表现得特别明显。如意大利影片《八部半》中，电影导演吉多为了摆脱各种烦恼，躲进了一家温泉疗养院构思新作，但各种因素仍然搅得他不得安宁，于是产生了各种心理反应。比如，在幻觉中，他看见一位天使般纯洁而充满青春活力的少女，身穿洁白的纱裙，张开双臂，从洒满阳光的森林中向他走来。在梦境中，他看见父亲的幽灵从墓穴里探出身子，向他抱怨墓穴太低。影片通过梦境、幻觉、联想等心理活动画面，塑造了吉多的人物形象。

4. 创造逼真的环境塑造人物

影视文学中的环境包括自然环境和社会环境两个方面。自然环境描写是为了给人物的活动提供相应的空间,社会环境营造则影响着人的思想性格感情的形成和发展。影视作品对环境的创造,必须真实、具体、逼真而富有表现力,更重要的是应使环境和人物之间发生内在联系,成为人物行动的依据和渲染人物思想感情的重要手段。如影片《红高粱》中那一望无际的红高粱地,在劲风吹拂下,营造出强烈的视觉效果,传神地表达了一种野性勃勃的生命气息,富于象征意义。

二、影视文学的情节设计

(一)情节是影视文学重要元素

影视文学创作中,情节的构思设置十分重要。首先,影视作品要直观反映社会、人生,总是要通过形形色色的人物经历或事件过程来具体体现。这些过程,这些经历,在某种意义上,就是情节。其次,影视作品不同于其他文学作品,它是让观众通过"一次性"观看来展示其内容的,它必须紧紧抓住观众的注意力,使观众从始至终看下去,这就必须要有生动曲折、引人入胜的故事情节。

高尔基在《论文学》中说:"情节,即人物之间的联系,矛盾、同情、反感和一般的相互关系——某种性格、典型的成长和构成的历史。"在他这段表述里,情节包括三层意思:一是指人物之间的各种相互关系;二是是指人物性格发展的历史;三是指性格发展的历史又是通过人物之间的各种关系表现出来的。直至今天,他这个著名的定义仍然是最具科学性和经典性的。影视剧本中人物形象不是一幅静止的图画,它要沿着一定的情节线索发展,总要有个行动的过程。影视文学作者就是要善于构思描写这个情节过程,善于准确、细致地揭示人物性格内部矛盾对立的因素,揭示现实生活的错综复杂的关系,最后完成对人物性格的塑造。就像苏联弗雷里赫在《银幕的剧作》中所说的:"艺术家运用情节不是用来装扮故事的事实,不是要使他们变得引人入胜,而是希望用性格来说明这些事实和事件的缘由"。情节不仅是把各种事件和人物从形式上连接在一起的手法,而且是分析这些事件和人物性格的手段。

(二)情节的类型

古今中外各种叙述性艺术作品,情节的类型与品格是多种多样的。就大的类型而言,情节可分为两类:强化型情节与淡化型情节。

1. 强化型情节

强化型情节指具有较强烈浓缩性的情节。强化型情节又可细分为两种，一种是传统戏剧型情节，另一种是现代怪诞型情节。传统戏剧型情节特指那种侧重于故事的完整性、生动性及趣味性表现的情节。这种情节一般具有较强烈的矛盾冲突与曲折变幻、起伏跌宕的过程，讲究叙事的节奏、悬念的设计等。传统戏剧型情节是在生活正常流程基础上提炼、凝聚起来的，所以尽管它有人为浓缩的痕迹，但仍不脱离生活原型的"自然状态"。而现代怪诞型情节则极尽人为编排之能事，大胆打破生活原型的自然状态，以至将它们变形，甚至变态地"表现"，使其凸显作者的主观杜撰，让观众对社会生活作重新的认知与觉悟。如电影《摩登时代》，成年累月在高速传送带上拧螺丝钉的工人，拧得眼花缭乱、晕头转向，拧螺丝钉的机械动作已成神经质的下意识生理本能。于是，在下班路上，竟把一位女士胸前的扣子当螺丝要去拧。这个情节，表面上看去荒诞不经，但却很好地揭示了现代人被异化为机器的深刻内涵。

2. 淡化型情节

淡化型情节是相对于强化型情节而言，是将传统意义上的"情节性"弱化。淡化型情节大体也可以分为两类，一类是散文化情节，另一类是生活流式情节。散文化情节是指不注重情节的紧凑连贯和起伏变化，用散文一样的手法叙事，总体上意在营造某种氛围或者表现某种情致、精神。如电影《城南旧事》就是典型的散文化情节的电影。剧中三个故事各不相连，而且每个故事内部也不是很连贯很紧凑，都是通过小英子的眼睛，把一个一个片段串起来，表现了一个时代"童年往事"般的心理路程，整体萦绕着一种淡淡的哀愁和深深的思念。生活流式情节是指随着日常生活的流程，通过对人物举止言行、经历体验、感觉心态的依次记录，无人为痕迹地完成反映生活、表现人物的叙事体现。如美国影片《陷入情网》，几乎以纪实的手法讲述了一对中年男女在一年多的时间内，从相识、好感、热恋、分手到再次相见的过程。

（三）情节设计的技巧

情节是所有叙述性文艺作品所共同具备的。因此，影视文学创作的情节构思、设计，也应该借鉴吸取其他艺术样式对情节展示的方法技巧。

设置各种各样的矛盾冲突，"制造麻烦"，是影视文学情节构成的基础。矛盾冲突是情节发展的线索，没有矛盾冲突便没有情节。影视创作要善于选取那些最能反映矛盾冲突的事件，经过加工提炼，构成情节，方能最大限度地让观众在矛盾冲突中欣赏影视艺术。大体来看，影视文学矛盾冲突设置有人与人之间的矛盾冲突；人与周围环境的矛盾冲突；人自身内心世界的矛盾冲突；人与自然的矛盾冲突等。把种种矛盾冲突交织错杂，尽一切可能为人物设置难以逾越的困难，强化困境，以激化矛盾冲突，从而使情节跌宕起伏、曲折生动。

影视剧中的情节设计，力戒平铺直叙一览无余。要巧妙利用伏笔、悬念、偶然因素等技巧，制造生动新奇、曲折多变、扑朔迷离的故事情节。例如悬念，从本质上讲是观众的一种心理动机，是利用观众关切故事发展和人物命运的期待心理在剧作中所设置的悬而未决的矛盾，驱使观众从头至尾地观看影视作品，探寻"是什么"和"为什么"。如希区柯克的名片《蝴蝶梦》，通过音响、道具、女管家的举止设置了一位不出场的丽贝卡的巨大悬念，紧紧牵动着观众的心理期待。

(四)情节设计的原则

1. 情节设计要符合人物性格。

情节是人物性格的展示过程，离开人物性格的要求单纯地去安排情节是无效的。剧作者尤其要注意，在剧本创作中，不能只凭主观意念，或者只为图解某种政治思想、主题而设置情节。如我国"文化大革命"期间电影《白毛女》的改编本，将原来影片中杨白劳之死，由无力反抗恶势力悲愤自杀，改为出于"阶级义愤"、拿起扁担勇敢地和黄世仁们进行搏斗而英勇牺牲，这样的结局设置不符合杨白劳老实怕事的性格特征，显得生硬突兀。剧作者这样改编，有明显的时代印记，可能受到一时的认可，但在影视艺术的长河中终将被摒弃或者被作为反面教材。一些优秀经典影片如《辛德勒的名单》，纵观整个影片的情节设计，则完全符合主人公的性格特征。主人公一开始是以一个大发战争横财的商人面目出现的。随着情节的展开，一场场惨绝人寰的大屠杀场面，触发并积聚了他人性向善、良心发现的情感，继而在一个特殊的环境下，促使他做出了一系列人道主义的善举，最后倾其所有来挽救犹太人的生命。对大屠杀情节的设计，不是为了猎奇，故意展示血腥的场景，而是为了刻画主人公人性转变的客观因素，符合主人公人物性格的发展过程。

2. 情节设计要符合生活的真实。

真实是指艺术的真实和细节的真实，强调的是情节发展合情合理，合乎生活的客观逻辑，而并非要求剧作者完全照搬生活中的故事，刻板地拘泥于生活。伊朗影片《小鞋子》情节线索非常单纯，全片却萦绕着温暖又苦涩的氛围。哥哥阿里无意中弄丢了妹妹唯一的一双小鞋子，开始他为找回丢失的鞋而努力，后来又为了得到一双新鞋而努力。全片没有强烈的戏剧冲突，每一次情节的递进都是自然地进行，每一次行动受到的阻碍，每个情节的推进，都符合人物性格、特点，都符合社会生活的真实。

3. 情节的设置要新颖。

影视作品是否新颖,很大部分取决于情节的设置是否新颖。因此,剧作者在构思情节时,在满足以上两个原则的前提下,还要尽量使情节具有新鲜感,要善于发现和积累生活中独特的题材、事件、人物和矛盾冲突,恰当运用到剧本的写作中去。情节的设置最忌讳因循守旧,落入俗套。电影电视史上常有这样的现象,某部影片情节设置很出彩,获得了成功,于是众人竞相仿效,以致形成某种俗套模式,最终为大众所唾弃和嘲笑。剧作者应该从这种现象中得到启示,设置情节时要努力推陈出新。

三、影视文学的结构安排

所谓影视文学的结构,就是剧作家根据各自的审美意识、审美理想,通过影视思维的独特手段,将故事中的人物、情节、冲突等进行有机的安排与组织,以期能将故事用最有效的方法表达出来,让观众有兴趣地去欣赏。简言之,就是影视文学剧本独特的叙事方法及总体构成形式。与其他文学样式相比,影视文学作品在结构上有着自己的独特之处,能够借助蒙太奇手段,把画面和音响等艺术元素,按照一定的时空顺序,将作品内容进行有机的连接和组合,达到天衣无缝的艺术效果。

一部剧作的结构是否缜密,是否和谐,是否具有创造性,是衡量它艺术高低的重要标志。完美的结构能使作品主旨的揭示深入人心,人物形象鲜明感人,并且结构自身也具有相对独立的审美意义。影视剧作者需要倾其全力,在剧本中精心营造叙事结构。影视作品中常见的叙事结构有以下几种。

(一)戏剧式结构

戏剧式结构主要是指剧作借鉴戏剧艺术结构的一些重要元素来创作影视作品的结构样式,因此也被称为以戏剧冲突为支撑的结构。在西方和中国,戏剧式结构至今仍然是最基本的结构方式之一。采用戏剧式结构的优秀影片不胜枚举,如《魂断蓝桥》《飞越疯人院》《天云山传奇》《大红灯笼高高挂》等。

那么,戏剧式结构到底有哪些基本特征呢?

1. 情节因素的完整性。

戏剧式结构要求剧作整体包含开端、发展、高潮、结局四个部分,移植戏剧中悬念、突变、巧合、分场分段等手法,让全剧结构完整并且有高低起伏。同时,也要求每一段(场)戏中尽量做到有开端、发展、高潮、结局,造成一个个"小型的霹雳"

(席勒语),促使全剧大高潮到来。

美国影片《魂断蓝桥》,故事的矛盾冲突是"纯洁爱情与传统观念"的冲撞,情节发展有着一张一弛、一起一落的波浪式运动轨迹。在开端中,罗依与玛拉一见钟情,这是美好爱情的第一次"起";情节的发展中,罗依的上司同意他们结婚,这是美好爱情的第二次"起";可惜因错过时间,婚礼推迟到第二天,这是一次"落";玛拉到车站送罗依而被老板开除,这是第二次"落";玛拉以为罗依阵亡,为生活所迫,沦为妓女,这是第三次"落";罗依突然生还,坚持要与玛拉结婚,这是美好爱情的第三次"起";玛托与罗依回家乡,发现两人有很多差距,这又是一次"落";故事的高潮,玛拉向罗依母亲坦白自己曾经堕落的经历,矛盾冲突总爆发;结局,玛拉出走并自杀,美好爱情在贵族传统观念的压迫下最后归于毁灭,这是最后一次"落"。

2. 段落布局的严整性。

戏剧式结构讲究对情节进行紧张而曲折的安排和处理,要求按照因果的内在联系,把段落与段落之间、场面与场面之间形成顺序组合,层层递进,使之构成一个相互依存的严谨的整体。

3. 叙述进程的顺时性。

戏剧式结构要求严格按照顺时的时空顺序组织和安排故事情节,不允许随意打乱。即使在十分需要的情况下运用倒叙、插叙,甚至闪回的手法,也只能是对主要情节作必要的补充,不能从根本上错乱情节发展的时空顺序。

(二)散文式结构

散文式结构明显区别于戏剧式结构,不是以戏剧冲突为支撑来结构,而是以抒发某种感情、情绪为表现特征,总体体现出形散意不散的特点。如《早春二月》《伤逝》《城南旧事》《小街》,包括近年的《山楂树之恋》《岁月神偷》《那些年,我们一起追的女孩》等,都是典型的散文式结构电影。

散文式结构的特点:

1. 重抒情不重叙事。

散文式影视作品与戏剧式不同,不是着力通过讲故事去表现矛盾冲突,而是意在抒情,表现人物思想感情的细微变化。如电影《城南旧事》,整部影片既无贯穿始终的戏剧冲突,也没有贯穿始终的故事情节,三个分别有自己主人公的小故事被统一在英子的目光中,统一在"淡淡的相思,沉沉的哀愁"内在情感的线索之中。观众在欣赏时,由对情节的追求变为对于一种思绪的体验。

2. 重细节不重情节。

戏剧式影视作品依靠一条主要情节线索的发生、发展、高潮、结局来完成叙事。而散文式影视作品则不同，我们看不到在戏剧式结构中必有的那种高潮和结局，它不注重情节的跌宕起伏，而是在细节上下功夫。如电影《山楂树之恋》，主要讲述的是一对年轻人纯洁感人的爱情故事，整部影片没有太多的矛盾冲突和跌宕情节，但却十分注重细节的表现。如静秋和老三过河的场景，老三想牵静秋的手，但是静秋却害羞不敢，最后老三找了一根木棍，两个人就这么牵着一根小木棍过河。随后老三一边拉着静秋向前走一边把手慢慢地向后移动，最后终于牵住了静秋的手。这样的细节处理，安静而又细腻、舒缓而又含蓄地表达了两个年轻人内心纯洁而又羞涩的爱情萌芽。

3. 结构松散，叙述富有跳跃性。

散文式结构的本质是以人物内在情绪为轴，没有外在的强烈冲突，或者说很多冲突都被轻描淡写，被隐藏起来了，通过刻意留白减弱了戏剧性。散文式结构的叙述节奏是缓慢的，往往强调外部冲突的"渐变"和"淡化"，这也导致了叙述的跳跃性。如电影《山楂树之恋》，将男女主人公从相识、情窦初开、相恋、误会到误会解开、永别这条线，用生活流的形式自然地串联了起来，就像电影中的那条缓缓流淌的小河，于不知不觉中已奔流向前。

4. 多采用第一人称的叙述视角。

散文式影视作品大都根据真实故事改编，浓缩了强烈的个人化情绪，因此在叙事上大多采用第一人称方式，即出现"讲故事"的"我"。影片常常以"我"的画外音独白拉开序幕，在影片中补充叙事，解释和交代故事的前因后果，或者充当事件的见证人和人物的评判者。如电影《我的父亲母亲》，从"我"的视角出发讲述了父母之间的故事；电影《那些年，我们一起追的女孩》，以男主人公柯景腾的视角对青春经历进行了回忆。

(三) 小说式结构

这是吸取了小说艺术营养而形成的一种结构形式。它虽然也有贯穿始终的情节，但不追求戏剧性结构那样强烈的戏剧冲突，曲折的发展过程，而是着力于细节的描写和对人物多方面的刻画。它不要求情节高度集中，而是致力于场景的慢慢推进和积累，给人以从容不迫、不疾不徐的艺术感受。因此，有人说小说式是介于戏剧式和散文式之间的结构样式。在小说式结构的具体形态上，较为典型的影视作品如电影《高山下的花环》，电视剧《金婚》等。张艺谋导演的《秋菊打官司》也是这种结构。秋菊的丈夫和村长发生冲突，村长一脚踢中了丈夫的"要害"。村长愿意赔钱,但不愿意认错,而秋菊坚持要个"说法",几次三番上访打官司,直至村长被公安抓走,讨来"说法"的秋菊,却又陷入了茫然。这是个很容易构造出戏剧冲突的故事,但导演很节制地把冲突淡化,对秋菊每次一上访归来可能发生的一些故事,都人为地中断或抑制,只用几句简短的台词,表明她的态度。直到最后,秋菊官司打赢,村长被戴上手铐,推进警车,秋菊才冲动地冲上山梁,一脸茫然地面对发生的事情。影片至此戛然而止,秋菊倔强的个性和本性善良的品质,至此得到完全显现。

小说式结构的特点:

1. 从情节结构来看

小说式结构近似于戏剧式结构,都需要有一个完整的情节,但又有很大的不同。戏剧式注重情节,主要在于通过情节塑造形象,体现主题和吸引观众。因此,它要求组织高度集中和完整的情节结构,要求在剧作中前边出现的人、事、物,后边一定要有所照应和交代,否则就破坏了情节结构的集中性和完整性,就是多余的"闲笔"。小说式结构要求剧作家把重点放在刻画人物性格上,情节要为塑造人物性格服务,不能脱离人物性格的塑造去追求情节结构的所谓完整性。因此,小说式结构在表现生活场景方面,除了主要生活场景之外,还需要表现众多的次要的生活场景和插曲。在表现矛盾冲突方面,除了主要矛盾冲突之外,还需要表现众多的次要矛盾冲突。这样,让人物去面对生活中可能遇到的各种矛盾和情境,以便更细致深刻地展示出人物的内心世界,塑造出如同生活一样丰富和复杂的人物形象。正因为如此,戏剧式结构所认为的"闲笔",只要能服务于人物性格的塑造,达到丰富作品内涵的目的,在小说式结构中不但是允许的,而且是完全必要的。

2. 从场面结构来看

小说式结构近似于散文式结构,都需要有场面的积累,但也有很大的不同。小说式结构的场面积累,是为故事的发展、情节的展开服务的,是为刻画人物性格服务的,而散文式的场面积累意在营造意境,以渲染一种"典型的情绪"。

3. 从时空结构来看

小说式结构比戏剧式和散文式享有更充分的自由。戏剧式结构为了让情节具有吸引力,散文式结构为了达到纪实性的要求,一般都采用顺叙式结构。而小说式结构既可以采用顺叙,也可以采用倒叙,还可以采用时空交错法。与戏剧式结构或散文式结构相比,小说式结构尽管在情节方面不如戏剧式那样富有吸引力,主题的意蕴不如散文式那样含蓄、丰富,富有哲理性,但是在表现社会生活的广阔性、人物性格的丰富性和复杂性、主题思想的深刻性上,是戏剧式和散文式难以企及的。

(四)心理结构

心理结构指以主人公的心理活动为线索,依据人物的意识活动进行结构的一种影视剧作样式。心理结构的特点在于,第一,着力表现人物的内心活动和对人物内在情感的剖析,用内心活动或者内在情感来推动剧情。如电影《天云山传奇》是通过三个女性的旁白以诉说内心感情来推进剧情的;《被爱情遗忘的角落》贯通头尾的主线索是荒妹的心理,再由主线引出姐姐存妮和母亲菱花的命运线。第二,追求叙述上的主观性和心理性,并依据人物心境的变化,用回忆、倒叙的"闪回"形式,把过去、现在和未来相互穿插交织起来进行布局和剪裁,以加深其感人的力量。这种结构,经常通过主人公的独白(包括书信)方式展开,便于对其内心世界进行深入、细致的剖析,完成主题思想的表达和人物性格的塑造。如电影《一个陌生女人的来信》,讲述陌生女子"我"因暗恋一位中年男子却始终未能得到对方理解的种种痛苦和挣扎,是以"我"的心理活动(书信)为线索展开的。由于是改编自奥地利作家茨威格·斯蒂芬的同名小说,原作中有大量细腻的心理描写。导演徐静蕾采用心理叙事结构和大量独白,用电影这种影像艺术把文学描写中复杂的心理活动表现得十分到位。

(五)意识流结构

意识流结构是受"意识流"小说影响,在银幕上着重表现人的非理性的、潜意识的、直觉活动的电影结构样式。电影中的"意识流"作品出现于19世纪五六十年代。瑞典电影导演英格玛·伯格曼的《野草莓》(1957)和法国电影导演阿仑·雷乃的《广岛之恋》(1958)、《去年在马里昂巴德》(1960),被认为是最早的"意识流"电影。这些影片都采用了时空跳跃多变、打破逻辑联系等自由联想形式,以表现现代人心理的复杂性,有的如《去年在马里昂巴德》)则完全表现人物潜意识的活动,表现非理性的主观世界,形成一个颠倒错乱的世界视像。

意识流结构上的特点,一是抛弃了传统的叙述顺序,以非理性的心理流程代替传统的叙事逻辑顺序。二是打破了传统的时空顺序,以大量的闪回和倒叙把过去、现在、未来相互交叉、渗透、叠合在一起,使之难分回忆与幻想、真相与错觉。因此,"回忆(包括联想、幻觉、梦境)+现实"便是"意识流"影片的结构公式。也就是说,它不是一般正常人的回忆和现实的结合,而是潜意识不间断地侵入人物的现实生活所形成的一种影片的剧作结构。如电影《八部半》《野草莓》等,都是将主人公的意识、幻觉、梦境相交织的结构。

(六) 生活流结构

生活流结构是 20 世纪 60 年代西方电影中出现的"生活流"电影的结构模式。"生活流"电影主张"让生活本身说话",按照"生活本身的自然流动",对生活作一种纯客观的记录,主张直接摄录落入电影摄影机视野的生活事实和事件,既不作选择,也不作评价。"真实电影""直接电影"等就是这种创作倾向的突出表现。"生活流"一词最初出现于 19 世纪末叶。当时在西欧一些国家流行的"生活流"文学和意大利的真实主义文学,都受到了自然主义理论主张的强烈影响。电影由于其画面的照相性质使观众把它当成真的现实来对待,因而比任何其他艺术都更讲求逼真性。在"生活流"的影片中,创作者只是不偏不倚、客观主义地去摄录日常的"生活流",不考虑情节的安排和组织,不考虑结构,对于所表现的对象不作任何思考和概括,也不作任何评价和分析,由观众自己去得出结论。如曾获戛纳电影节最佳导演奖的弗朗索瓦·特吕弗拍摄的处女作《四百下》,以一种平铺的手法引出中心人物,忠实记录着每个人都曾拥有过的青春期回忆:逃学、对现行的教育制度和老师的怀疑、对亲情的反叛与排斥,辗转于学校、家庭、警察局与感化院之间。特吕弗大量采用实景拍摄,用非情节化、非故事化的方式记录生活,打破了以冲突律为基础的戏剧观念,将影片的叙事始终保持在生活的渐近线上。

四、熟悉影视语汇

写影视剧本的主要目的是供拍摄,所以剧作者对于一些影视专业术语要了如指掌,并体现于剧本创作中。除了前文提到过的蒙太奇之外,还有:

(一) 镜头

镜头是摄影机或摄像机从开拍到停止所拍下的全部影像。

长镜头:指较长时间连续拍摄一个镜头,它一般比较缓慢、比较真实。

推:指被拍摄对象处于某一固定位置,摄影(像)机镜头由远处向所摄对象逐渐推进的拍摄方法。

拉:摄影(像)机运动方向与推相反,即将摄影(像)机从近处拍摄向后拉开的拍摄方法。

摇:摄影(像)机固定在某一位置,让镜头向上下或左右作摇动拍摄。

摇镜头向上或向下摇摄,便是仰镜头或俯镜头。仰镜头给人以高大威严之感,俯镜头给人以渺小、压抑之感。

移:摄影(像)机随着主体的行动而作的移动拍摄。

跟镜头:又称跟摄,指电影摄影机跟踪运动着的被摄对象进行拍摄的摄影方法。它可造成连贯流畅的视觉效果。跟镜头始终跟随拍摄一个在行动中的表现对象,以便连续而详尽地表现其活动情形或在行动中的动作和表情。

做上下垂直移动拍摄的镜头又称升镜头或降镜头。

慢镜头:改变镜头在拍摄时的运转速度对被拍摄对象进行高速拍摄,放映时仍以正常速度放映,这样演员的动作就会变慢,这就是慢镜头或慢动作。它实质上是时间上的"特写"。

快镜头:与慢镜头的拍摄方法相反,即在拍摄时放慢摄影机的运转速度,再以正常速度放映,便出现画面快速变换。它能造成某种紧张或滑稽的效果。

空镜头:即面面中没有人物的镜头。它主要是通过景物或道具来抒发某种情感。

主观镜头:即摄影(像)机当作剧中人的眼睛,依照他(她)的主观心理感受来拍摄的画面。

定格:即根据剧情的需要银幕上映出的活动影像骤然停止而成为静止画面。这种方法常用以突出或渲染某一场面、某种神态、某个细节等。

(二)景别

景,是指银屏上的单个画面图像,不同的画面叫"景别"。它可分为远景、近景、特写等五大类。

远景:镜头在距离拍摄对象较远的情况下所拍摄的画面。这种画面可使观众在银幕上看到广阔深远的景象,以展示人物活动的空间背景或环境气氛。还宜于表现规模浩大的人物活动,如炮火连天、硝烟弥漫的战场,人如潮涌的游行示威,千军万马的对阵厮杀等。

全景:拍摄距离比中景远,比远景近。它取景的范围除人的全身外,还包括主体周围的背景。

中景:介于近景和全景之间,取景范围一般只拍摄人的大半身,主要表现人物双膝以上的形体动作。

近景:指视距较特写稍远的画面。它的取景范围就人体而言大约为人的小半身,即只表现人物胸部以上的活动或表情。

特写:视距最近的画面。它可写人也可写物,如反映人物脸部的细微变化。

(三)镜头的组接方式

显:又称淡入、渐显、渐现,即画面从空白或全黑中渐渐现出。

隐:又称淡出、渐隐,即画面逐渐退隐直至完全消失。

化:即前一个镜头还在"渐隐"中,后一个镜头就渐显了。像是在模模糊糊的印象中由前一个画面转化成了后一个画面。前后两个镜头的这种"变"的过程,是一个"溶化"的过程,所以"化"又叫"溶"或"叠化"。上一个画面在下一个画面正在显现时渐渐消失了,叫"化出";下一个画面在上一个面面的逐步消失中逐渐出现了,叫"化入"。

划:前一个画面迅速向一旁退去,后一个画面逐渐扩张,代替前一个镜头。适宜表现同时异地或平行发展的事件。

圈入圈出:是指"划"的一种变化。以圆圈的方式,从画面中心圆点开始逐渐扩大(圈出),或以圆圈将整个画面逐渐收缩为圆点(圈入),由下一个画面所取代。有时圈入也用于强调或突出画面上某一细节部分。

切:又称切换,即将某种有内在联系的两个不同画面直接连接在一起。这种组接方式中间没有任何递变过程,如上一个画面是一个人在写信,下一个画面则是亲人或朋友在读信。

以上是一些常用的语汇,影视文学创作时要纳入到整体构思之中。

延伸阅读

主角登场

戴丽莎·海尔朋

〔布景是某小城内,一所舒适房子里楼上的起居室。观众左边的墙上嵌着壁炉,壁炉旁边远一点的地方有一扇门通往大厅。舞台背面有一扇远远突出墙外的窗户,从窗内可以看到街的两头。右边墙上的门通往安妮·凯里的卧室。这件起居室由安妮独自占用,按照女性的口味布置,家具上铺着印花布。一张有几个抽屉的书桌放在屋内显眼的地方,屋内惹人注目的摆着许多花。

〔幕启,舞台上是空的。露丝·凯里,十八岁的漂亮姑娘,匆匆上场,手里提着一个大盒子。她戴着帽子,穿着外套。

露丝　啊,安妮,又送来一盒花!安妮,你在哪儿呢?

安妮　(卧室里传来说话声)在这儿。我以为你已经出去了呢。

露丝　(打开左边的门)我刚要走,送快件的邮递员就送来了这个,我想看看。(往卧室里看)哦,你的衣服多漂亮啊。你转过身来。真可爱!我打开盒子,行吗?

说话声:行,可是快一点。时间不早了。

露丝　(向他姐姐送一个飞吻)好家伙!几乎像是我自己有了未婚夫一样。

两天送来三盒花呦!他真浪费,却又挺可爱的。啊,安妮,多雅致的白玫瑰!快来看!

〔安妮在卧室门口上场。她是二十二岁的姑娘。她在舞台上的举止显得神经质,心情激动,却又抑制着。

安妮　是啊,真好看。去拿个花瓶来,露丝。赶快。

露丝　我去。这儿有一张卡片。(她递给安妮一个信封,往门口走去,可又站住)安妮,她说些什么?我看看行吗?

〔安妮带着淡淡的奇怪的笑容很快地念了一下卡片,没转过身来从背后递给她。

露丝　(念)红玫瑰悄悄诉说热情,

　　　　　白玫瑰低声吐露爱情;

　　　　　啊,红玫瑰像是雄壮的鹞鹰,

　　　　　白玫瑰像是纯洁的鸽子。

　　　　　可是我送给您一束乳白色的玫瑰花苞,

　　　　　花瓣尖上带着红晕,

　　　　　因为最纯洁最甜蜜的爱情,

　　　　　它那嘴唇上总带着爱慕的吻。

哦,多美啊!你猜这是他写的吗?我不知道他倒是个真正的诗人呢。

安妮　(她已经把几朵玫瑰花别在她的衣服上)谈恋爱的人都是诗人。

露丝　写得美极了!(她从口袋里拿出铅笔和小笔记本)我把它抄在我的"哈罗德笔记本"上行吗?

安妮　抄在你的什么上?

露丝　我把它叫作我的"哈罗德笔记本"。他信上的一些话你念给我听过,我把它们都抄在上面,那些可爱的片断太美了,让人忘不了。你不会不高兴吧?

安妮　你这个傻丫头!

露丝　这儿,你看这一段……这是从他在里约热内卢写给你的第二封信里摘出来的。我真忘不了那封信。你要知道,我让你给我读过三遍呢。细腻极了、细腻极了。我记得这一段……喏。"一位年轻的姑娘对我说来像一朵花那样优美脆弱,我总想采一朵归我,又觉得自己像个汪达尔人。然而,安妮,您的脸总在我眼前出现,以前我太傻体会不到,现在我才知道这是您,完全因为有您,去年冬天我一个熟人也没有、孤孤单单的时候,我的生活总算还过得去。"啊,安妮,(狂喜地叹口气)这就是我做梦都想得到的情书。我想我永远也得不到。

安妮　(仍然带着奇怪的微笑看着笔记本)你把这个本子给别人看过吗?

露丝　只私下里给卡罗琳看过。(停住话头,看安妮对这话的反应)可是真的,安妮,人人都知道哈罗德的事。你告诉过玛奇和埃利诺,我敢肯定她们已经告诉别人了。她们对我们没说什么,可是她们对卡罗琳说了,是她告诉我的。(盯着安妮的脸)你不生气吧,对吗,安妮?

安妮　不,有点生气。(然后,极想知道)她们说了些什么?

露丝　唉,各式各样的话都有。当然,有些话很不中听!你不能责备她们,因为那是忌妒。你这种经历正是她们人人都拼命想得到的。我要不是你的妹妹,也要忌妒。照现在这样,我自己仿佛觉得也有点光彩呢。

安妮　(辩护,却轻蔑地)可是每个姑娘迟早都会有这种经历。

露丝　哦,不一定像这样吧。哈罗德做的每件事都美,都合乎理想。珍妮芬威克给我看过几封鲍勃的信。那些信那么单调,简直缺乏诗意!讲的全是他的薪水和玉米收成的事。我厌恶那些信,她看见哈罗德的信,我想,那时候她的感觉也和我一样。

安妮　啊,你把这个本子也给珍妮看了?

露丝　(有点惊吓)不,我真的没给她看过。那是卡罗琳干的。有一次我把我的笔记本借给她看一夜。珍妮真该看看。她谈起鲍勃,变得那么骄傲自大。姑娘们真可笑,是不是?

安妮　(她对露丝的这些闲聊非常感兴趣)你说这话是什么意思?

露丝　姑娘家与其说是真要个男人,不如说是要个想象中的男人,只要能够梦想他,能够谈一谈他就行了。我料想有一天我会订婚,我每次想到订婚,从没想过真有一个男人吻我,真吻我。

安妮　你在想些什么啊?

露丝　我总想把这个告诉卡罗琳,把戒指给她和玛奇看。啊,玛奇妒忌的脸色发青。我相信她以为哈罗德有点喜欢她。(安妮转过身去)她在纽约看见他的时候,她兴奋得很。她说她想下公共汽车去追他,可是他走进一所房子里去了……安妮,哈罗德从南美洲回来,为什么你不先告诉我们,至少先告诉我?现在我们反而是听玛奇说的。

安妮　这只是因为……我要避开这些……他离这儿只有几小时的路程,可又知道他不能到我这儿来,那是非常不好受的,可是如果另外没人知道他回来,那就比较好过了,你明白吗?

露丝　是啊,亲爱的,当然我明白,不过还是……

安妮　(不耐烦地)露丝,现在四点一刻了。你答应过……

露丝　我就走……马上就走……要不然……啊,安妮,我待在这儿,只偷看一眼,行不行?我不让他看见我,然后我马上就跑开。

安妮　啊,看在上帝的面上,别淘气,别犯傻!现在就走,快走,不然……(突然改变语调)露丝,亲爱的,你处在我的地位上想想看。如果你就要第一次看见你所爱的人,你会觉得怎么样。事情真就是这样。你想想看!两年以前他走的时候我们就是最亲密的朋友了,现在……

露丝　这回你们约好要结婚了吧!啊,这岂不是一件最浪漫的事!当然你要单独跟他谈谈。原谅我。哦,安妮,你一定多么激动啊!

安妮　(带点做作的紧张)不,真奇怪,我倒挺镇静呢。不过,露丝,我害怕,非常害怕。

露丝　为什么怕?怕什么?

安妮　(做作)我不知道……什么都怕……怕意想不到的事。这些时候一直多么美妙,万一发生什么事,我想我会受不了。我想我会死的。

露丝　胡说,亲爱的,哪会发生什么事呢?你不过心里紧张罢了。好了,我要走了。我要在内莉大婶家跟妈妈碰头。替我向哈罗德问好。你知道吗,我当他的面从来也没叫过他别的,总是叫他劳森先生。这不挺可笑吗?再见,亲爱的。(向安妮送一个飞吻)你显得多么可爱。

安妮　(把双手放在露丝肩上,令人感动地停了一会儿)再见。

露丝再见。

〔她们接吻。露丝下。留下安妮一个人,完全变了样儿。她丢掉浪漫的态度。她神经质的下定决心。她很快地把花摆好,把盒子拿出去,等等,收拾好屋子,很快地在镜子里照了照自己。外面有车轮的声音。安妮走到凸窗跟前往外看。然后她直直地站好,被一种感情控制着,与其说是期待,倒不如说是害怕。听见楼梯上的脚步声,她很恐慌,几乎要跑开,可是她听见说话声就振作起来,站着不动。

男人的说话声(在外面)是这儿吗?对了!

〔哈罗德·劳森走进来,他是个体格健壮、皮肤黑红、二十八岁左右,平平常常的年轻人。他刚一进来,没看见人,可是他走进屋里,安妮从凸窗那边走下来。

哈罗德　喂,凯里小姐,您好吗?过这么久又见着您,太好了。(安妮瞧着他,不说话,这使他有点发窘)看来您挺漂亮。您母亲和小露丝好吗?

安妮　(慢腾腾地)欢迎您回来。

哈罗德　哦,谢谢。回到天父之国可真痛快。可是这一回也待不长。

安妮　您还要出门吗?

哈罗德　是的,我另有任命了。这一回是到印度某大盐矿去。不错吧,啊?他们告诉我,我在巴西干得挺好。

安妮　(神经质地)坐下。

哈罗德　谢谢。都九月了,天还这么热,是不是?虽然这一回我对炎热应该习惯了。在巴西有的时候温度计连续一个礼拜升到一百零八度。那可不是闹着玩的。

安妮　是啊,确实不是闹着玩的。

哈罗德　(舒适地靠在椅背上,讲他自己的事)您知道,我初到那儿非常厌恶。多半是因为那些外国人,讨厌的天气,还有臭虫,我想我永远也不会起劲。我原想放弃工程,去干任何一种我原先干过的轻松工作,可是过一阵……

安妮　您回国多久了?

哈罗德　大约三个星期了。我真想到这儿来,旧地重游,可是在纽约有事要办,我还得到南方去看一下我家里的人,您知道,时间过得飞快。这时候您来了封短信。您要我到这儿来,我非常高兴。顺便问一下,你怎么知道我回来了?

安妮　(停了一下)玛奇·肯尼迪在纽约看见您了。

哈罗德　她真的看见我了?小玛奇好吗?还有她那个奇怪的弟弟。他还像以前那么傻乎乎的吗?我记得有一次他对我说……

安妮　唉,我约您到这儿不是要谈玛奇·肯尼迪家的事。

哈罗德　(吓了一跳)对……对,当然不是。您约我来,我正觉得奇怪呢。您说您要跟我谈点什么事。

安妮　(温和地)您愿意来吗?

哈罗德　哦,当然,我愿意。当然。而且您的短信引起了我的好奇心,您要我先别见外人,直接到您这儿来。

安妮　您到这儿来跟我在一起高兴吗?

哈罗德　哦,是啊,当然,可是……(停住)

安妮　您听我说,别人好像希望您最先来看我。我自己也挺希望这样。您明白吗?

哈罗德　(很不安)不……我觉得我不大明白……

安妮　从您走之前的行动来看,我想您自己也愿意最先来看我。

哈罗德　我走之前的行动?您这是什么意思?

安妮　我的意思您很清楚。最后几星期的宴会啦,我们去看戏啦,您送给母亲的美丽的花啦,还有信……

哈罗德　可是……可是……是啊,那时候我要走了。您和您家里的人待我非常好,我在这个城里没有一个熟人。我不过是极力做我分内该做的事罢了。主啊!您的意思总不是说您以为……

安妮　(注意地盯着他)对,这话是实在的。我以为……另外,人人也都以为……这两年我一直等着您回来。(她低头用双手蒙住脸,她的肩膀颤动)

哈罗德　(跳起来)天哪!我从没想到……啊呀,凯里小姐,我……哦,我非常抱歉!(她继续抽抽搭搭地哭)请您别这样,别这样!我走掉的好,我马上就走,我立刻去印度,我再也不会来打搅您。(他拿起帽子,带着为难的样子向门口走去,她去拦他)

安妮　不,您不能走!

哈罗德　可是我能做些什么呢?

安妮　(做出悲惨的姿态)您的意思是说您完全没动心,您从来就没动过心吗?

哈罗德　真的,凯里小姐,我……

安妮　看在上帝面上,不要叫我凯里小姐,叫我安妮好了。

哈罗德　凯里小姐……安妮……我……哦,您还是让我走的好,趁人家还不知道我到这儿来,趁她们还没以为……让我走掉的好。

安妮　太晚了。她们已经这样想了。

哈罗德　想什么?您这话是什么意思?

安妮　啊,真可怕!坐下,哈罗德,听我说。(她推他坐在一把椅子上,很快地讲起话来,同时注意地看她的话对他产生什么影响)您要知道,您走后,人家就开始谈我们,谈您和我的事,谈您的好意。我让他们谈下去,事实上我相信那些话,我想这是因为我非常希望相信那些话。哦,我真是个傻瓜!我多么傻啊!(她用双手蒙住脸。他站起来,有点想安慰她,可是她以为他又要走,就跳着站起来。)

安妮　现在您要是像夜里的贼那样马上走掉,那就留下我让人笑话了!不,不,您不能那么干!您得帮我忙。您已经伤透我的心。您千万别让我在世人面前丢脸。

哈罗德　凡是我能做的我一定照办,凯里小姐。

安妮　安妮!

哈罗德　对,安妮。可是要我怎么办呢?

225

安妮　（想了一刹那,好像她刚想起来似的）您必须待在这儿。您必须待几天,至多待一个星期,让我们假装订婚。

哈罗德　我不能那么办,您要知道。真的,我不能。

安妮　（走到他跟前）为什么不能呢？只不过待几天罢了。然后您就去印度。我们会发现这是个误会。我会把这事了结。当然只是假装如此,可是至少没人会知道我是个大傻瓜了。

哈罗德　（犹豫一会儿）凯里小姐,我是说,安妮,别的事我都能干,就是这桩不行！一个男子汉不能那样做。您要知道,在巴西有个姑娘,一个英国姑娘,我……

安妮　哦,姑娘！另有一个姑娘！不过,那究竟有什么关系呢？巴西离这儿远着呢。她永远没必要知道。

哈罗德　她也许会听说的,这样的事瞒不过去。不行,我不能冒这个险。在您家里的人回来之前,您还是让我马上走掉的好。谁也不需要知道我到这儿来过。

〔他又向门口走一步。安妮站着不动。

安妮　您不能走。您不能。这件事比您想象的要严重得多。

哈罗德　严重？您这话是什么意思？

安妮　走过来。（他顺从了。她坐在一把大椅子上,可是不看他。她讲她故事的腔调精巧地模仿悲剧女演员）我不知道我能不能让您听明白。这对我来说是那么重要,您应该明白才是……实在太重要了！哈罗德,您要知道,在这儿,在这个小城里生活多么沉闷。您在这儿待了一年,走的时候不是很高兴吗,对不对？是啊,这对一个姑娘来说就更糟,除了坐在家里梦想您,再没别的事可干了。对,这就是我干的事,最后我再也忍不住,就给您写信了。

哈罗德　（很快地）我从没收到过信,凯里小姐。说真的,我没收到过。

安妮　或许没有,可是您回信了。

哈罗德　回信？您说什么？

安妮　您愿意看看您的回信吗？（她走到书桌跟前,从抽屉里拿出一捆信,选了一封递给他）这就是您的回信。您看这是里约热内卢的邮戳。

哈罗德　（惊奇地接过信来）这倒真像我写的字。（念）"安妮,亲爱的……"我说,这是什么意思？

安妮　念下去吧。

哈罗德　（念）"我收到您的了不起的信。这封信飞到我手里好比雨水洒遍了沙漠。安妮,您这么挂念我,是真的吗?我问我自己一百遍,我做了什么事值得您这样挂念呢。一位年轻的姑娘对我来说像一朵花那样优美脆弱……"

我的天呐!您总不会认我能写出这样的废话吧!到底是怎么回事!

安妮　(递给他另一封信)这是您写给我的第二封信,从矿上寄来的。这是一封很美的信。您念吧。

哈罗德　(生气地扯开,念)"夜里我走到外面星斗底下。哦,您要是在这儿多好啊,我的爱!您不在这儿,我忍受矿上的尘土和嘈杂倒还容易,可是我不能跟您共享这种美丽,我的心却像针扎那样痛……"(他把信扔在桌上,转过身来对着她,说不出话来)

安妮　(毫不动情)是的,这是特别美的一封。可是还有,还多着呢。您愿意看看吗?

哈罗德　可是我告诉您,我从没写过这些信。这都不是我写的。

安妮　那么这些信是谁写的呢?

哈罗德　(非常生气地走来走去)上帝才知道!这是一种荒谬绝伦的恶作剧。您受骗了,您这个可怜的孩子。可是我们会彻底查清的。您把这件事交给我好了,我去请侦探,我会查出谁在背后捣乱,我会……(他走过来,跟她面对面站着,发现她平静地看着他,带着一种近乎欣赏的兴趣)

哈罗德　天呐,我这是怎么了!您别相信这些信。您别以为是我写的,不然您就不会这样,像老朋友似的,十分自然地迎接我了。您明白!看在上帝面上,对我说清楚吧!

安妮　我尽力……我告诉过您一定得有……回信才行……我不敢把我的信寄给您,可是一定得有回信。(哈罗德盯着她)所以我就自己写了。

哈罗德　是您自己写的?

安妮　是的。

哈罗德　这些信?就是这些信?

安妮　是的,我不得不写。

哈罗德　上帝啊!(他盯着散乱地放在书桌上的信,茫然无语)可是笔迹呢?

安妮　哦,那很容易。我有您写给母亲的信。

哈罗德　你模仿我的笔迹写的?

安妮　(客气地)那笔迹很好哟。

哈罗德　(突然不安起来)没有人看见过这些信吧,有人看见了吗?

安妮　信是从邮局寄来的。

哈罗德　您的意思是说人家看见信封了。是啊,这够糟的……可是您没把这些信给别人看过吧?(看见她沉默不语,他生气地回过身来对着她)您给别人看过吗?您给别人看过吗?

安妮　(她欣赏她的回答,也欣赏她的回答对他的影响)只给人看过一部分,从没给人看过整封信。可是能够跟别人讲一讲您,是非常愉快的事。这是我唯一的乐趣。

哈罗德　我的天呐!您告诉别人这些信是我写的?说我们订婚了?

安妮　我不是有意这样,哈罗德。真的,我不是。可是我没法保守秘密。这儿还有您的电报呢。

哈罗德　我的电报?!

〔她走到书桌跟前,拿出一捆电报。

安妮　(不害羞地、真诚地说下去)您每换一回地址,就给我打一个电报。您想得真周到,哈罗德。可是,当然,跟您的信一样我没法保守秘密。

哈罗德　(狼狈地站在那儿,那些电报在他手上松开了)我的电报!主啊!(他打开一封念道)"我离开里约到内地观察十四天。地址:由米盖尔先生转交。"我的电报!(他把那捆电报使劲扔在桌上,因此几乎碰翻一瓶玫瑰花,他赶快抉好)

安妮　还有,这些是您送的花。我看出您挺喜欢这些花。

〔哈罗德缩回手来,好像花上带了电似的。

哈罗德　什么花?

安妮　这些……这些……所有这些花。您走后每个星期都送花给我。

哈罗德　(惊倒)我的上帝啊!(现在他的惊讶达到顶点,变成嘲笑了)

安妮　是的。您在花上破费不少,哈罗德。当然,我喜欢花,可是您花那么多钱,我得骂您。

哈罗德　花那么多钱?那你骂我,我说什么来着?

安妮　(由于他改变态度,她只惊吓了一刹那)您反而送我比以前更大的一束花……等一等……这就是您放在花上的卡片。(她又走到那张要命的书桌跟前,拿出一捆花商的卡片)

哈罗德　这也全是我的卡片?

安妮　是的。

哈罗德　(有点发狂的大笑)恐怕我真是有点浪费了!

安妮　这儿有一张!您写道:"如果我所有的一切,连我整个身心,都献给您也嫌少,那么这些可怜的花怎么能算多呢?"

哈罗德　那是我写的? 很好、很好。我忘记我描写感情还有那样的才华呢。

安妮　随后,您马上又送给我这个戒指。

哈罗德　(跳起来,吃惊得顾不上他的嘲笑态度了)戒指! 什么戒指?

安妮　我的订婚戒指。那回您真破费不少,哈罗德。

哈罗德　(害怕地瞧着她的手)可是我没看见……您没戴着……?

安妮　不在那儿……在这儿呢,贴着我的心。(她从上衣里拿出一个挂在链子上的戒指,放在嘴唇上吻了吻。凝视着他)我最喜欢蓝宝石,哈罗德。

〔哈罗德的眼睛露出新的恐怖神情,他开始迎合她。

哈罗德　是的、是的,当然。人人都喜欢蓝宝石,安妮。这是件漂亮的东西。是的。(他走到她跟前去,很温柔地说话,就跟对小孩一样)您没把您的戒指给别人看过吧,不是吗,安妮?

安妮　只给几个人看过,一两个人。

哈罗德　给几个人看过! 我的天呐! (然后他控制自己,温柔地拉住她的手,继续说话,就跟对小孩一样)坐下,安妮。我们得稍稍谈一谈,很平静地,您明白吗,很平静地谈一谈。现在先谈这个吧,您什么时候第一次……

安妮　(她咯咯地笑着挣脱他的手)不,我没疯,别担心,我神志非常清醒。我必须把什么都告诉您,好让您看出事情有多么严重,现在您都知道了,您打算怎么办?

哈罗德　怎么办? (他慢慢地直起身来,好像知道她头脑清醒,他就如释重负了)我要乘下一趟火车回纽约去。

安妮　那么留下我一个人在人家面前了解这件事吗?

哈罗德　您不是没有我帮忙就干起这件事来的吗,对不对? 我的天呐,您冷着心肠假造了这些信……

安妮　不是冷着心肠,哈罗德。记住,我是很动心的。

哈罗德　我不相信。(责难地)您写这些信为了取乐!

安妮　我当然喜欢写这些信。我写信就是在想您,谈到您……

哈罗德　胡说! 不是想我,真的。您不会认为我真是那种能写出这样的……这样的胡话来的人。

安妮　(伤心)哦,我不知道。过一会儿,我想,您和我的梦想就混淆不清了。

哈罗德　可是这真让人讨厌……

安妮　哦,我跟别的姑娘没什么不同。我们都是这样。(回忆着露丝的话,重说一遍)我们必须有个人,可以梦想一下,谈一谈。我想这是因为我们没什么事可干。此外我们又不像女店员那样有真正惊险的经历。

哈罗德 (对这点事实感到吃惊)这种话说着真可笑!

安妮 喏,这是真的。我知道我干过头了。我一干开头就止不住。我也不想止住。它迷住了我。所以我就一直干下来,至于别人,随她们爱怎么想就怎么想吧。可是假如您现在就走,人家发现我干的事,那她们就会以为我真疯了,或者出了什么更糟的事。那我在这儿就没法活下去,您要明白,没法活下去了。(哈罗德沉默不语)可是如果您留下,那就好办了。只要一两天就行。然后您就去印度。这点要求算多吗?(做作)那您就把我救出来,不至于丢脸、完蛋了!

〔哈罗德还是沉默不语,为难。

安妮 (激动起来)您一定得帮我忙。一定。我对您那么坦白,现在您不能丢下我不管。我这辈子从没跟任何人像这样……这样坦白地讲过话。您不能丢下我不管! 要是您撇下我在这儿,让人人笑话我、讥诮我,那我就不知道会怎么样。我会受不了。要是您稍为仁慈点,仗点义气……啊,看在上帝面上,哈罗德,帮帮我,帮帮我吧!

〔她跪在他脚前。

哈罗德 我不知道……我心里乱得很……好吧,我留下来!

安妮 好! 太好了! 啊,您真好! 我早就知道您好。现在样样事情就都很简单了。(她面前展开前景)我们可以很平静地在这儿待两天。我们不会见着很多人,因为,当然,这没宣布。然后您再走……我会给您写封信……

哈罗德 (听到这话不愉快地吓了一跳)给我写一封信? 干什么?

安妮 (坦白地)告诉您我错了。解除您跟我的婚约……您就回我一封信……很悲伤,却果断……勉强接受我的决定……

哈罗德 哦,我写一封回信,而且要很悲伤,却果断……我的上帝啊! 说不定您终究不放我。

安妮 别犯傻,哈罗德。我保证放您。您不信任我吗?

哈罗德 信任您? (他的目光很快地从乱放着信和电报的桌子移到装饰屋子的花上,又回到桌子上,最后移到现在、显眼地挂在她胸前的戒指上。她跟踪他的目光,本能地、把她的一只手放在戒指上)信任您? 哪里的话! 不,我不信任您! 这是真荒唐,我一分钟也不待了。您对人家爱怎么说就怎么说,反正我走了。这就完了。

安妮 (慢慢走到窗前去)您现在不能走。我听见母亲和露丝来了。

哈罗德　这就更有理由了。(他找他的帽子)我跑出去好了。

安妮　(堵住门)您不能走,哈罗德！别把我逼急了。您要是走,我就要像野猫似地跟您拼了。

哈罗德　拼了？

安妮　是的。您要是现在跑掉,那您就会露脸了。她们会认为您是流氓,彻头彻尾的流氓！她们不是看见您每个礼拜都来信,还有您送来的礼物吗？您也给母亲写过信……我这儿有您的信。她们会把您说的坏而又坏。她们会说您为了巴西的英国姑娘把我抛弃了。这也会是真的。这就会传出去。她会听到,我担保会这样……然后……

哈罗德　可是这完全是谎话！我可以解释……

安妮　要解释您的信,您送的礼物和您的戒指,那可够您受的。这儿有很多不利于您的证据。

哈罗德　我说,您要讹诈我吗？啊,这太滑稽了！

安妮　她们来了！我听见他们上楼来了！您跟她们怎么说？

哈罗德　讲事实。我得摆脱这件事。我跟您说……

安妮　(突然缠住他)不,不,哈罗德！原谅我,我刚才只不过是试试您。我会让您脱身的。留给我来办吧。

哈罗德　(要挣脱她)不,我什么也不会留给您,决不会。

安妮　(还是紧紧地缠住他)哈罗德,记住我是一个女人,而且我爱您。

〔这话使他惊讶得愣了一下,这当儿有人敲一下门。

安妮　(放开哈罗德)进来。(外面的人顾虑周到地停了一下)

凯里太太的说话声　(在舞台外)我们可以进来吗？

安妮　(生气地)进来！

〔哈罗德已经向门口走去,正好碰见凯里太太走进来。她搂住他脖子,亲热地吻他。露丝跟着她进来。

凯里太太　哈罗德！我亲爱的孩子！

露丝　(抓住他的胳膊)喂,哈罗德。我真高兴。

〔哈罗德受到这两个女人的热烈欢迎,一时不好意思起来。他刚要说话,安妮演戏似地抢先说话。

安妮　等一等,妈妈。您先别说话,我得告诉您,哈罗德和我解除婚约了！

〔凯里太太和露丝躲开哈罗德,惊吓不已。

凯里太太　解除婚约了？为什么……怎么了？

哈罗德　真的,凯里太太,我……

安妮　(拦住他的话,走到母亲跟前)妈妈,亲爱的,对我耐心点儿,相信我的话,我求求您,请您别问我任何问题,请您别问了。哈罗德和我一块儿度过了很困难的、很痛苦的一个钟头。我想我再也站不住了。

凯里太太　啊,我可怜的孩子,怎么回事?他干了些什么?

〔她在一边扶着安妮,露丝赶忙到另一边去扶着她。

哈罗德　真的,凯里太太,我想我可以解释一下。

安妮　不,哈罗德,要解释也没用。有些女人感觉到的事,那是没法解释的。我知道我做对了。

哈罗德　(绝望地)凯里太太,我向您担保……

安妮　(好像快要发神经病了)啊,哈罗德,请您,请您不要再提抗议。我不怪您。妈妈,您要明白,我不怪他。可是我的决定不能更改。我想您明白。我求您走吧。您正好来得及赶下午的快车。

哈罗德　胡说,安妮,您必须让我……

安妮　(狂暴地)不,不,哈罗德!就这样结束了!您明白吗?结束了!(她挣脱母亲和露丝的扶持,走到桌子前去)看,这是您的信。我要把信都烧了。(她把那捆信扔进火里)请您别把这种不能忍受的局面再继续下去。走吧,我求求您,走吧!(她几乎发歇斯底里)

哈罗德　可是我告诉您,我必须……

安妮　(往后倒在她母亲怀中)让他走,妈妈!让他走!

凯里太太　对,走吧!走吧,先生!您没看见您把这孩子折磨得多苦吗?请您务必走吧。

露丝　是啊,她的样子很可怕。

〔这时候凯里太太和露丝一齐催他走。

哈罗德　(他没法让她们听他说话)好吧,我走,我不说了!

〔他抓起帽子跑出去,砰的一声关上身后的门。安妮离开母亲和妹妹身边,脚步蹒跚,很快地跑到门口,温和地向下喊叫。

安妮　别生气,我求求您,哈罗德!我不怪您。再见。(可以听见街门砰的一响。安妮用极好的悲剧方式做出支持不住的样子喘气)拿水来,露丝。过一会儿我就好了。

〔露丝跑到卧室里去。

凯里太太　啊,我亲爱的孩子,定一定心,妈妈在这儿呢,亲爱的。她会关心你。告诉我亲爱的,告诉我是怎么回事。

〔露丝拿着水回来。安妮喝了一点。

安妮　我会告诉您,妈妈,我会……什么都告诉您……过一会儿吧。(她喝水)现在我得一人带待着。亲爱的,请你们出去……一会儿。我得一人待着(站起来走到炉火跟前去)我的梦破灭了。(她把两条胳膊放在烟囱架子上,脑袋抵在胳膊上)

露丝　来,妈妈! 我们走!

凯里太太　是的,我来了。安妮,你需要我们的话,我们就在隔壁屋里,一叫就来。

安妮　(等她们走出去,抬起头来,嘟囔着说)一切都化为灰烬! 一切都化为灰烬了! (等到她们走出去,安妮慢慢直起腰来。她刚才的表演弄得她心理上很紧张,现在振作起来。随后她看看手腕上的表,得意地深深叹口气。她的目光落在书桌上,她看见那捆放在花上的卡片还在那儿。她拿起来,回到炉火旁边,刚要扔进去,她的眼睛忽然看见其中一张上面写的字。她拿出来念。然后她又拿另一张,再拿一张。她停住,梦幻似地往远处看。然后她慢慢地走回书桌跟前,把卡片扔进一个抽屉里,锁起来。她沉思着,在书桌旁坐下,她面前铺开的一张纸好像把她的心迷住了。她好像在梦中似的,拿起一支铅笔。她的眼睛射出创作的目光。她把下巴放在左胳膊上,慢慢地开始写字,嘴里嘟囔着。一边写一边念)"安妮,我最亲爱的……我在火车上……灰心了,泄气了……为什么您这样对待我呢……为什么您使得太阳暗淡无光……为什么您扑灭星星的亮光……扑灭星星的亮光呢?……安妮,再给我一次机会吧……我要弥补一下……我向您保证……看在上帝面上,安妮,不要把我从您的生活中完全赶出去……我受不了……我……"

〔她在写字的时候,幕徐徐落下。

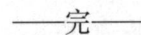

思考与训练

一、欣赏一部由小说改编的影片,分析该片的影视剧本和小说原著的差别,比较它们在利用故事情节塑造人物、表达主题等方面的异同。

二、请比较小说式剧本、镜头式剧本、对话式剧本和分镜头剧本的写作特点。

三、观看电影《小鞋子》《蝴蝶》,分析人物形象塑造及情节设计。

四、选择自己喜欢的一部短篇小说,将其改编成为影视剧本。

五、阅读下面电影《魂断蓝桥》剧本片段,并结合戏剧剧本《主角登场》来分析影视文学的文体特征。

豪华的餐厅。玛拉走进餐厅,女侍迎来。

女侍:一个人?

玛拉:不,两个人。有靠窗的桌子吗?

女侍:有。

女侍带领玛拉到大玻璃窗旁的桌边坐下。

女侍:等你的朋友?

玛拉:她是克劳宁夫人,我是莱斯特小姐,她来找我,请领她到这儿来。

女侍:好。(走出)

玛拉向窗外望着,她从手提包里取出小镜子,拢头发。〔化〕

仍是餐厅,玛拉坐在桌旁,看来等得时间很长了。女侍走来拿着一张报纸。

玛拉:几点啦?

女侍:差十分五点。您那位夫人来得可真晚。

玛拉:是的。

女侍:您是不是先来杯茶喝?

玛拉:谢谢,她一会儿就来。

女侍:您要看晚报吗?(递给玛拉一份报纸)

玛拉:(接过报纸)谢谢!

玛拉拿起报纸,心不在焉地扫了几眼,似乎什么也看不进去。她抬头又向餐厅环视,罗依的母亲还没有来。她无聊地再把视线转到报纸上……忽然,报纸上的什么消息引起了她的注意。

〔特写〕报纸上是阵亡将士的名单,醒目的黑体字:上尉罗依·克劳宁阵亡。

玛拉按着字母顺序默读阵亡将士名单,当她默读到罗依·克劳宁的名字时,她怀疑自己的眼睛,她睁大了眼睛使劲盯住了看。(强烈的《天鹅湖》音乐骤起)玛拉顿时觉得天旋地转,她痛苦地用手捂住了脸。〔镜头推至报纸上罗依·克劳宁的名字〕〔化〕

女侍扶起晕倒的玛拉,递给她一杯白兰地酒,玛拉饮酒。

女侍:您好点了吗?再喝一口。

玛拉挺起身来,又饮了一口酒。

女侍:您晕过去了,您把我们吓坏了。您是不是到休息室躺一会儿?

玛拉:(低声地)不必啦,我还是待在这儿吧!

女侍:好点了,是吧?

玛拉:就会好的。

女侍:那您再喝点。

玛拉又饮了一口酒。

女侍:您坐会儿歇歇。您的朋友要是不来,我们给您叫辆汽车送您回去。

玛拉摇摇头。女侍走出。玛拉拿起酒杯又饮了一大口酒。她抬起头来。

罗依的母亲玛格丽特·克劳宁夫人走近玛拉身旁。正望着她。

克劳宁夫人:你是莱斯特小姐吧?

玛拉:是的。

克劳宁夫人:(和善地)我是玛格丽特·克劳宁,让你久等了。真是对不起,火车误了半个钟头。在战争的日子里,你也知道……

玛拉在克劳宁夫人说话时,将桌上报纸拿起,悄悄地扔在椅子下面。

克劳宁夫人:(热情地解释)我是特意从苏格兰赶到这儿和你见面的,我希望你会原谅的……吃点什么呢? 茶,点心? ……

玛拉:(强忍内心痛苦)不,不,谢谢! 不用……不用! 不,我……我一会就走!

克劳宁夫人:(诚恳地)那么先来一杯茶,再来几片面包,我想你不会马上就走了吧? 我一直就非常想见到你,可我实在是忙。你知道,我正把一所古老的别墅改建成伤兵疗养所。呵,对了,我从苏格兰给你打过电话,打到罗依说的你住的那个公寓,他们说你已经搬走啦。后来,我想跟你们那个剧团打听,可剧团去美国了。我正要给罗依打电报,就收到了你的信。

玛拉:(嗫嚅地)我把信写给他……是有些原因……

克劳宁夫人:(开朗地)亲爱的,你不用解释啦。请原谅,亲爱的! 你不是怕我,是不是? 我知道跟自己未来的婆婆见面,是有些战战兢兢的……我记得我也怕过,可是我并不可怕呀! 我相信,我们会相处得很好。

玛拉:(十分痛苦)……

克劳宁夫人:从罗依的信里,我感到已经了解你了。……我要写信告诉他,我们已经见过面了,而且,我们彼此都有好感。我可以这样写吗?

玛拉:是的,是的,大概……

克劳宁夫人:关于罗依,你一定想知道,我会告诉你的,你也把你知道的告诉我,好吗?

玛拉:茶来得真慢,怎么了,我去催一催。

克劳宁夫人:没关系,我也不着急。难道你不想听听有关罗依的情况吗?

玛拉:不,您怎么会这么想呢? 不过,还有什么话可说呢?

克劳宁夫人:亲爱的,请原谅! 你是不是不舒服了?

玛拉:(竭力掩饰内心痛苦)没有。没事,我刚才喝了点酒。(勉强答话,语无伦次)苏格兰是个怎样的地方?听说那儿有很多甜菜花。

克劳宁夫人:甜菜花?那是长在爱尔兰的呵!

玛拉:(思维混乱地)……我,我就愿意安静点……呵,爱尔兰也很安静,是不是?……我也没有去过那儿呀!(她看见克劳宁夫人凝视的目光,突然神经质地大声叫喊)……你,你干吗这样看着我?

短促的沉默。

克劳宁夫人:(失望、不满,略微提高点声音)玛拉,你不要忘记,我是想来和你做朋友的。我到这里来,是罗依让我来的;再说,我自己也想来。……或者我们改日再谈吧!也许等罗依下次休假,带你到家乡去。再见吧,玛拉!

克劳宁夫人站起身来,走出餐厅。

沉默。

玛拉呆坐在椅子上,手扶着头。

女侍:那位太太走了,小姐!

玛拉点头,刚站起来,就昏倒了。

〔淡出〕

第九章

文学评论

第一节 文学评论的含义

文学评论有两层含义,一是文学批评,二是指文体。这里探讨的是作为文体的文学评论,即指以文学欣赏为基础,以文学理论为指导,对文学领域中各种文学现象进行分析、评价、研究的文章。

文学评论的任务一是向社会和读者推荐好作品、引领阅读趋势,引导读者进行阅读鉴赏,加深对作品的认识、理解,提升读者的审美水准;二是通过分析作品的优劣,挖掘出作品中一般读者难以觉察的价值和缺陷,指导作家文学创作的实践活动。评论的对象包括作家、作品、文学思潮、文学流派、文学运动等。

第二节 文学评论的分类

文学评论的类型样式丰富多样,不胜枚举。选择何种样式一方面取决于批评对象本身的容量,另一方面取决于批评者的爱好和特长。下面根据不同的分类方法简述几种。

一、从评论写作的体式角度看,文本类型有专著、论文、文艺随笔等样式。

(一)专著

专著是以书的形式,建构整体的理论框架,系统全面地阐述批评家的理论体系,对文学作品、作家、文学思潮等进行较为精细的评论研究。如俞平伯的《红楼梦研究》，以实证主义的方法，对《红楼梦》的风格和后三十回原貌等红学基本问题，进行了广泛而深入的探索研究。钱理群的《周作人传》搜寻、发掘了大量史料，对周作人的政治、文化、人生选择，独特个性及其内含的丰富的历史、心理内容，做了精细的描述与精辟、独到的分析。朱光潜的《悲剧心理学》是对悲剧理论的个人化整体性研究。他对构成尼采悲剧观的酒神精神和日神精神这两个基本概念，进行了透彻的阐述。别林斯基的批评是他关于19世纪40年代俄国文学的多篇"概观"性评论，这些论文写得博大精深、气势磅礴，是宏观研究的佳作。专著的篇幅和容量较大，从宏观和微观角度，充分而立体地把握文学现象，因而内容深厚，具有较高的学术价值。

（二）论文

论文是文学评论最常见、最重要的样式。通常以专题的形式，比较集中地阐述某种文学观点，分析评价某些作家作品，内容丰富，适用面广，形式多样，长短不一，因而特别受到批评家的青睐。

从内容上看，评论文章可分为综合性评论、文学思潮评论、作家论、作品论等等。以现当代文学评论为例，综合性评论是对某一时期或某一地区的文学（理论）发展总体面貌进行分析研究，如《当代中国文化的现代性与后现代性》（李欧梵），《坚守与突围：新时期散文三十年》（王兆胜），《关于五十至七十年代的中国文学》（洪子诚），这些评论侧重于宏观的考察与把握，对文学（文化）总体运动的趋向有敏锐的洞察，对一个时期的文学整体发展有清晰全面的了解，体现了一种驾驭全局的气魄。文学思潮评论的对象是某种文学思潮、创作倾向或创作观点，如《"五四"文学思潮探源》（严家炎），《难度·长度·速度·限度——关于长篇小说文体问题的思考》（吴义勤），《"伤痕文学"的历史局限性》（程光炜）等，这些文章或者涉及文学思潮的相关问题，或者对文学创作发展有强烈的干预或推动作用，评论者具有较深的理论功底和学术敏感。作家论考察作家个体或群体创作的发展道路，分析研究作家的创作特点、艺术技巧、创作风格等等，从时间上看，可以纵观作家一生，也可以截取其某一段创作的发展变化，如《论郁达夫的小说创作》（温儒敏），《叙述的极限——论莫言》（张清华），《王蒙创作的几个阶段与方面》（郜元宝），《铁凝小说的叙事伦理》（谢有顺），这类文章往往述评结合，内容丰厚，对作家的人生历程、审美情趣等有全面的了解，对作家的作品序列、创作进程、创作经验和技巧特征有深层次的把握。作品论是对某一篇（部）或某一类文学作品进行分析评论，如《阎连科小说论》（洪治刚），《评张洁的长篇小说〈无字〉》（秦晋），《读王安忆的〈长恨歌〉》（南帆）等，这类文章要对作品进行深入细致的解读与分析,往往观点新颖、慧眼独具,对作品的价值有较为深刻的把握和揭示。

二、从文学评论的体裁上看,有论述体、随笔体、对话体、书信体、点评体、语录体、诗歌体、戏剧体、序跋体等。

以上体式有些已非常少见或消失了,如诗歌体(《诗品》《戏为六绝句》)、戏剧体,有些体制为专家学者专用,如序跋体。文学评论用何种体式并没有严格的限制,如中国古代文学评论讲究体味和感悟,主体和客体合一,思辨和感受融合,因而多表现为诗歌体和随笔体。西方的文学评论,自柏拉图和亚里斯士德以来即以理性分析见长,对其进行理智的分析和研究,多用论文体。各种体式在形式和功能上的特点不同,在使用时有不同的要求。

(一)论述体

论述体是最常见,也是最严谨的文学评论体式。因论点明确,论据充分,推论步骤清晰、完整,有较严密的逻辑性,又称为"学院批评",职业的批评,教授的批评。如萨特的《阿尔贝·加缪》,伍尔芙的《论现代小说》,李长之的《鲁迅批判》等。

论述体批评以其论说对象来看,又有作品论、作家论、思潮论及专题评论等,其中作品论是最主要的一种,对作家和思潮的评论也应该结合具体作品,而作品论也可能加入对作家生平经历的分析及文学思潮的影响的分析,从而使论述更完整、充分。例如德国现象学家瓦尔特·比梅尔对卡夫卡的《饥饿艺术家》独到的分析。比梅尔在《当代艺术的哲学分析》采用了"解释"和"解说"两个步骤。在解释中,比梅尔"试图分析小说的内在联系,或者艺术作品的结构,以揭示出作品中的一切是如何必然地联系起来的"。(瓦尔特·比梅尔《当代艺术的哲学分析》)比梅尔发现,这个故事的内在逻辑,就是不断地颠覆原来所追求的意义,直至饥饿艺术家彻底地颠覆了自己最初将饥饿艺术表演作为一门艺术的追求为止。比梅尔接着解说到:"按照我的解说,这篇小说向我们展示的是自由理念的反常化"。也就是,小说的情节就是意义颠倒的过程及其辩证法。"作为置身于意义与荒谬之间的动物,人总是面临着沦于荒谬的危险"。也就是说,追求自由本来是人的理想,但是在现实中,人却迫不得已地不断地颠覆对自由的追求。

论述体的特点:

1. 感性体悟与理性思辨相结合

论述体往往观点明确、论据充分,推演过程步骤清晰,有较严密的逻辑性,常常旁征博引,引经据典,充满了概念术语。理论色彩、理论深度,理论品味是论述体文学评论的突出特点。

论述体批评虽是一种理性的分析、推理活动,但仍需要以审美鉴赏为基础,即进驻到文学的内部,充分领略、品位作品之美,然后解释美之所以为美,这样避免了架空之论,同时也成为一种"创造的批评"。

2. 历史与美学批评的统一

文学评论不能脱离社会、历史和文化的范畴,任何文学现象都是特定社会历史条件下的产物,本身就具有深刻的社会历史内涵。与时代同步的文学评论主要从文学社会功能的角度来评价和评论文学作品和文学现象。如20世纪30年代,反映阶级矛盾与现实斗争的现实主义作品的大量出现,社会、历史批评便适应了当时社会斗争激发的时代形势。

但是,文学评论最终还是要建立在美学批评的基础上,对文学肌体和内在结构进行美学分析与评价是文学评论者必须重视的。偏向社会功利与道德说教,或偏于唯美主义与技术主义都是有失偏颇的,注重开掘文章的社会内容和思想意义,同时不应忽略其艺术特征和文学价值。只有将历史的和美学的视野水乳交融,有机结合,才能写出客观、科学的文学评论。

(二) 随笔体

随笔体评论是一种形式灵活,笔调轻松,富有趣味性的评论样式。它通常不对所论对象进行学理式的分析推理,以求得批评的准确、客观,而是以我为主,着力表现自己在阅读中获得的审美情趣,传达出对意义的领悟,是一种主观意向的印象式表达。如沈从文的《沫沫集》,李健吾的《咀华集》。

蒂博代所说的"大师的批评""自发的批评"即是这种重在描述主观感受的批评。这两种批评与"职业的批评"鼎足而立,成为现代批评的三种主要形式。20世纪90年代以来,渐近成熟的中国文学批评,也形成了学院批评、作家批评、媒体批评、自发的批评并行发展的格局。

随笔体批评的特点是:

1. 以自我为中心

批评是个人的、主观的。主观批评强调以个人感觉和映像去取代外在的既定的批评标准,其批评的目的并非要说明或解释作品,而是要借批评"间接吐出藏储内心的诗"(圣伯夫),即借他人之酒杯浇自我之块垒。

我国印象主义批评家李健吾(刘西渭)认为:应该确立自我在批评中的中心地位。他说:"什么是批评的标准? 没有。如若有的话,不是别的,便是自我。""批评的成就就是自我的发现和价值的决定,一个批评家是学者和艺术家的化合,有颗创造的心灵运用死的知识。"

2. 印象的表达

所谓"印象"指在阅读中力图做到感性把握，避免先入为主的理性干扰，同时由阅读经验出发，借题发挥，或感叹人生，引发某种切身体验；或联想类似的文学现象，唤起另一种阅读感受，或抚今思夕，谈一段掌故，一段历史。中国古代诗学的"以诗解诗"，重"意境"，重"顿悟"的传统。如"郊寒岛瘦"，"韩潮苏海"，"清水出芙蓉，天然去雕饰"，主要采用比喻和意象，象喻式的思维，以直观的把握方式作品。

李健吾的批评风格即是印象式的，对作品的理解，依赖于个人的直觉与感知。这种风格有别于当时张扬凌厉，气度雄浑的批评语气，比如冯雪峰，胡风，阿英等人的左翼作家批评，朱光潜，梁实秋，李广田等的学者型、"指导"式的批评。如他评林徽因的《九十九度中》，"作者引着我们，跟随饭庄的挑担，走进一个平凡然而熙熙攘攘的世界，有失恋的，有示爱的，有庆寿的，有成家的，有享福的，有热死的，有索债的，有无聊的，……全那样亲切自然，却又那样平静，……我简直要说透明，……一个女性的细密而蕴藉的情感，一切在这里轻轻地弹起共鸣，但又是粼粼的水纹一样地轻轻地滑开。"这种由感而生的感性的评语，与文本构成一种"互文"与"修饰"，交相辉映，而妙趣横生。

3. 诗意的表达

随笔体批评富于诗意的表达，能激发起读者的审美共鸣。王尔德说"批评是一种艺术"，就是指随笔体批评的诗意表达。诗性表达有两个重要质素：一是形象比喻，二是情感，如"谢诗如芙蓉出水，颜诗如错彩镂金。"又如李健吾评《边城》："是一首诗，是二佬唱给翠翠的情歌。"这种批评摆脱了稍显刻板和呆滞的"学究气"的批评文风，同时也激发了读者的"印象"与"感悟"。

（三）对话体

对话体文学评论最早来自古希腊哲学，哲学的"辩证"一词，意思就是"对话"。最早树立对话体典范的是柏拉图（《理想国》），像朱光潜《诗的实质与形式》，吴亮的《自动的艺术是主动的艺术》，黄子平的《艺术创造和艺术理论》，西方的王尔德的《意图:谎言的衰朽》都是名篇。

对话体评论的特点：

1. 设定对话的角色，一般是两人，也可以是多人。这些人一般是虚拟的，而非真实的，干脆用 A 和 B 表示其符号性，两者是主客关系，各有不同的立场和思维逻辑，客人的观点往往是流行见解或一般片面的思想，而"我"的思想却是深思熟虑之后的新见。

2.设定论题和添加情境。内容要精心构撰,防止偏离话题或见解的自相矛盾。也可以适当增加上生活场景的叙述。

3.要有论辩性,在思想的论辩中揭示真理,双方或针锋相对,对互相补充,总是包含着许多矛盾和对立。对话体的魅力不在于使读者看到思想的结果,而在于领会思想的辩证发展过程。批评和思想一样,也可以和小说情节一样,跌宕起伏,在时空中划出美的轨迹。

(四)书信体

书信体通常指作家与作家之间,批评家与批评家之间,批评家与作家之间,以书信的形式交流对文学的看法,如福楼拜与乔治·桑通信,马克思致拉萨尔的信,国内梁宗岱致徐志摩的信《论诗》,郭沫若、宗白华和田汉三人之间的通信《三叶集》,胡适评《梦家诗集》,唐晓渡的《致谢有顺君的公开信》等。还有些以书信体写作的评论,如普列汉诺夫《没有地址的信》,巴金的《一封未寄的信》,是专为发表而无收信人的信,采用书信的形式主要为了使读者感到亲切、新奇。书信体批评具有开放性、研讨性、灵活性的特点,由于语气自然,态度诚恳,富有情感,行文章法自由灵活,增强了文学评论的可读性。

例如何志云的《生活经验与审美意识的蝉蜕——〈小鲍庄〉读后致王安忆》与王安忆的《我写〈小鲍庄〉——复何志云》,批评家和作家通过书信交流,拉近了文学和受众的距离,批评家对作家新的作品进行追踪阐释,评说作家创作的特色或者形式、手法上的创新变异,也能及时引起社会关注,充分发挥了文学评论的影响力。

三、从文学作品的文体角度,可以将文学评论分为**散文评论**、**诗歌评论**、**小说评论**、**戏剧评论**、**影视评论**等。

文学体裁具有不同的审美特征,给予我们的审美感受不同,评论时的角度也有很大的差异。下面简要分析前三种:

(一)散文评论

散文是一种情真文美的抒情文体。对散文的评论可以从四个方面入手:情思、理趣、格调和文辞。情思是作家对生活的一种独特的审美发现,散文常常会以一个特定的具体时空为依托,将感情融入写景叙事之中抒发出来,而且总是与作者对自己独到而深刻的人生感悟的抒写相依傍。散文的抒情是情理相依,其情感背后有理性和思想的支撑,因而要关注散文的哲理性,理趣美。散文的格调是指由作家的人格在散文中的真实袒露形成的相应的作品风格和品质。也就是作家的个性、人品、趣味、才情等在散文中的艺术化体现。作家人格的高下、趣味的雅俗、才力的强弱等在散文中的充分表现,也成为熔铸散文格调美的重要因素。余光中曾说:"散文无所依凭,只凭自己的本色。"对格调的把握,要通过一些个性因素:包括文本独特的选材和叙写角度、作家独特的人生经验和深刻见解、作品的情感基调和思想基调,文本的艺术趣味和独特风韵等。另外,散文的表达自由灵活,无论写景叙事、抒情论理,语言自然,个性鲜明,诗意和情趣盎然,因此对散文文辞的分析评论必不可少。

例如余光中的散文《丹佛城——新西域的阳关》运用了新的言语组合方式,获得了变化多端的灵动效果。

只见山,在左、在右、在前、在后、在脚下,在额顶。

白、白、白,白外仍然是白仍然是不分郡界不分州界的无疵的白,那样六角的结晶体那样小心翼翼的精灵图案一寸一寸地接过去接成千里的虚无什么也不是的美丽,而新的雪花如亿万张降落伞似的继续在降落,降落在落矶山的蛋糕上那边教堂的钟楼上降落在人家电视的天线上最后降落在我没戴帽子的发上。当我冲上街去张开双臂几乎想大嚷一声结果只喃喃地说:冬啊冬啊你真的来了我要抱一大捧回去装在航空信封里寄给她一种温柔的思念美丽的求救信号说我已经成为山之囚后又成为雪之囚白色正将我围困。

正如余光中所说:散文是一切作家的身份证。散文家的智慧才情自然融合在极具创造力和表现力的文辞中。这段散文无论是两字一句的短句,还是无标点的长句,都是标新立异,别具一格的,以浓烈饱满的情绪,活跃灵动的语言风格、变化的语序节奏,成就了作家鲜明的个性。

再如有关散文界的"余秋雨"现象评论。余秋雨凭借个性鲜明的"文化散文"在20世纪90年代成为独树一帜的散文大家,评论界对其作品意义和价值的探讨长久不衰,评论者或论作家的忧患意识、文化人格、写作姿态,或论其散文的文体意识、思想内涵、艺术特色、技法创新、语言风格,如孙绍振的《余秋雨:从审美到审智的"断桥"——论余秋雨在中国当代散文史上的地位》,王尧的《知识分子话语转换与余秋雨散文》,吴俊的《余秋雨散文创作略谈》,这些评论从宏观的角度对余秋雨的文化散文进行了总体关照与评价,内容深厚。还有的评论者把余秋雨与秦牧、贾平凹等其他作家进行比较研究,其中张伯存的《余秋雨董桥合论》把余秋雨和香港作家董桥的散文进行了对比评价,评论家认为他们的散文在思想蕴涵、审美趣尚、文体风格等方面,或平分秋色或相映成趣或大异其趣,它们各自的特色在两相比较中得以鲜明地凸现。此文对余秋雨散文的评价可谓切中肯綮,见解独到。

(二)诗歌评论

"诗无达诂",意味着应该对诗歌进行多侧面、多层次、多时空的诠释和发挥。对诗歌文本特征的把握可以从外形式和内形式两个层面进行。外形式是指直接呈现出来的语言组合形式,主要指句式和音韵上的特点。诗歌通过各种语言修辞手段的运用,使语言在句式上整齐的美、在声调上抑扬的美、在韵律上回环的美等都发挥到了极致。内形式指使诗情、诗意、诗味得以感性显现的表情形态。具体地说,即诗的意象、意境、象征、隐喻等。对于诗歌文本的解读,应该是从它的外形式入手,进入对其内形式的把握,最终达于对其所传达的诗情、诗味的领悟和玩味。

如明人胡应麟论古诗《青青河畔草》:"此诗之妙,独绝千古。语断而意属,曲折有余而寄兴无尽。"(胡应麟《诗薮》内编卷2)他还比较杜审言和王维的诗:"审言'风光新柳报,宴赏落花催。'摩诘'兴阑鸟换,坐久落花多。'皆佳句也。然'报'与'催'字极精工,而意尽语中;'换'与'多'字觉散缓,而韵在言外。"(胡应麟《诗薮》内编卷5)这几句评论是在评论家的自身感悟基础上归纳出的,较好地分析了诗歌的言外之意、韵外之味。

再如臧棣在分析现代诗人戴望舒的《萧红墓畔口占》(走六小时寂寞的长途,/到你头边放一束红山茶,/我等待着,长夜漫漫,/你却卧听着海涛闲话。)一诗时,先提出了自己独到的见解:"这首诗是一颗无与伦比的明珠,是珍品中的珍品。在新诗史上,十行以内的诗中,没有一首能和它相媲美。"接下来,臧棣从内容和形式两方面分析了该诗在情感、意象、隐喻、语言、修辞、结构等几个方面的"成熟"之处和现代趣味。

(三)小说评论

小说阅读从故事层面解读,可以从三要素入手:人物、情节和环境,即小说讲了什么。还可以从如何讲的角度,如故事由谁站在什么立场讲述,采用什么方式讲述,采用什么语气来讲述等等。小说文本的评论,核心应该是对小说人物的分析。小说文本刻画的人物形象的思想容量和艺术水平,直接决定着作品的价值,决定着小说家创作的成败,是作品价值的集中体现。叙事方面的分析包括:叙事视角、叙事时间、叙事话语、叙事策略、叙事模式等。

如《城市的肖像——读王安忆的<长恨歌>》(南帆)一文,评论家通过对小说中城市意象和文化空间的重点分析解读,得出了以下结论:作品中的城市是女性视域之中的城市,女性叙述同波澜壮阔的主流历史疏离,远离了宏大叙事;作品展示了城市底部的世俗细节,具有一种坚实的风格;《长恨歌》的叙述节奏相近,速度均匀。

再如《<呼啸山庄>与哥特传统》(蒲若茜)一文观点新颖,评论家立足于欧美文学中的哥特传统研究《呼啸山庄》的创作源泉,指出艾米莉·勃朗特在主题、人物形象、环境刻画、意象及情节构造等方面都借鉴了哥特传统,同时凭借其超乎寻常的想象力,将现实与超现实融为一体,给陈旧的形式注入了激烈情感、心理深度和新鲜活力,达到了哥特形式与激情内容的完美统一,使《呼啸山庄》既超越了哥特体裁的"黑色浪漫主义",又超越了维多利亚时代的"现实主义",从而展现出独具一格、经久不衰的艺术魅力。

第三节　文学评论的写作

文学评论写作的过程有几个阶段:首先,在一般的文学阅读欣赏中对某部作品情有所钟,有所发现,产生评论的冲动和意向;其次带着这种意向再去仔细地、有目的地解读作品,深层次地了解作者;再次,结合阅读有关理论文章或著作,精心选择好论题,进入到评论酝酿、构思阶段;最后,开始动笔,进入到评论写作阶段,将分析思考形成结构完整的评论文章;写好以后,还要经过反复修改。

一、阅读欣赏

阅读欣赏阶段包括文学作品的阅读欣赏和相关理论、研究资料的阅读。

文学评论与文学欣赏不同。文学欣赏是对文学作品进行体味、赏玩、领略的审美体验,是一种创造性的精神生产活动。而文学批评含有显优劣、定品位的意思,是较高层次的审美活动,它一面指对文本内容和形式的否定、反驳与匡正,一面指对文本内容和形式的肯定、阐扬与补充。

欣赏是"仰视"的角度,评论是"俯视"的阅读,文学欣赏要求读者深入作品,即"入乎其内",领略作品的精妙之处。因贴近作者而"见得亲切";文学评论则要求读者跳出作品,即"出乎其外",侧重对其美学价值的理性认识和评价。因与作者保持距离,以便"用得透脱"。就读者对作品的认识程度来说,评论比欣赏的程度要深。因为评论是在审美享受的基础上,它要对文本内容和形式的是非、优劣、美丑做出客观的理智判断和价值评估。欣赏在思维形式上主要体现为以生动可感的形象性为主的感性认识特征,而评论则更多地体现为以抽象的概念、判断、推理为主的理性分析。

但是,阅读欣赏又是阅读批评的基础,有了主观印象才可能有客观判断,严肃负责的阅读批判必须以正确的理解和欣赏为前提。

文学作品的阅读欣赏充满了审美愉悦,既是一种精神情感的寄托和慰藉,也是一个入乎其内,出乎其外,有所惊喜,有所发现,情动于中,探幽访胜的过程。但要写出一篇高质量的文学评论,提升文学评论的写作水平,各种相关理论和研究资料的阅读也很重要,其实质是占有材料、调查研究的过程。在阅读时应注意以下几个问题:

(一)阅读要点面结合、深浅结合

点面结合的"点"是指评论的作品本身,而"面"则是指作家生平经历、作家其他作品、其他作家的作品等。其中,作品本身的阅读欣赏是最重要的,这是获得评论权最根本也是最重要的依据。只有在仔细阅读作品的基础上,才能使自己深入准确地了解到评论的对象,评论时才能切中要害,避免片面性。所谓深浅结合,是指作品的阅读要深一点,钻研要透彻,要深入阅读,就要多读多思考,只有这样才能产生真知灼见。

(二)阅读要读出感觉,读出新意

所谓读出感觉,就是要对文本有切身的感受,真正做到身有触动、心有感动、笔有舞动。所谓读出新意,那就是在读出感觉的基础之上再前进一步,对文本有自己独到的看法和独特的理解。

(三)欣赏要重视"第一印象"

杨义曾说:要重视自己读书时的第一感觉,因为它是你活生生的生命的一部分,它虽是朦朦胧胧不成体系的,但它包含着你的思想的萌芽,因而是非常宝贵的。我们要抓住它、重视它,而不要让很多概念蒙蔽了自己的眼睛。……第一感觉是自己的内在生命与材料所蕴的另一个内在生命进行对撞的精神震荡,震荡波中有感悟的胚芽。每一个阅读者都是"这一个",都有着自己不可复制的、独特的人生经历、情绪体验、灵魂感悟,在阅读时要充分调动自身体验,读出属于自己的"第一印象"来。

(四)阅读方法一般采取"总体→部分→总体"的步骤

首先是总体阅读,即从头至尾的通读,对作品有一个初步的大体印象。其次是细致阅读,分析研究,发现特色,初步形成观点。最后再回归总体,获得对作品完整的本质的认识,对作品的倾向性和艺术性做出判断。在阅读过程中,如果有感悟,要及时记录下"第一感觉",做好摘记工作。如"点评式"文学评论,即一边阅读,一边评点,如金圣叹评点《水浒》《三国演义》。与此同时,还需要通过阅读来培养复述作品节录内容的能力,这可以作为评论的重要依据。这样零零碎碎的记录一直延续到最后,然后再梳理,加以升华。

平时阅读一部小说,关注的是"写了什么",注意故事情节与人物命运,为写文学评论而从事的阅读,要关注的是"怎么写的",要把一部作品拆解开来,如人物、结构、叙事、细节、隐喻、意象等等,并探究其深意。在细读文本之后,便要从自己感受最深的方面入手,抓住作品最突出的特点,切入作品,找到评论的角度,才能写得深入而透彻。

二、选题

选题也称为定题,即在阅读材料的基础上,选择并确定评论的题旨(中心)。在写作之初,先要思考题目包括的范围、深度和广度。选题要慎重,千万不要写到中途才发现论题不对,临时改变,从头再来。具体来讲,在选题应注意以下问题:

(一)选题角度多元化

刘勰在《文心雕龙·知音》篇中的提出了"六观"的理论:"是以将阅文情,先标'六观'。一观位体,二观置辞,三观通变,四观奇正,五观事义,六观宫商。斯述既形,则优劣见矣。"刘勰认为进入文学作品有六个方面的路径:第一观位体,就是观作品的主题、体裁、形式、结构、整体风格;第二观置辞,就是观作品的语词、修辞手法;第三观通变,是观文学作品对传统的继承和创新的问题;第四观奇正肯定执正驭奇,涉及正统与新奇的问题;第五观事义,即作品中的引事据典问题;第六观宫商,就是观作品的音乐性,即音律节奏。刘勰认为从这六个方面可以获得对文学作品的整体把握,从而分辨文学作品的优劣。

切入的角度往往要受作品内容、评论对象和评论方法的制约。体裁、内容不同,确立评论中心的角度也应有所不同。如:叙事性作品的评论,评论的角度应围绕人物塑造、情节设置、矛盾冲突等方面。抒情性作品的评论,评论的角度可偏重于意境、感情、语言等方面。同一体裁的作品,如诗歌,研究古典诗歌与研究现代朦胧诗的切入角度也会有所不同。由于作品的价值所在不同,对一篇作品,是从主题学入手,评人物形象、思想意义,还是从叙事学入手,评情节安排、叙事策略、篇章结构,抑或是评语言风格、形式技巧,都需要评论者具有一双慧眼。

另外,不同的评论家所采用的评论标准与方法也各不相同。社会评论注重文学与现实的关系,精神分析评论注重作品表现的作家潜意识的象征,语言学派的评论注重语言形式的分析研究。

(二)选题贵在新颖、独特

选题分量上是有区别的,作家通常是有一定社会影响的,才有研究价值。如果对评论对象缺少选择,写一些应景式的时文评论,文章本身也是就事论事,缺少理论深度,缺少宏观视野,缺少独立的价值评判,则很难称得上是好的评论文章。同时应注意发现新问题,开拓新思路,避免与前人雷同,如此才能写出有真知灼见的文学评论。能在习常之处打上问号,是一种难能可贵的能力。朱熹说过,读书无疑者,须教有疑,有疑者却要无疑,到这里方是长进。疑问就是问题意识和创新意识。在研读作品之后,要善于提出问题,展开创造性的思考,才能有独到的发现。新意来自观点新、方法新、材料新、角度新。独特就是个性鲜明,别具一格。如果缺乏新意,老生常谈,人云亦云,拾人牙慧,就丧失了写作论义的必要了。

(三)选题应难易适中

选题时要充分估计到自己的知识储备情况和分析问题的能力,要考虑到是否有资料或资料来源,题目的难易要适中,题目的大小要适度。选题宜大中取小,以小见大。相对小一点的论题一是易于驾驭,能说清道理,便于挖探掘透;二是便于查找资料。初写文学评论时容易贪大求全,面面俱到,题目如果过于宽泛,很难下笔,对作品的全面评价流于表面,立论不免显得平庸、肤浅。相反,如果选题过小,格局和视野受限,三言两语即说明问题,也很难有广度地拓展和深度地挖掘。如《论鲁迅的小说创作》这个题目就较为宽泛,对一个作家进行全面研究,有时一辈子不能穷尽,若要写单篇评论必然要缩小题目。而且研究的角度很重要,比如小说叙事研究,一个作家写了几十篇作品,如果结构差别不大,有共通之处,可以研究,如果一篇一个结构,那就要选择一篇来研究。题目开口过小的,比如《谈谈＜孔乙己＞的人物描写》,则容易处处受限,施展不开。如果改为《谈谈＜呐喊＞＜彷徨＞中的人物描写》,可能更合适。

一个好的标题必须满足以下几个要求:一,正确地表达论文核心论点或中心内容;二是能恰如其分地指明研究方法和手段;三是容易判明议论内容从属的学科领域和方向。另外题目不要太长,不宜超过20字,一个过于冗长的标题反映了作者对文章的内容缺乏概括。

(四)选题依据个人专长

选作品时要根据自己的爱好、专长来定。通常要选自己有所研究的,有把握的,有心得的,能评论的来评。要清楚哪些是自己评论时能够驾驭的,哪些是偏大偏难自己力不胜任的。建议选择新的研究对象或冷门问题作文,不便之处是可参考的资料有限,好处是可以独辟蹊径,容易出新。总之,要根据自己的情况选择。法朗士认为,"最有个人特性的评论是最引人注目的评论",正是文学批评色彩斑斓的个体差异,使批评文本独具价值。

比如,对于《红楼梦》中人物的理解,从索隐派到"自叙传",理解各不相同,体现了阅读主体的个性差异和思维的独创性。鲁迅说:"经学家看见《易》,道学家看见淫,才子看见缠绵,革命家看见排满,流言家看见宫闱秘事……在我的眼下的宝玉,却看见他看见许多死亡,证成多所爱者,当大苦恼,因为世上,不幸人多。"(《鲁迅全集》第8卷)"说到底,一切理解都是自我理解。"(胡经之、王岳川《文艺学美学方法论》)对红楼人物悲剧性的解读,即是鲁迅先生的独具慧眼。

三、写作

在阅读选题之后,经过查阅、分析资料和充分的构思准备,接下来即可物化成文了。在具体写作时,应注意以下几点:

(一)区分读后感、赏析和文学评论

文学评论与读后感不同。初写文学评论者最易犯的毛病是往往以感代评,概括引用材料之后就结合人生、社会,大谈感受、体会。文学评论是对作品本身好坏优劣进行客观分析、评价,一般不触及现实生活;而读后感则是要求作者直接发表自己对材料的认识、体会、感想,需要联系现实生活。

从文体角度,赏析的对象是素有定评的名篇或具有独特的审美价值的作品,这些作品因其典范性和独创性才被评论家纳入视野,赏析往往是对阅读的感知、体悟的整理和记录,要向读者清晰地阐明自己对某一作品的独特的认识和感受,重在理解原文,欣赏原文的成功之处;评论者也要有比较丰富的审美经验,同时还要有扎实的美学、文艺学理论基础,写作时要肩负评定作品优劣的任务。

赏析不能离开具体作品谈其他话题;文学评论可以离开作品,向外辐射,引申出其他话题。赏析的语言是散文式,随笔体,主观印象式表达多,欣赏的文字往往渗透感情,用语充满文采;而文学评论一般以议论性的学术语言为主,属于理性论述而非感性描述,语言较为严谨、准确,理论性、学术性、专业性色彩浓郁。

文学评论是议论文体,应叙议结合,评析结合,切忌以叙代议。初写者往往用大量的篇幅引用或介绍原文,然后加上几句评论就算了事,这无异于喧宾夺主。叙是原文内容的引用或概括,目的是为评服务,故叙应简明扼要,具目的性;评应切中肯綮,针对性强。

(二)找到适合文本的批评方法

文学理论是使文学评论由感觉体验走向知性乃至理性的支点。有什么样的文学理论就有什么样的文学评论。文学评论是文学理论与文学作品的中介环节,文学理论是对文学创作活动及其成果的概括。没有理论的介入,我们仍然可以进行文学欣赏,但主要运用生命的直觉与审美的体验,感性十足,生机灵动,却缺少意蕴的深化与理性的升华。有丰富的理论储备,才能够创造出有价值、有新意、有深度的批评。

美国文学批评家艾勃拉姆斯在《镜与灯》中设计了一个"艺术批评的诸坐标"或叫"文学四要素"图式:作家、世界、文本、读者。

以作者为视角的走向:以作者生活经历、创作意图(或动机)为读解的出发点或原点,以恢复作者的原意为读解目标,这是传统的作家论读解理论和方法。这种读解,突出了创作主体,强调文本是作者意识的投影。

以现实世界为视角的走向:以作品反映的现实世界或作者所处的社会时代背景为出发点或原点去读解,强调创作是对客体的再现,文学是对客观现实世界的模仿和反映。

以作品文本为视角的走向:依文立解,以文本为出发点或原点去解读,以作品文本自身的意义为意义,这是本体论的读解理论和方法。它突出作品的本体,强调文本是独立的,不依赖作者而存在;通过对作品的意象、结构、语言等各种关系的解剖,以揭示文本的意义。作品文本一旦脱离了作者,进入社会流传系统,自身就有了独立的生命和意义,而不应以作者的原意为准。

以读者为视角的走向:以读者为中心,认为作品文本的意义是读者介入后赋予的。作品文本本身固然保存着意义,却只能是一种潜在意义,只有读者阅读之后,意义才被揭示出来。现代解释学认为解释实际上是读者将自身的视野和理解置入文本,产生一个扩展的自我理解,其中包含着读者的创造。

在具体评论作品时,需要进行读解视角的整合。现实世界、作者、文本和读者,构成了读解的四维走向,维系着读解的过去、现在和未来这三个时间维度。把握作品所反映的对象世界或作者所处的时代背景,恢复作者的原意,属于过去史式的读解,它超越时空,力图返回到过去的时代,探究当时作者创作文本的目的和意图。发掘文本的自身意义,属于现代史式的读解,它从现代观念出发,要揭示出文本的现实意义。承认读者参与了意义的生产,属于未来史式的读解,它展望未来的发展,预测读者可能认识的意义。

文学评论的写作过程,即利用科学的符合逻辑推理的论证方法,运用恰当、准确并且有说服力的论据,以文学批评的当代意识,按照文学规律和特性结合作品实际进行论述。这个过程中,可以运用学过的文学理论知识、文学史知识、美学知识、语言学和修辞学等知识,针对具体作品进行具体分析。批评的方法也有很多,有历史学的、社会学的、心理学的、符号学的、结构主义的、现象学的、阐释学的和接受美学的,学派林立,理论纷呈,此消彼长,多元竞争。下面试举几种:

1. 社会学批评

社会学批评注重开掘文章的社会内容和思想意义,它强调具体作品与文章作者、社会环境的关系,重视道德的衡量标准。社会学批评家认为文学是社会生活的再现,文学作品的价值在于其历史意义。社会学批评的主要方法是体现时代性,强调政治性,注重社会性,挖掘思想性。例如茅盾的《读〈倪焕之〉》《徐志摩论》是以马克思主义的世界观和方法论以及美学标准,从现实革命发展的角度,考察作家作品的思想实质、社会和美学价值,评价作品的得失。再如用社会学批评分析福克纳的短篇小说《纪念爱米丽的一朵玫瑰花》,发现爱米丽的人生悲剧有两个明显的社会成因:一个是她个人的社会化过程的中断;另一个是她在恋爱问题上遭受的来自家庭和社会的各种挫折和打击。

社会学批评重视文学经典写作和发表的时代背景,通过了解作家的生平经历、家庭背景、经济地位、政治倾向、宗教信仰、性格特征、兴趣爱好或当时的审美习惯和需求等情况,有助于我们更好地理解作家作品。这种批评方法一度成为中国当代文学批评理论的重中之重。

2. 文化学批评

文化学批评提供了透视文章的一种新方法和新角度。其主要方法是,通过文章中文字语言、习俗制度、经济结构、科学技术、文学艺术的分析,显示其深层的文化底蕴。例如,有两个文学作品中的人物形象:堂·吉诃德、浮士德。前者是常被人们善意嘲笑的人物,而后则是一位启人深思的老人。其实,这两位人物在精神上有着内在联系。堂·吉诃德并不简单地是一个想在骑士时代过时了的社会里,重新恢复骑士精神的时代落伍者,他是背负着旧时代的包袱,却想在新的时代有所作为的勇敢实践者。当然,他实践的结果,充分证明灌输在其头脑里的那些虚假死的知识和观念,应该彻底抛弃。不过,人们不应忘记,堂·吉诃德身上有种永不减弱的新奇感,那种一点不计功利,纯然天真的憧憬,却让人想到在他蠢笨举措的背后,有着一种寻求新奇不顾成败的精神。

在堂·吉诃德身上寓含着人类进步历程中的二重性,既想有所作为,又难以摆脱旧的知识与经验的束缚。因此,善意地嘲笑堂·吉诃德不合时宜的迂腐与体认堂·吉诃德不计成败、追求新奇的精神应该同在。这后一种精神在浮士德那里,则体现为在无穷的追求中,不断发现新的可能性,即使为了实现这种追求,要遭受魔鬼设计的种种诱惑和羁绊,也要矢志不移地追求下去。人是一种文化的存在,人的文化属性是为了趋优而创新,由堂·吉诃德精神发展到浮士德精神,人类便会得到无比的创造活力。

托尔斯泰对莎士比亚的否定就是一种文化隔膜现象。造成文化隔膜的原因主要是文化语境的差异。文化语境如同一个巨大的磁力场,对处于文化场中的文学必然会产生"场效应"。一个作家与另一个作家的沟通,前提是必然摆脱自己的文化场的"场效应",没有共同的文化语境,是产生误读、误解的根本原因。1906年,托尔斯泰发表了他写于1903年与1904年之间的一篇长文:《论莎士比亚及其戏剧》。他说:"莎士比亚的戏剧非但不是无上的杰作,而且是很糟的粗制滥造之作。因而,莎士比亚不是艺术家,他的作品也不是艺术品。"人们纷纷称托翁是"莎士比亚的诋毁者"。托翁的指责有两点:第一,性格塑造差,第二,缺乏宗教心。这首先是世界观的差别,其次是艺术观的差别。莎士比亚的人本主义反神学、反旧教;托翁的人道主义崇信基督、皈依宗教。莎士比亚以追求个人幸福、实行个性解放为道德,托翁以博爱他人、救赎灵魂为道德。艺术上,托翁以19世纪批判现实主义的尺度去量度文艺复兴时期的莎士比亚,以小说和话剧的尺度去量度莎士比亚的诗剧,因此造成误读。

3. 语义学批评

语义学批评带有鲜明的实证主义和心理学倾向,是以文本为中心,通过语义分析把握作品意义,重视语境对语义分析的影响。语义学批评的主要方法是强调从字、词、句释读入手,细致分析表达手法和修辞技巧。

如莎士比亚的《哈姆雷特》第三幕第四场,当王后见到哈姆雷特时的对话:

后:哈姆雷特,你把你父亲大大得罪了。

哈:母亲,你把我父亲大大得罪了。

王后所说的"你父亲"指现在的丈夫,那个杀兄娶嫂的克劳狄斯,哈姆雷特说的是他的生父。在这个语境中,"父亲"的含义是模糊的,哈姆雷特正是利用"父亲"一词所指不明确才把王后话的句式巧妙地套用过来予以针锋相对的回击。对欣赏者来说,这样的对话才富有戏剧性,值得凭着自己的想象去填补空白,尽情玩味。

4. 接受美学批评

接受美学批评是以读者为中心,注意意义空白或不确定性,作品价值的两级组合的批评方法。其主要方法是,建立自觉的期待视野,词语内涵的再理解,人物情节的形象化,主题意义的新创造,与隐含读者的结合。

20世纪70年代初,伊瑟尔在《文学的召唤结构》中提出:文学作品中包含着许多意义空白和意义未定性,它是联结创作意识和接受意识的桥梁,是前者向后者转换的必不可少的条件。它促使读者去寻找作品的意义,从而赋予他参与作品意义构成的权利。因为文学的特点就在于未定性与意义空白给读者提供了能动反思和想象的宽广余地。伊瑟尔还指出:文本中的未定性有两个基本结构——空白与否定。空白不仅仅是不说,还包括所指的含混与模糊,否定就是破坏能指与所指惯常的意指关系,空白往往加强否定,否定又形成空白,两者都突出了能指,使能指形式能充分地表现自己。

如在诗歌欣赏中的陌生化效应,即能指与所指恒定联系被打破,意味着人对事物的恒常认识与恒常感受的断裂。如用空白理论分析"红杏枝头春意闹"、"云破月来花弄影"两句。王国维在《人间词话》中称:"着一'闹'字","着一'弄'字,而境界全出。"其实,两句诗就妙在"空白"和"否定"所形成的陌生化效应:"闹"是人闹? 花闹? 蜜蜂闹? 不清楚;"影"是人影、花影? 也不清楚。"春意闹"、"花弄影"不合常情常理,所指意义被否定后,能指形式被突出出来,读者不再逗留在认知层次上去追究其间的逻辑关系,而是去玩味"春意"与"花"两个意象存在的种种情形,这就为读者的情感与想象开启了自由翱翔的天地。

5. 文本"细读"批评

新批评派提出的"细读"理论,即对文本的语言、结构、象征、修辞、音韵、文体等因素进行仔细解读,从而挖掘出在文本内部所产生的意义。其主要特点是"确立文本的主体性",强调文本内部的语义和结构对意义形成所具有的重要价值,而不主张引入作者生平、心理、社会、历史和意识形态等因素来帮助解读文本,是一种以内部研究为特点的"文本批评"。

细读的一种普遍使用的方法是对诗歌的"意象"和"隐喻"进行解读,因而比较适合于用来解读篇幅较短,意蕴丰富的文本,中国诗歌(包括古典诗歌和现代派诗歌),非常适合运用细读法进行鉴赏与批评。如今,细读理论已经被许多评论家熟练掌握并应用于小说、散文作品分析中,如陈思和在《文本细读在当代的意义及其方法》这篇论文中详细介绍了细读的四个方法,即直面作品、寻找经典、寻找缝隙、寻找原型。他在《细读＜雷雨＞》中,从那些被遗漏的缝隙里寻找信息,发现周朴园对侍萍的感情是真挚的、深厚的。他认为《雷雨》是一个非常完整的家庭伦理悲剧。

6. 精神分析批评

精神分析批评是用精神分析学理论对文学艺术及各种文艺现象进行研究所采用的一种批评模式。

这种批评模式最基本的美学主张，就是强调人的无意识和本能冲动在艺术创造和审美活动中的决定作用。精神分析学从两方面出发，一是分析作品中人物行为所包含的潜意识；二是揭示"创造性作家的心理冲动的最深层"，这个冲动是艺术家童年时期产生的恋母情结。传统精神分析批评家主要依据弗洛伊德的无意识理论、力比多学说、人格结构学说、释梦理论等理论和概念进行批评实践。他们或者在作品中寻找象征，以窥视作者的无意识创作动机，或者把文学作品的文本视为"病例"，通过分析作品的故事情节和人物语言、行为模式等揭示作者的心理和无意识欲望。

如弗洛伊德用"俄狄浦斯情结"解释莎士比亚的《哈姆雷特》。他认为哈姆雷特的延宕，恰恰源于潜意识中杀父恋母的欲望。他的叔叔杀其父娶其母，他在叔叔身上看到了"本我"的实现，所以对叔父的复仇才变得如此艰难。弗洛伊德说："哈姆雷特可以做任何事情，就是不能对杀死他父亲、篡夺了王位并娶了他母亲的人进行报复，这个人向他展示了他自己童年时代被压抑的愿望的实现。这样，在他心里驱使他复仇的敌意，就被自我谴责和良心的顾虑所代替了。"(《弗洛伊德论美文选》)

其实，针对莎士比亚的戏剧《哈姆雷特》，批评家从各自不同的理论预设和认知系统所产生的意义分析模式出发，释义向度各不相同：反动力量过于强大和进步力量过于弱小造成的悲剧(当代马克思主义社会学批评)，恋母情结产生的自我谴责和良心顾虑阻碍了哈姆雷特的复仇行动(弗洛伊德的精神分析批评)，一部"关于遏制颠覆力量的"作品(新历史主义)，它体现了文本的自我解构性质(解构主义批评)，它是一部"关于性别关系不对称的"文本(女权主义批评)，"是关于帝国主义的阻碍的"(后殖民主义)，"是关于统一经验可能性的"(新批评)，"是关于异性恋根源的"(同性恋研究)，等等。上述意义分析并不关心文学意义表层结构的共时性特征呈现，而执着于意义深层结构的各种潜在联系，并使之与各自的理论前提和论证过程相铆合，对同一部作品做出了互不相同的意义解释。

批评的方法还有很多，在撰写文学评论时要找到理论与文本的契合点，才能恰当地评价作品，在理论的观照下提升对作品的理解层次。需要注意的是，用什么样的批评方法总是由作品的特定需要和时代的历史要求所致。例如20世纪八十年代的文本批评,是"先锋小说"的盛行和"回归"的时代呼唤的结果,如果意识不到这一点,一定要用形式方法来解读一部具有强烈现实意义的小说,而排斥社会和文化方面的引申,这与用社会学方法去解读一首写景抒情的小诗一样,只能是得不偿失、无功而返。

在具体论述时可以采用的方法有归纳法、演绎法、反证法、比较法等,其中比较法是进行文学评论的重要手段。"比较"是人类认知事物的一种重要方法,目的在于同中求异,异中求同。在运用比较法时,可以联系作者本人不同时期的作品特色,或同一时期其他作者同类型的作品,或显示生活中的事实等进行分析比较,突出其个性,肯定其优劣,发掘其历史意义与现实意义。比如,都是田园诗人,东晋陶渊明、唐朝王维、孟浩然、宋朝范成大的诗各有特色。陶诗是农人的纯朴与诗人的逸趣的有机结合,平淡中有深情,质朴中含真味,王维、孟浩然的诗多隐逸淡泊,恬静平和,范成大的诗充满泥土气息和地方色彩。也可以进行同一时代相类作家作品比较分析,当代文学中同是先锋派作家,余华、苏童、北村的作品各不相同。还可以对同一作者不同时期的作品进行比较分析,如李清照前后期词风不同,前期是少女、少妇的闲适生活,情调风雅清新;后期忧郁伤感,情调凄凉哀婉。

评论文章写好以后,稍微"冷处理"一下,放置一段时间,也可以请写作经验丰富的评论家指点,征求他们的意见,然后进行修改。修改可以从几个方面入手:

一是标题的修改,评论的标题要醒目、精练,能够概括文学评论的核心内容;二是内容观点的修改:包括论点、分论点的再三斟酌,材料的选换,意思的改动;三是结构的调整,看看各部分是否匀称,合理,符合逻辑;四是文字上的推敲润色,包括标点符号和表达方式的斟酌修改。语言精练、准确、流畅是基本要求。论文不是散文,更不是小说,不能用抒情语言、叙述语言和描写语言,应尽量用严谨、准确、有分寸的学术性语言来表达;五是核对引文和注释,注意写作的时候就应写好参考文献,凡引用必须用引号,引文出处要有著者、书名、版本、出版地、出版者、出版年、页码。

作为一个有修养的文学评论家,要有广博的学识,深厚的美学、艺术、理论修养,此外还得具备这样三个基本条件:敏锐的艺术感受、缜密的逻辑思考和准确的艺术判断;鉴赏力、思辨力、判断力这三者有机统一,缺一不可。同时要加强思想、理论和文学修养,不断提高识见力,才能立意高深,写出有分量、有价值的评论文章。

延伸阅读

《边城》——沈从文先生作

刘西渭

我不大相信批评是一种判断。一个批评家,与其说是法庭的审判,不如说是一个科学的分析者。科学的,我是说公正的。分析者,我是说要独具只眼,一直剔爬到作者和作品的灵魂的深处。一个作者不是一个罪人,而他的作品更不是一个罪状。把对手看作罪人,即使无辜,尊严的审判也必须收回他的同情,因为同情和法律是不相容的。欧阳修以为王法不外乎人情,实际属于一个常人的看法,不是一个真正法家的态度。但是,在文学上,在性灵的开花结实上,谁给我们一种绝对的权威,掌握无上的生死?因为,一个批评家,第一先得承认一切人性的存在,接受一切灵性活动的可能,所有人类最可贵的自由,然后才有完成一个批评家的使命的机会。

他永久在收集材料,永久在证明或者修正自己的解释。他要公正,同时一种富有人性的同情,时时润泽他的智慧,不致公正陷于过分的干枯。他不仅仅是印象的,因为他解释的根据,是用自我的存在印证别人一个更深更大的存在,所谓灵魂的冒险者是:他不仅仅在经验,而且综合自己所有的观察和体会,来鉴定一部作品和作者隐秘的关系。他不应当尽用他自己来解释,因为自己不是最可靠的尺度;最可靠的尺度,在比照人类以往所有的杰作,用作者来解释他的出产。

所以,在我们没有了解一个作者以前,我们往往流于偏见——一种自命正统然而顽固的议论。这些高谈阔论和作者作品完全不生关联,因为作者创造他的作品,倾全灵魂以赴之,往往不是为了证明一种抽象的假定。一个批评家应当有理论(他合起学问与人生而思维的结果)。但是理论,是一种强有力的佐证,而不是唯一无二的标准;一个批评家应当从中衡的人性追求高深,却不应当凭空架高,把一个不想干的同类硬扯上去。普通却是最坏而且相反的例子,把一个作者由较高的地方揪下来,揪到批评者自己的淤泥坑里。他不奢求,也不妄许。在批评上,尤其甚于在财务上,他要明白人我之分。

这就是为什么,稍不加意,一个批评者反而批评的是自己,指摘的是自己,暴露的是自己,一切不过是绊了自己的脚,丢了自己的丑,返本还原而已。有人问他朋友,"我最大的奸细是谁?"朋友答道:"最大的奸细是你自己。"

我不得不在正文以前唱两句加官,唯其眼前论列的不仅仅是一个小说家,而且是一个艺术家。在今日小说独尊的时代,小说家其多如鲫的现代,我们不得不稍示区别,表示各个作家的造诣。这不是好坏的问题,而是性质的不同,例如,巴尔扎克(Balzac)是个小说家,伟大的小说家,然而严格而论,不是一个艺术家,更遑论乎伟大的艺术家。为方便起见,我们甚至于可以说巴尔扎克是人的小说家,然而福楼拜,确是艺术家的小说家。前者是天真的,后者是自觉的。同是小说家,然而不属于同一的来源。他们的性格全然不同,而一切完成这性格的也各各不同。

沈从文先生便是这样一个渐渐走向自觉的艺术的小说家。有些人的作品叫我们看,想,了解;然而沈从文先生一类的小说,是叫我们感觉,想,回味;想是不可避免的步骤。废名先生的小说似乎可以归入后者,然而他根本上就和沈从文先生不一样。废名先生仿佛一个修士,一切是内向的;他追求一种超脱的意境,意境的本身,一种交织在文字上的思维者的美化的境界,而不是美丽自身。沈从文先生不是一个修士,他热情崇拜美。在他艺术的制作里,他表现一段具体的生命,而这生命是美化了的,经过他的热情再现的。大多数人可以欣赏他的作品,因为他所涵有的理想,是人人可以接受,融化在各自的生命力的。但是废名先生的作品,一种具体化的抽象的意境,仅仅限于少数的读者。他永久是孤独的,简直是孤洁的。他那少数的读者,虽然少数,却是有了福的(耶稣对他的门徒这样说)。

沈从文先生从来不分析。一个认真的热情人,有了过多的同情给他所要创造的人物,是难以冷眼观世的。他晓得怎样揶揄,犹如在《边城》里,他揶揄赤子之心的老船夫,或者在《八骏图》里,他揶揄他的主人公达士先生:在这里,揶揄不是一种智慧的游戏,而是一种造化小儿的不意的转变(命运)。司汤达(Stendhal)是一个热情人,然而他的智慧(狡猾)知道撒狂,甚至说教。沈从文先生是热情的,然而他不说教;是抒情的,然而更是诗的(沈从文先生文章的情趣和细致不管写到怎样粗野的生活,能够有力量叫你信服他那玲珑无比的灵魂)。《边城》是一首诗,是二佬唱给翠翠的情歌。《八骏图》是一首绝句,犹如那女教员留在沙滩上神秘的绝句。然而与其说是诗人,作者才更是艺术家,因为说实话,在他制作之中,艺术家的自觉心是真正的统治者。诗意来自材料或者作者的本质,而调理材料的,不是诗人,却是艺术家。

他知道怎样调理他需要的分量。他能把丑恶的材料提炼成功一篇无瑕的玉石。他有美的感觉,可以从乱石堆发见可能的美丽。这也就是为什么,他的小说有一种特殊的空气,现今中国任何作家所缺乏的一种舒适的呼吸。

在《边城》的开端,他把湘西一个叫作茶峒的地方写给我们,自然轻盈,那样富有中世纪而现代化,那样富有清中叶的初期小说而又风物化的开展。他不分析,他画画,这里是山水,是小县,是商业,是种种人,是风俗,是历史又是背景。在这真纯的地方,请问,能有一个坏人吗?在这光明的性格,请问,能留一丝阴影吗?"由于边地的风俗淳朴,便是作妓女,也永远那么浑厚……"我必须邀请读者自己看下去,没有再比那样的生活和描写可爱了。

可爱!这是沈从文小说的另一个特征。他所有的人物全可爱。仿佛有意,其实无意,他要读者抛下各自的烦恼,走进他理想的世界,一个肝胆相见的真情实意的世界。人世坏吗?不!还有好的,未曾被近代文明沾染了的,看,这角落不是!——这些可爱的人物,各自有一个厚道然而简单的灵魂,生息在田野晨阳的空气。他们心口相应,行为思想一致。他们是壮实的,冲动的,然而有的是向上的情感,挣扎而且克服了私欲的情感。对于生活没有过分的奢望,他们的心力全用在别人身上:成人之美。老船夫为他的孙女,大佬为他的兄弟,然后倒过来看,孙女为她的祖父,兄弟为他的哥哥,无不先有人而后——无己。这些人都有一颗伟大的心。父亲听见儿子死了,居然定下心,捺住自己的痛苦,体贴到别人的不安:"船总顺顺像知道他的心中不安处,说,'伯伯,一切是天,算了罢。我这里有大兴场送来的好烧酒,你拿一点喝去罢。'一个伙计用竹筒上一筒酒,用新桐木叶蒙着筒口,交给了老船夫。"是的,这些人都认命,安于命。翠翠还痴心等着二佬回来要她哪,可怜的好孩子!

沈从文描写少女思春,最是天真烂漫。我们不妨参看他往年一篇《三三》的短篇小说。他好像生来具有一个少女的灵魂,观察的不是别人,而是自己。这种内心现象的描写是沈从文先生的另一个特征。

我们现在可以看出,这些人物属于一个共同类型,不是个个分明,各自具有一个深刻的独立的存在。沈从文先生在画画,不在雕刻;他对于美的感觉叫他不忍心分析,因为他怕揭露人性的丑恶。

《边城》便是这样一部 idyllic 杰作。这里一切是谐和,光与影的适度配置,什么样人生活在什么样空气里,一件艺术作品,正要叫人看不出是艺术的。一切准乎自然,而我们明白,在这种自然的气势之下,藏着一个艺术家的心力。细致,然而绝不琐碎;真实,然而绝不教训;风韵,然而绝不弄姿;美丽,然而绝不做作。这不是一个大东西,然而这是一颗千古不磨的珠玉。在现代大都市病了的男女,我保险这是一付可口的良药。

作者的人物虽说全部良善,本身却含有悲剧的成分。唯其良善,我们才更易于感到悲哀的力量。这种悲哀,不仅仅由于情节的演进,而是自来带在人物的气质里的。自然越是平静,"自然人"越显得悲哀:一个更大的命运影罩住他们的生存。这几乎是自然一个永久的原则:悲哀。

这一切,作者全叫读者自己去感觉。他不破口道出,却无微不入地写出。他连读者也放在作品所需要的一种空气里,在这里读者不仅用眼睛,而且五官一齐用——灵魂微微一颤,好像水面粼粼一动,于是读者打进作品,成为一团无间隔的谐和,或者,随便你,一种吸引作用。

《八骏图》具有同样效果。没有一篇海滨小说写海写得像这篇少了,也没有像这篇写得多了。海是青岛唯一的特色,也是《八骏图》汪洋的背景。作者的职志并不在海,却在籍海增浓悲哀的分量。他在写一个文人学者内心的情态,犹如在《边城》之中,不是分析出来的,而是四面八方烘染出来的。他的巧妙全在利用过去反衬现时,而现时只为推陈出新,仿佛剥笋,直到最后,裸露一个无常的人性。"这世界没有新",新却不速而至。真是新的吗?达士先生勿需往这里想,因为他已经不是主子,而是自己的奴隶。利用外在烘染内在,是作者一种本领,《边城》和《八骏图》同样得到完美的使用。

环境和命运嘲笑达士先生,而作者也在捉弄他这位知识阶级人物。"这自以为医治人类灵魂的医生(他是一个小说家),以为自己心身健康,写过了一种病(传奇式的性的追求),就永远不至于再传染了!"就在讥诮命运的时光,命运揭开了他的瘢疤,让他重新发现他的伤口——一个永久治愈不了的伤口,灵魂的伤口。这种藏在暗地嘲弄的心情,主宰《八骏图》整个的进行,却不是《边城》的主调。作者爱他《边城》的人物,至于达士先生,不过同情而已。

如若有人问我,"你欢喜《边城》,还是《八骏图》,如若不得不选择的时候?"我会脱口而出,同时把"欢喜"改做"爱":"我爱《边城》!"或许因为我是一个城市人,一个知识分子,然而实际是,《八骏图》不如《边城》丰盈、完美,更能透示作者怎样用他艺术的心灵来体味一个更真淳的生活。

廿四年八月七夕

思考与训练

一、阅读琦君的散文《髻》,散文中的感情不是无形的,要有所依凭,这篇写母亲的散文所依凭的是什么?情感的度又是如何把握的?散文的视角对表现散文的情感有什么作用?白先勇说它是"为母亲鸣不平"的,你怎么认为?

二、用召唤结构分析汪曾祺的《陈小手》,何立伟的《白色鸟》,《小城无故事》。

三、细读戴望舒的诗歌《萧红墓畔口占》,思考以下问题,并用文学读解的相关理论写成评论。

1. 为什么要走六小时寂寞的路程？为什么不和别人一同前往？
2. 为什么不送红玫瑰、菊花,而送山茶花？
3. 等待什么？长夜暗指什么？
4. 海涛闲话如何理解？
5. 诗歌"张力"表现在哪些地方？